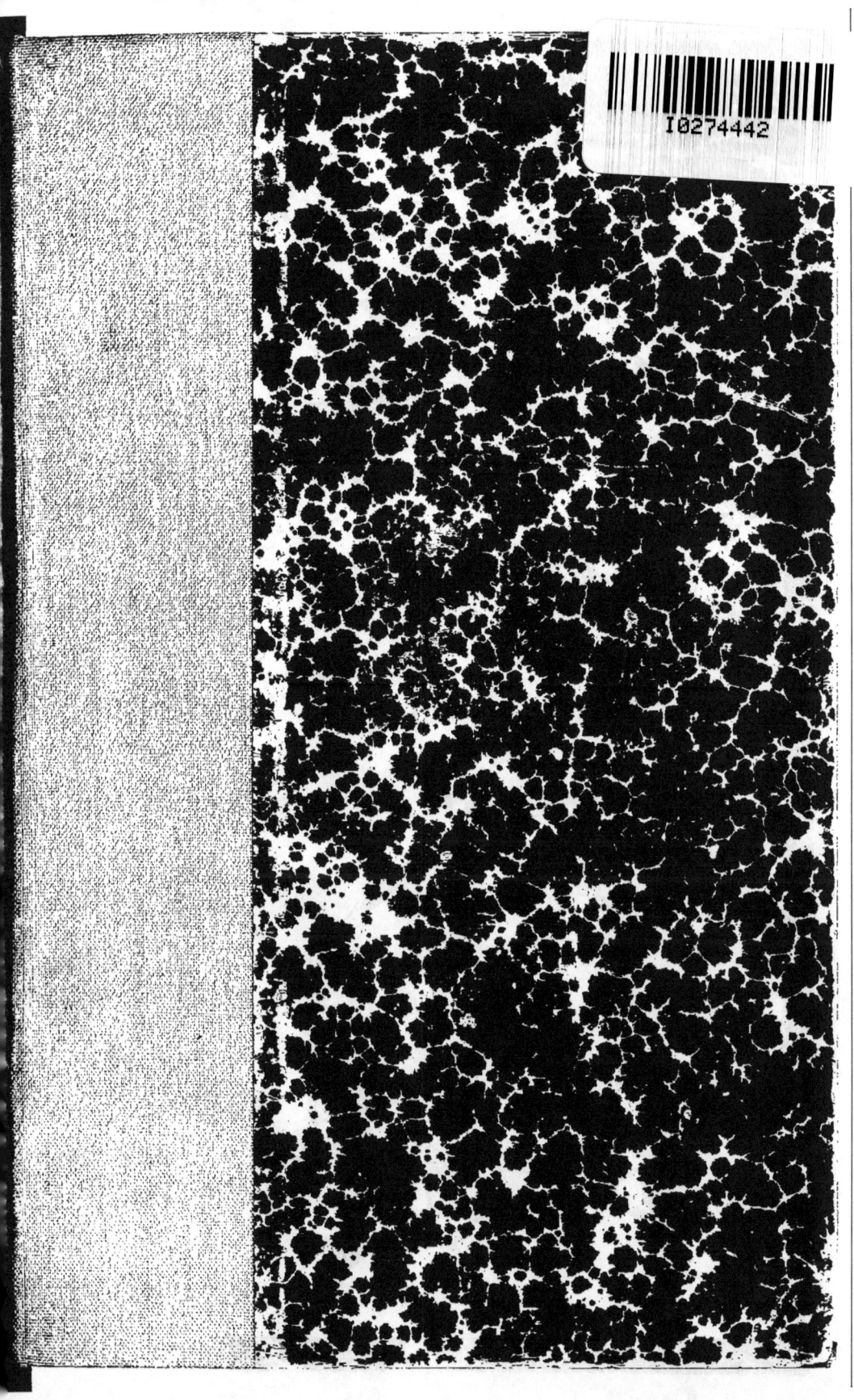

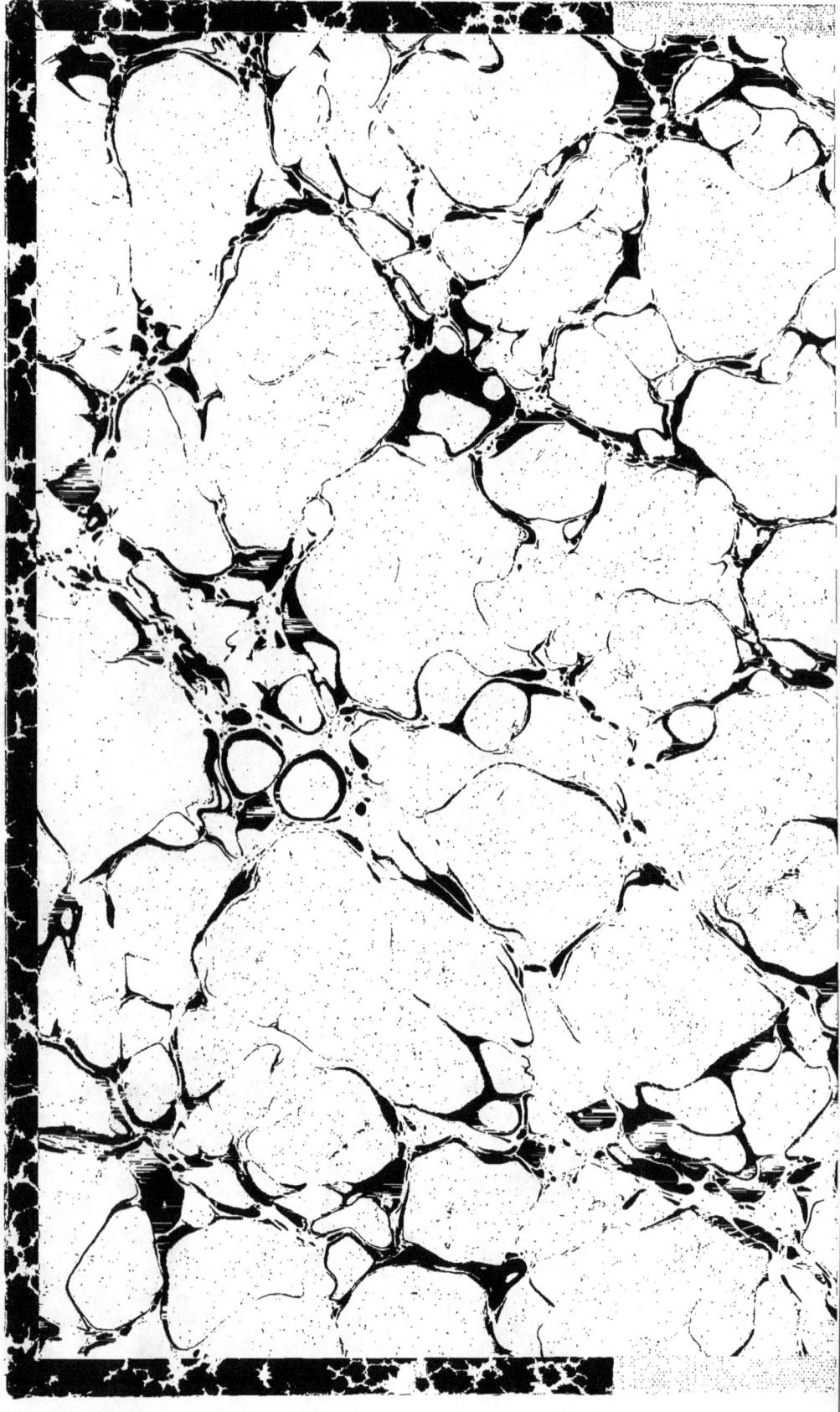

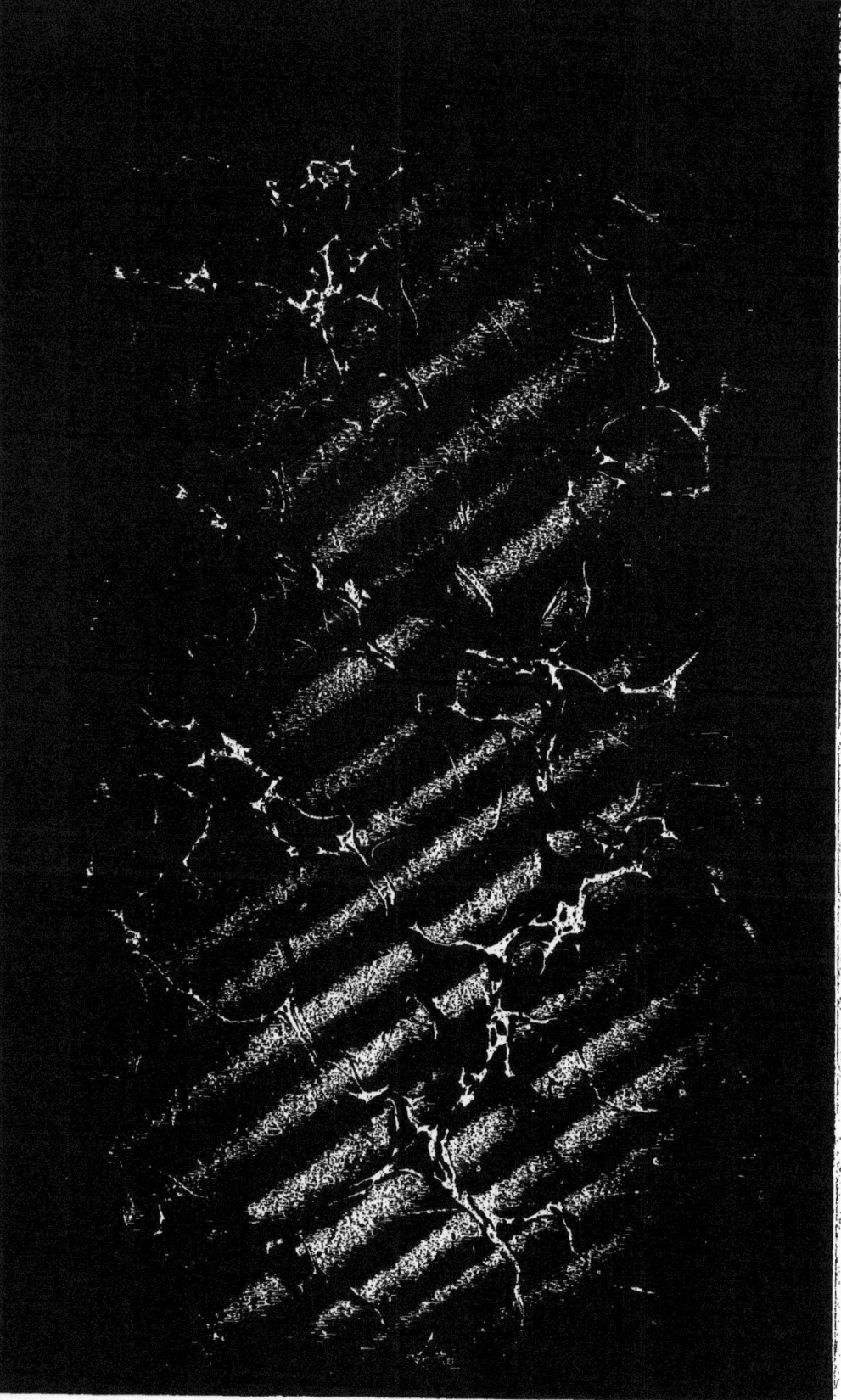

I. BOULANGER

REGISTRE DE CORRESPONDANCE

ET

BIOGRAPHIE

DU DUC HENRY DE LA TRÉMOILLE

(1649-1667)

PAR

HUGUES IMBERT

Membre de la Société des antiquaires de l'Ouest

POITIERS

IMPRIMERIE DE A. DUPRÉ

RUE DE LA MAIRIE, 10

1867

REGISTRE DE CORRESPONDANCE

DE

HENRY DE LA TRÉMOILLE

DUC DE THOUARS.

PRÉFACE.

Les archives du château de Thouars, actuellement déposées au château de Serrant, département de Maine-et-Loire, contiennent les documents les plus précieux sur les provinces de l'Ouest et sur les différentes familles qui ont possédé le grand fief de Thouars. Les papiers intéressant particulièrement la maison de la Trémoille s'y trouvent en grand nombre. Le volume de correspondance du duc Henry, qui est entre nos mains, est sorti, au moment de la révolution, du chartrier dont nous venons de parler. C'est un in-4° de 566 pages, contenant, outre les lettres du duc, de sa famille et des personnages avec lesquels il était en relation, quelques lettres et documents intéressant l'histoire générale du xviie siècle. L'ensemble comprend 402 pièces différentes. Les feuillets 309-310, 319-320, 381-382 ont été enlevés, peut-être par le duc lui-même. Une table, placée à la fin du registre, fait connaître que, sur les pages 319 et 320, étaient copiées deux lettres, l'une adressée au comte de Laval et l'autre au duc de la Meilleraye.

Henry de la Trémoille s'est servi de plusieurs personnes pour sa correspondance; cependant l'écriture du chanoine Leblanc, son secrétaire, est celle qui se retrouve le plus souvent dans le registre. Le duc a copié de sa main neuf lettres d'une certaine importance.

Elles figurent à la table analytique sous les numéros 5, 112, 113, 114, 115, 117, 118, 190 et 371. La lettre n° 5 est en outre revêtue de la signature que nous reproduisons dans la planche.

Quelques autres lettres portent des corrections faites par le duc. Dans le principe, ce registre n'était pas relié, car l'ouvrier chargé plus tard de ce travail a fait disparaître, en rognant les feuilles, des mots et parfois des lignes presque entières. A part cette maladresse, la reliure, qui est évidemment du xviie siècle, a été bien traitée. Elle est en basane, et porte au dos l'empreinte de fers assez délicats. Le titre, en lettres dorées, a disparu en partie; on peut cependant lire encore ces mots, écrits sur deux lignes :

. LIVRE . DES .
. LETTRES.

Outre ce registre, nous avons en notre possession un petit manuscrit in-12, de 71 feuillets, provenant évidemment encore des archives de Thouars, dont le titre est ainsi conçu : *Les Vies de quelques hommes illustres payens et chrestiens*. Après avoir parlé d'Alexandre, de Jules César, de Charlemagne, de Tamerlan et de quelques autres personnages célèbres, l'auteur de ce manuscrit, qui n'est autre que le chanoine Leblanc, donne la vie de Claude de la Trémoille, de Frédéric-Henry de Nassau et de Bernard, duc de Saxe. Le volume se termine par un écrit intitulé : *Abrégé de la vie de M. le duc de la Trémoille et son apologie sur la prise des armes du parlement de Paris*. Ce travail, contenant la biographie du duc Henry, est écrit sous son inspiration et porte des annotations de sa main. Il comprend 18 feuillets, dont 4 seulement sont consacrés au récit des événements se rapportant à l'histoire du duc. Le surplus n'est qu'une longue diatribe contre Mazarin.

La reliure de ce manuscrit a été beaucoup plus soignée que celle du registre de correspondance. Elle est en chagrin noir. Sur les plats, la lettre H, surmontée d'une couronne ducale, est placée au milieu de deux encadrements formés d'un double filet orné à chaque angle d'une petite rose et d'une aiglette, principale pièce du blason de la famille la Trémoille. Cinq autres aiglettes sont placées entre les nervures du dos. Tous ces ornements sont dorés. On a peint à l'aquarelle, sur la garde du livre, les armes de Henry de la Trémoille. Elles sont surmontées de cette devise : *Sincère et prompte.* (*Voir* la planche.)

M. le duc de la Trémoille actuel possède presque tous les originaux des lettres dont nous donnons la copie. Il a de plus entre les mains deux manuscrits des mémoires du prince de Tarente, fils du duc Henry, avec corrections et additions. Le mémoire manuscrit de Henry de la Trémoille concernant ses droits à la couronne de Naples n'a pas été retrouvé à Serrant ; mais M. le duc de la Trémoille en possède deux exemplaires in-4° imprimés, l'un en 1644, et l'autre en 1658 (1). Marie de la Tour-d'Auvergne, femme du duc, dit, dans un mémoire rédigé par elle, qu'elle obtint, le 2 juin 1648, permission de faire imprimer et vendre ce *factum*. Cette autre édition se retrouverait probablement. Le dernier mémoire dont nous venons de parler n'a jamais été imprimé, et il n'en existe aucun manuscrit à Serrant ; mais une copie du commencement du xviiie siècle se trouve à Thouars. Nous nous proposons de publier cette pièce, dont l'intérêt est considérable. C'est une sorte de plaidoyer écrit en 1661, par Marie de la Tour, pour se justifier des prodigalités dont on l'accusait.

Quant au registre même que nous reproduisons aujourd'hui, il renferme, comme on le verra, bien des pièces étrangères au duc de la Trémoille, mais qui lui semblaient importantes ou curieuses, et qu'il faisait pour cela transcrire sur son registre ; ce dont nous ne nous plaindrons pas, car nous y trouvons des lettres de l'électeur de Brandebourg, du duc de Lorraine, de Christine de Suède, du cardinal de Retz, du grand maître de Malte, du grand visir, de Louis XIV au pape, au roi et à la reine d'Espagne. Plusieurs de ces pièces se rencontrent ailleurs, nous le savons, mais nous n'avons pas cru devoir disjoindre ce que le duc avait réuni.

Ses lettres personnelles et celles qui lui sont adressées n'ajoutent pas beaucoup sans doute à nos connaissances sur les grands événements de son temps, mais on y peut suivre les progrès de la puissance royale, l'affaiblissement de celle des plus grands seigneurs,

---

(1) Renseignements dus à l'obligeance de M. le duc de la Trémoille et de M. Marchegay.

obligés peu à peu de compter avec les ministres, les intendants de province, les fermiers généraux et même les huissiers; enfin la marche des mesures restrictives qui précédèrent la révocation de l'édit de Nantes. Puis, sous le rapport philologique et littéraire, il n'est pas sans intérêt de voir, même dans de simples lettres d'affaires, de félicitations, de condoléances, comment pensaient, s'exprimaient, orthographiaient des personnages tels que Condé, Turenne, la Trémoille, mademoiselle de Montpensier, la duchesse de Longueville et autres personnes de la plus haute distinction; comment, sur ces divers points, ils différaient des hommes de lettres tels que Morus et Chevreau, dont le style recherché est loin d'avoir la tournure du leur. Dans les formes cérémonieuses employées pour la correspondance, même entre les plus proches parents, on trouvera en outre un moyen de se former une idée des usages et du ton qui, à cette époque, régnaient dans les rangs supérieurs de la société.

Par tous ces motifs, nous avons donc cru que la publication du registre de correspondance du duc Henry de la Trémoille pourrait ne pas être sans utilité. Nous donnons *in extenso* environ la moitié des pièces qu'il contient; pour les autres, qui nous ont semblé moins dignes d'attention, nous nous bornons à de simples extraits, suffisants pour faire connaître ce qu'elles renferment, nécessaires souvent pour comprendre ce qui suit. On aura ainsi un ensemble complet et bien lié.

IMBERT.

Thouars, 26 juillet 1866.

NOTICE BIOGRAPHIQUE

SUR

HENRY DE LA TRÉMOILLE

DUC DE THOUARS

D'après des documents inédits,

Par **HUGUES IMBERT**, membre de la Société
des antiquaires de l'Ouest.

Henry de la Trémoille, duc de Thouars et de Loudun (1), fils aîné du duc Claude et de Charlotte-Brabantine de Nassau, princesse d'Orange, naquit à Thouars le 22 décembre 1598. Il fut baptisé, dans la grande salle de l'ancien château de Thouars, le 15 mars 1604, et eut pour parrain le roi Henry IV, représenté par le comte de Parabère, son lieutenant général en Poitou (2). Le duc Henry ne fut pas un grand capitaine ; sa longue carrière ne s'écoula pas dans les camps et sur les champs de bataille, comme celle de son aïeul Louis II, le chevalier sans reproche ; mais sa correspondance témoigne de son noble caractère, de son esprit et de ses qualités. Héritier d'un des plus beaux noms de la France, la fin prématurée de son père (1604) le rendit, à l'âge de six ans, possesseur d'une fortune considérable. Il recueillit, en outre, à la fin de l'année 1605, la succession de Guy, XXe du nom, comte de Laval. C'est par suite de cet

---

(1) Henry de la Trémoille, pair de France, était duc de Thouars et de Loudun, prince de Tarente et de Talmond, comte de Laval, Villefranche, Montfort, Taillebourg, Benon, Guines et Jonvelles, vicomte de Rennes et de Rays, baron de Vitré, Didonne, Berrie et Mauléon, seigneur d'Amboise et marquis d'Epinay.

(2) Registre de la paroisse Notre-Dame du château de Thouars.

héritage que la maison de la Trémoille a élevé des prétentions au royaume de Naples. Henry de la Trémoille, par représentation d'Anne de Laval, sa bisaïeule, femme de François de la Trémoille, se trouvait, en effet, seul héritier de Frédéric d'Aragon, roi de Naples. En 1643, Henry fit valoir ses droits à cette couronne, et plus tard ses descendants reproduisirent cette réclamation à différents congrès; mais ce fut en vain. *Le procès ne pouvait être décidé que par le sort des armes*, comme le dit l'auteur de la préface des Mémoires du prince de Tarente. Louis XIII permit cependant au duc de la Trémoille de prendre le titre de prince de Tarente, et, par brevet délivré vers 1629, lui accorda, pour lui et les siens, le rang et les prérogatives qui y étaient attachés (1). En 1648, Louis XIV lui permit d'envoyer un représentant pour soutenir ses droits devant le congrès réuni à Munster, où se conclut le traité de Westphalie.

Henry se maria le 19 janvier 1619 avec Marie de la Tour-d'Auvergne, fille du maréchal de Bouillon, prince souverain de Sedan, et sœur de Turenne. Comme les deux époux étaient de la religion réformée et cousins germains, leur mariage, pour être valable, avait besoin de la sanction royale, à défaut des dispenses de l'Église, qui n'avaient pas été obtenues (2). Par lettres patentes datées du mois de mars 1619, Louis XIII confirma cette union, et nomma bientôt après le jeune duc de la Trémoille commandant général de la cavalerie de l'armée d'Allemagne (3).

Entraîné par ses croyances religieuses dans le mouvement qui se manifesta, en 1621, au sein du protestantisme, contre lequel grondait l'orage, Henry prit part aux délibérations

---

(1) Dom Fonteneau, t. XXVI, p. 787.
(2) Dom Fonteneau, t. XXVI, p. 751.
(3) Biographie inédite du duc, écrite par lui-même.

de l'assemblée générale de la Rochelle. Il fit de vains efforts avec Rohan et Soubise pour obtenir une résolution permettant d'éviter une rupture complète avec le roi. L'exaspération de ses coreligionnaires ne connaissait plus de bornes. La guerre était pour eux la seule issue possible. L'assemblée lui offrit le commandement général ; mais il ne voulut pas l'accepter, pressentant tous les dangers de la situation. Voici ce que nous lisons, à ce sujet, dans un manuscrit rédigé sous la dictée du duc lui-même :

« L'an 1621, au mois de mars, l'assemblée de la Rochelle
» se continuant toujours nonobstant les deffences, et voyant
» pour cela toutes choses à la cour se préparer à la guerre,
» commença de penser aux moyens de se tenir sur la deffen-
» sive, en s'assurant de places et de chefs pour conduire
» leurs forces, et pour cet effet envoya le sieur de Chasteau-
» neuf avec six députtez vers M. de la Trémoille, à Pons,
» pour luy offrir le commandement général de l'armée, tant
» par mer que par terre. M. de Rohan y arriva en mesme
» temps pour le mesme sujet, dont il luy fit très-instantes
» prières ; à quoy néanmoins M. de la Trémoille ne voullut
» point entendre par le seul respect de sa fidélité naturelle
» envers son roy. »

Au mois de mai suivant, il refusa encore, de l'assemblée de la Rochelle, le commandement d'un cercle comprenant l'Angoumois, la Saintonge, les îles de Ré et d'Oleron, et se rangea, contre le duc de Rohan et contre Soubise, sous le drapeau de Louis XIII, lorsque ce prince parut devant Saint-Jean-d'Angély.

Le duc était désolé d'être obligé de combattre dans les rangs des adversaires des protestants ; mais ce n'était pas là son plus grand chagrin. Marie de la Tour, malade depuis la naissance de son premier enfant (Henry-Charles, prince de Tarente), était tombée dans un tel état de tristesse et de nostalgie, qu'il avait fallu, pour rétablir sa santé, la conduire à Sedan, au sein de sa famille. Henry était vivement préoccupé de l'absence de sa femme; il avait hâte de la revoir. Il sollicita bientôt un congé, que le roi lui accorda, et s'empressa de rejoindre Marie de la Tour. Cette arrivée inattendue causa à toute la famille des transports de joie incroyables. Il faut lire à ce sujet une charmante lettre de Mme de Bouillon à Charlotte-Brabantine de Nassau, publiée par M. Paul Marchegay, à qui nous empruntons ces détails, dans un opuscule plein d'intérêt, intitulé : *Les Deux Duchesses..*

Henry assista, en 1628, au mémorable siégé de la Rochelle, qui coûta tant d'argent à la France. Pressé d'abjurer par Richelieu, il se fit catholique sous les murs de la place. Pour prix de sa bravoure, et peut-être bien aussi de son abjuration, il obtint, après le siége de la Rochelle, le grade de mestre de camp général de la cavalerie. Il trouva bientôt l'occasion de se distinguer en Italie, à l'attaque du Pas-de-Suze et au siége du château de Carignan, dont il s'empara, quoique blessé d'un coup de mousquet au genou, *à la vue des armées d'Espagne et de Savoie, qui entreprirent en vain, peu de jours après, de le reprendre* (1) [1er août 1630].

En 1633, il fut fait chevalier du Saint-Esprit.

Éloigné de la cour *par suite des mécontentements qu'il reçut du ministre* (2), le duc de Thouars ne se montra pas moins dévoué au roi lorsque les Espagnols s'emparèrent de Corbie (1636). Il envoya à Louis XIII, qui faisait en per-

---

(1 et 2) Biographie inédite du duc de la Trémoille.

sonne le siége de cette ville et manquait de forces, 5,000 *hommes de pied et 500 chevaux levés en quinze jours sur ses terres et à ses dépens* (1). Cette petite armée, conduite par le marquis de la Moussaye, fut cause de la prise de Corbie. En récompense de ce service, Louis XIII accorda au duc, en 1636, pour l'indemniser des dépenses qu'il avait faites, le droit de percevoir pendant dix ans dix sols par chaque pipe de vin passant sous les ponts de Taillebourg et de Laval (2).

Après la mort de la duchesse douairière Charlotte de Nassau (août 1634), la jeune duchesse de la Trémoille, qui, s'il faut l'en croire, ne s'était jusqu'alors occupée de rien dans la maison, *son mari et sa belle-mère prenant le soin des affaires sans lui en donner aucune connaissance* (3), put donner un libre essor à ses goûts pour le luxe et les dépenses. Le vieux château de Thouars était une demeure trop modeste pour Marie de la Tour-d'Auvergne ; ses murailles lézardées, qui craquaient sous le poids des siècles, inspiraient des inquiétudes à la duchesse, dont la garde-robe pouvait à peine tenir dans les appartements qui lui étaient réservés. Elle décida le duc à jeter à terre ces ruines, dans lesquelles on manquait, disait-elle, d'air et de lumière, et s'occupa de les remplacer par un château en rapport avec son rang et sa fortune (4) [1635]. En quelques années, un édifice grandiose, dont les sévères lignes d'architecture rappellent le palais des Tuileries, s'éleva sur l'emplacement de l'ancien logis féodal, et la châtelaine put respirer à l'aise dans les vastes salles de sa nouvelle demeure, qu'elle meubla avec la plus grande magnificence. Les portes de cette résidence

(1) Biographie inédite du duc de la Trémoille.
(2) Mémoires du prince de Tarente et Mémoire de Marie de la Tour-d'Auvergne.
(3 et 4) Mémoire inédit de Marie de la Tour-d'Auvergne.

princière s'ouvrirent à deux battants pour permettre aux souverains, à la noblesse de France et aux hommes illustres du Poitou d'y recevoir la somptueuse hospitalité du duc de la Trémoille. Turenne, le duc et la duchesse de Longueville, le duc de Saint-Simon, le duc de la Meilleraye, et une foule d'autres personnages, dont les noms appartiennent à l'histoire, s'y rencontraient avec le poëte Chevreau, de Loudun, et les notabilités politiques du Poitou. Les grands dignitaires de l'Église et les ministres de la nouvelle religion que Calvin avait prêchée dans les grottes de Croutelle et de Saint-Benoît s'y montraient à tour de rôle, les uns pour faire leur cour au duc, les autres pour conserver l'amitié et la protection de la duchesse, que les protestants avaient surnommée l'héroïne de Thouars (1).

Henry de la Trémoille prit une part active aux événements qui se déroulèrent pendant la minorité de Louis XIV. Au moment où la Fronde éclata, il offrit son concours au parlement de Paris, qui s'empressa de le nommer général des troupes qui seraient levées pour le service du roi, de la cour et du public, dans les provinces de l'Ouest. (*Voir* la lettre 1re.) [11 mars 1649.] (2). Le prince de Condé, cherchant à le rattacher au parti de Mazarin, lui écrivit deux fois, par ordre de la reine mère et du cardinal, qui désiraient vivement le gagner. Le duc détestait trop le ministre favori, qu'il appelait *un cardinal sans religion, un pirate public, un tyran de l'État et du roi, un mesquin et avare voleur* (3), pour se laisser entraîner par Condé. Il lui répondit (3 avril 1649) qu'il était *uni dans un même sentiment avec le clergé, la noblesse et les peuples du Poitou, contre les personnes abjectes et infâmes qui ruinaient et désolaient la monarchie ; qu'il prenait*

---

(1) Registre de correspondance du duc de la Trémoille.
(2 et 3) Biographie inédite.

les armes avec eux pour la conservation de l'État et de la liberté des peuples. Ce sont, écrivait-il, *les résolutions du bon parti, dont vous devriez être le chef, et mes sentiments particuliers* (1).

Le parlement de Bordeaux et celui de Bretagne, à l'exemple du parlement de Paris, le nommèrent généralissime des provinces de leur ressort. (Août 1649.) (2).

La Trémoille avait offert une armée de 10,000 hommes au parlement de Paris; mais cette armée n'était pas levée, et il lui fallut beaucoup de peine et d'argent pour la réunir. Avant de partir à la tête des forces qu'il avait rassemblées, il nomme son fils puîné, le comte de Laval, commandant de la ville de Thouars, et s'occupe de secourir le bas Poitou, que Chateaubriand des Roches-Baritaud, lieutenant du roi, commençait à inquiéter. Chezerac est fait commandant du château de Fontenay-le-Comte, que des Roches avait failli prendre; 140 gentilshommes, commandés par Chaligny, sont dirigés sur Luçon, qu'ils occupent. Enfin il donne ordre à Marsilly, qu'il avait fait son maréchal général des logis, de se rendre dans le bas Poitou, pour y prendre le commandement général (3).

Ces mesures arrêtées, Henry nomme Châtillon, seigneur d'Argenton-Château, son lieutenant général; la Grise, maréchal de camp, et le seigneur de Noirlieu, lieutenant de sa compagnie de gens d'armes; puis il se met en route pour la Bretagne avec une infanterie nombreuse et une cavalerie composée de gentilshommes. Arrêté un instant devant le château des Ponts-de-Cé, il se rend maître de cette place et parvient bientôt jusqu'en Bretagne, où il s'entend avec le

---

(1 et 2) Registre de correspondance.
(3) *La Fronde en Poitou,* par M. de la Fontenelle.

parlement (1). A son retour, un obstacle se présente sur sa route. Par les ordres du maréchal de Maillé-Brézé, gouverneur de l'Anjou, le château d'Angers avait été pourvu d'une garnison importante et confié au marquis de Jalaine. Le duc de la Trémoille ne peut laisser derrière lui au pouvoir de l'ennemi une ville de cette importance; il commence le siége du château sans perdre de temps; en sept jours une mine est établie sous les remparts, un pont jeté sur la Maine, et une tranchée ouverte pour interrompre toute communication de la place avec l'extérieur. Ces travaux d'attaque exécutés, la Trémoille dépêche un gentilhomme au maréchal de Brézé, renfermé dans le château de Saumur, pour le sommer de se rendre et l'inviter à donner au marquis de Jalaine l'ordre de livrer le château d'Angers. Le maréchal de Brézé promit de rendre les deux places avec l'artillerie et les munitions, s'engageant de plus à compter au vainqueur deux cent mille écus dans la huitaine. Une députation envoyée de Tours promit pareille somme au duc, qui était enchanté du résultat de sa campagne; mais il reçut presque en même temps l'avis que la paix était faite à Paris, et l'ordre de cesser toute hostilité (2). Un peu mécontent d'interrompre si brusquement le cours de ses succès, il écrivit au parlement de Paris qu'il avait reçu du parlement de Bordeaux une commission de général en chef, « avec as-
» surance d'une grande somme d'argent et de plusieurs
» places, que les parlements de Toulouse et d'Aix suivraient
» cet exemple, que la Rochelle, Angoulême et les Iles se dé-
» clareraient au premier jour, qu'on ne devait pas précipiter
» une paix honteuse et la servitude de tous à la veille de

---

(1) *La Fronde en Poitou*, par M. de la Fontenelle.
(2) Biographie inédite.

» leur délivrance; que l'armée qu'il commandait, forte de
» 20,000 hommes, serait dans un mois à Paris et en état de
» former un gouvernement équitable et sur de solides fon-
» dements. » Mais les courriers du duc ne parvinrent pas au
parlement; ils furent reçus par la cour, qui était à Saint-
Germain (1). Il lui fallut donc, bon gré, mal gré, lever le siége
du château d'Angers et rendre le château des Ponts-de-Cé,
que gardait Rotmont, enseigne de ses gardes. Revenu dans
sa ville de Thouars, il y trouva des Roches et quelques autres
seigneurs, que le comte de Laval avait faits prisonniers en
s'emparant du château du Plessis-Châteaubriand, et il s'empressa de les mettre en liberté. Le comte de Laval avait
quitté les armes pour l'Église, et s'était fait prêtre de l'Ora-
toire, en protestant qu'*il ne voulait pas revenir à la vie commune*. Mais le sang des la Trémoille, qui coulait dans ses
veines, ne lui avait pas permis de tenir sa promesse, et il
venait de montrer, dans son expédition du bas Poitou, que
la soutane ne l'empêchait pas de manier l'épée.

Le siége du château d'Angers fut le dernier acte de la
carrière militaire de Henry de la Trémoille. A partir de cette
époque, il vécut paisiblement à Thouars. En relation avec les
plus célèbres personnages du temps, il s'occupe bien un
peu de politique; mais, assiégé par la goutte, il ne se mêle
plus aux événements, et, pour vivre plus tranquille, il se
démet de ses titres de duc et pair de France en faveur du
prince de Tarente, son fils, esprit remuant et ambitieux
(novembre 1655). Préoccupé surtout du gouvernement de
sa ville et de son duché, il fonde à Thouars des établissements
religieux, dote le collége et les hôpitaux, et fait réparer les
églises (2).

(1) Biographie inédite.
(2) *Mémoire inédit sur la ville de Thouars*, par M. Drouyneau de Brie.

Pendant ce temps, la duchesse de la Trémoille, laissant son mari occupé de ses fondations pieuses, dépensait avec une folle prodigalité les revenus du duché. Ses voyages à Paris coûtaient plus de cinquante mille livres chaque année; ses procès interminables dévoraient des sommes importantes; les travaux d'embellissement qu'elle faisait exécuter partout, à son hôtel de Paris, à ses châteaux de Thouars, Laval, Vitré et Louzy, engloutissaient des millions. La construction et l'ameublement du château de Thouars avaient seuls absorbé treize cent mille livres, somme prodigieuse pour l'époque. De leur côté, les intendants ne rendaient pas fidèle compte de l'argent qu'ils touchaient. Le duc, par une négligence qui était le côté faible de son caractère, laissait s'accumuler les dettes, sans arrêter les désordres de ses agents et les dépenses inutiles d'une compagne qu'il ne contrariait jamais. Cette insouciance coûta cher à la maison la Trémoille : il fallut réaliser près de deux millions de livres, en vendant des terres patrimoniales, pour payer les créanciers les plus exigeants et avoir de quoi subvenir aux frais de représentation qu'occasionnait le duché de Thouars, dont relevaient 1,700 gentilshommes.

La noblesse du Poitou, qui ne pouvait se décider à obéir à Mazarin, s'assembla, au commencement de l'année 1658, dans une des villes de l'élection de Thouars, et envoya deux gentilshommes au duc de la Trémoille pour demander son concours. Le duc informa M. de Brienne de cette réunion, en l'assurant que la noblesse était toute dévouée au roi. Mais Louis XIV lui fit savoir qu'il était *offensé de ces assemblées et résolutions* (1). Cette petite remontrance n'empêcha pas

---

(1) Registre de correspondance du duc de la Trémoille.

Henry de faire cause commune avec les ennemis de Mazarin, comme par le passé. Aussi le roi ne voulut pas lui permettre, l'année suivante, de présider les états de Bretagne. Ayant appris plus tard qu'on avait voulu se prévaloir de son absence pour contester sa qualité de président ordinaire de la noblesse, à laquelle il tenait beaucoup, le duc fit faire ses protestations devant les états, alors assemblés à Saint-Brieuc (juillet 1659) (1). Un arrêt du parlement de Rennes, rendu en l'année 1652, avait attribué à la maison de Rohan et à la famille de la Trémoille le droit de présider à tour de rôle les états de Bretagne. A cette époque, les préséances et prérogatives donnaient lieu à des contestations que l'autorité royale avait beaucoup de peine à apaiser. Telle fut, par exemple, la fameuse question de préséance des ducs à l'entrée du roi à Paris, après son mariage (1660). Le prince de Tarente joua un des principaux rôles dans cette affaire, et fut félicité de sa fermeté par le duc son père (2). La même année, la Trémoille encourut la colère de Louis XIV, à l'occasion d'un acte de violence auquel il s'était livré contre deux huissiers. Il n'était pas rare, au XVIIᵉ siècle, de voir un grand seigneur distribuer, à titre d'arguments, quelques coups de canne aux manants qui l'importunaient ; mais oser bâtonner deux fonctionnaires publics, c'était dépasser toutes les bornes. Le duc reçut, à ce sujet, une lettre du roi qui fait le plus grand honneur à l'esprit d'ordre de Mazarin et de Louis XIV. Voici cette lettre :

« Mon cousin, ayant veu par un procès-verbal en datte
» du 11ᵉ de ce mois, signé des nommés Renou et Cham-
» pion, huissiers, lesquels, à la requête de l'adjudicataire

(1 et 2) Registre de correspondance du duc de la Trémoille.

» général de mes gabelles et suivant les ordonnances des
» officiers de mesdites gabelles au grenier à sel de Riche-
» lieu, s'estoient transportés au lieu de Nueil-sur-Dive, pour
» faire procéder à l'élection des assesseurs et collecteurs de
» l'impost du sel audit lieu pour l'année prochaine 1661,
» qu'estant arrivés en la paroisse de Berrie, laquelle dépend
» dudit lieu de Nueil, vous avez fait venir par devers vous,
» en vostre chasteau de Berrie, lesdits Renou et Champion,
» que vous les avez traistés injurieusement de parolle et les
» avez battus et excédés à coups de canne jusqu'à effusion
» de sang, sous prétexte de ce qu'ils avoient esté si ozés que
» de venir dans un lieu qui vous appartient pour faire leurs
» commissions, et mesme de ce qu'ils avoient cy devant
» emprisonné Mathurin Eveillard, l'un de vos fermiers et
» l'un des collecteurs de l'impost du sel dudit lieu l'année
» présente, et bien que j'aye peine à croire que vous vous
» soyez porté à une telle extrémité et particullièrement
» envers des personnes préposées pour accélerer la levée de
» mes deniers et employés pour le bien de la ferme de mes
» gabelles ; néantmoins, comme cette affaire importe à mon
» authorité, et que pour l'ordre qui doit estre gardé dans
» mon royaume et pour la conséquence, je me trouve
» obligé d'en faire informer, je vous escris cette lettre pour
» vous dire qu'affin que la procédure qui doit estre faitte
» pour cela à Thouars et aux environs s'exécute avec
» facilité, et qu'on puisse savoir plus promptement la vérité
» de la chose, et s'il n'y a point de suposition dans ledit
» procès-verbal, mon intention est qu'aussytost que vous
» l'aurez reçue, vous ayez à partir dudit Thouars pour vous
» rendre incessamment en la ville de Laval, et que vous y
» demeuriés jusqu'à ce que vous receviés autre ordre de
» moy, et m'assurant que vous satisferés à ce qui est en

» cela de ma volonté, je ne vous feray la présente plus
» longue que pour prier Dieu qu'il vous ait, mon cousin,
» en sa sainte et digne garde.

» Escrit à Paris le 26 novembre 1660 (1). »

Le duc, dont la fermeté était grande malgré les années et les infirmités, ne jugea pas à propos d'obéir aux ordres de Louis XIV sans se défendre, et lui écrivit la lettre suivante :

« Sire,

» Tout ce qui porte le nom et le caractère de Vostre
» Majesté me doit estre si vénérable et si sacré, que je n'ay
» peu recevoir qu'avec des sentiments de respect et d'obéis-
» sance la lettre et les ordres qui m'ont esté envoyés de sa
» part; mais, comme ils sont accompagnés de quelques
» marques de la disgrâce et de l'indignation de V. M.,
» je suis obligé de luy dire qu'ils m'ont causé d'autant plus
» de doulleur et d'estonnement que je ne croyois pas les
» avoir mérittées. Il est vray, sire, que quelques sergens de
» vostre ville de Loudun, et entr'autres un nommé Cham-
» pion, ayans par beaucoup d'exactions et de concussions
» entièrement ruiné vos sujets de ma baronnie de Berrie,
» et exécuté et emprisonné presque à ma veue les mestayers
» de ma basse cour, je fus obligé de leur faire quelques
» remonstrances sur ce sujet, à quoy ledit Champion ayant
» respondu en des termes que je ne peus suporter, je lui
» donnay quelques coups d'une canne que je tenois à la
» main. Voyla, sire, la vérité de la chose. La confession que
» j'en fais à V. M. fait cesser la nécessité d'en informer et
» par conséquent celle de mon esloignement de ce lieu. Je

(1) Registre de correspondance du duc de la Trémoille.

» suplie tres humblement V. M. de m'y laisser gouster le
» repos dont j'ay besoin dans les fréquentes incomodités
» que mon âge et d'autres raisons m'aportent, elles ne me
» pouroient pas permettre de faire voyage en une saison
» si rude et si fascheuse, à moins que ce fut pour donner à
» V. M. les dernières preuves de l'affection que je conser-
» veray toute ma vie pour son service et pour le bien de son
» Estat. J'aurois de la confusion et de la honte de l'impor-
» tuner sur un sujet qui mérite si peu son attention, si je ne
» m'y trouvois engagé par l'obligation que j'ay de luy rendre
» raison de mes actions toutes les fois qu'elle me tesmoignera
» le désirer. Je prie Dieu de toutes mes affections pour la
» prospérité de V. M., et la suplie très humblement de
» croire qu'estant obligé par naissance, par devoir et par
» intérest, à maintenir son autorité et donner des exemples
» de fidellité, de respect et d'obéissance à tous ceux qui
» seroient assez malheureux pour avoir la pensée de s'en
» esloigner, je n'auray jamais de plus forte passion que
» celle de pouvoir méritter l'honneur de ses bonnes grâces
» et de sa protection.

» Je suis,

» Sire, de V. M. le très-humble, etc. (1). »

Cette affaire n'eut aucune suite, et le roi montra bientôt sa bienveillance pour le duc de la Trémoille en le nommant président des états de Bretagne, qui devaient s'assembler le 15 août 1661 à Nantes. L'année suivante, un grand chagrin de famille vint affliger le vieux duc. Obligé de faire des reproches à son second fils, le comte de Laval, dont la con-

---

(1) Registre de correspondance du duc de la Trémoille.

duite laissait beaucoup à désirer, il reçut de lui une lettre qui l'exaspéra, et, dans sa colère, il le frappa de sa malédiction. Voici la lettre du duc; elle mérite d'être conservée :

« J'ay receu vostre lettre du 17, qui, sans respondre à
» aucun des points de ma lettre, fait un grand effort pour
» produire un monstre, c'est-à-dire veut prouver par raison,
» par exemple, et mesme par l'authorité de l'Escriture
» sainte, qu'un fils rebelle, ingrat, désobéissant et orgueil-
» leux, soit un ange terrestre et non pas au démon, lequel
» veut faire passer pour zelle de religion une impiété détes-
» table, préfère l'orgueil du Pharisien à l'humilité du Publi-
» cain. Tu devrais plustôt imiter l'exemple qui est proposé
» dans l'Evangille de celuy qui, pour obtenir pardon de son
» père, se recogneut indigne d'estre appelé son fils, et, après
» avoir lavé ses crimes de ses larmes, implore sa clémence
» et celle du ciel, et le conjure de le traicter comme le
» moindre de ses vallets. Tu appelles tyrannie le service et
» l'obéissance que je réclame et que tu me dois, et non pas
» un crime le mépris et l'injure qu'un fils dénaturé rend à
» ceux de qui il tient la vie, l'honneur et les biens. Saches
» donc, ingrat, que tu ne mérites pas d'estre traicté comme
» le moindre de mes vallets, qui n'a pas mérité comme toy
» toutes sortes de chatimens et de suplices, et auquel avec
» justice je ne puis refuser son congé. Mais pour toy, qui
» ignores le fait et le droit, aprends que, hors mes bonnes
» graces, tu ne dois demander autre congé que celuy de
» mourir; je souhaiste que ce soit en la grace de Dieu, quoy
» que tu t'en sois rendu totalement indigne, n'ayant mérité
» que la malédiction de ton père, qui est ordinàirement
» suivie de celle de Dieu et de punitions espouvantables, si

» tu ne les préviens par une prompte et sérieuse repentance,
» s'il y en peut avoir après une telle obstination, qui me fait
» soustenir que le parricide de Cromwel et de ses colomnels
» est un moindre crime que l'ingratitude d'un fils desnaturé,
» puisqu'elle est plus sensible à un père que la hache d'un
» bourreau.

» Quel prodige d'ingratitude ! Après t'avoir donné un
» marquisat et une belle maison, la disposition de beaux et
» grands bénéfices, procuré deux abbayes considérables et
» fait une infinité d'autres graces et bienfaits, non-seulement
» tu disposes des offices et bénéfices que tu tiens de moy
» sans mon advis, mais tu passes à ma porte sans me voir,
» tu demeures plusieurs années sans me visiter, et requis de
» ta mère, par un excès de bonté, de venir la voir après
» deux ans quatre mois d'absence, tu luy refuses ta veue,
» avec quelque raison toutes fois, pour ce qu'elle auroit
» horreur de voir un fils le plus desnaturé que la terre ait
» jamais porté ny suporté ; c'est ce qui me fait résoudre,
» après avoir soufert que tu ayes trop longtemps usé et
» abusé de mes bienfaits, de t'en déclarer indigne, t'en def-
» fendre l'usage, et de jamais te présenter devant moy, sur
» peine de te faire ressentir ce que peut un père justement
» irrité. Je prie Dieu de te faire la grace de détester, d'avoir
» en exécration une telle impiété et ingratitude, et a moy
» d'acquiescer sans murmure aux décrets adorables de sa
» sagesse et de sa divine providence, qui fait tourner toutes
» choses en bien à ceux qui le craignent.

» 23 décembre 1662 (1). »

Quelque temps après, la duchesse de la Trémoille tomba gravement malade (septembre 1663). La reine mère, qui *avait*

---

(1) Registre de correspondance du duc de la Trémoille.

appris la maladie de Marie de la Tour par un bon Père Jésuite (1), lui écrivit lettres sur lettres pour tâcher d'obtenir sa conversion, et lui envoya l'abbé de Moissy, l'un de ses aumôniers ordinaires, afin de la catéchiser ; mais les efforts du prédicateur ne purent vaincre l'obstination de la célèbre protestante, et l'abbé fut obligé de quitter le château de Thouars. Ne renonçant pas au but qu'il poursuivait avec un acharnement digne d'un meilleur résultat, il continua de loin ses sermons en écrivant à la duchesse ; mais le duc, fatigué de ces obsessions, après avoir fait à Anne d'Autriche ses protestations de respect et de dévoûment, fit savoir à l'abbé de Moissy que *la maladie de madame de la Trémoille ne lui permettoit d'estre entretenue ny convertie, qu'il falloit, après tous les soins de la nature et de la piété, se remestre et soumestre à ce que Dieu permet dans le temps et l'éternité, sans murmurer contre les ordres de son éternelle providence, puisqu'il n'est loisible ny possible d'y résister* (2). L'abbé se le tint pour dit et ne fit plus de nouvelles tentatives.

La religion de Marie de la Tour attirait au château de Thouars des personnages de distinction appartenant au protestantisme. Alexandre Morus, ministre de ce culte, orateur entraînant, poëte et littérateur d'un certain mérite, avait gagné l'amitié du duc, qui, bien que catholique sincère, à en juger par les nombreuses preuves répandues dans sa correspondance, conservait toujours quelques sympathies pour ses anciens coreligionnaires, en faveur desquels il ne craignait pas, au besoin, d'élever la voix (*voir* son discours, n° 295) (3). A cette époque d'intolérance et de persécutions religieuses, cette manière d'agir était un acte de courage. La cour, dont l'entourage était resté animé du même esprit,

---

(1, 2 et 3) Registre de correspondance du duc de la Trémoille.

malgré la mort de Mazarin, se montrait très-susceptible pour les affaires de ce genre. La conduite de Henry de la Trémoille n'avait probablement pas échappé à sa surveillance, car, le 21 juin 1665, Louis XIV saisit le prétexte le plus futile pour lui adresser une sévère admonestation. Marie de la Tour était morte, après trois jours de fièvre aiguë, le 24 mai 1665 (1). La fille du prince de Tarente, qui se trouvait à Thouars depuis le décès de son aïeule et était de la même religion qu'elle, avait l'habitude de faire sonner une petite cloche, placée dans l'intérieur du château, pour appeler ses domestiques aux exercices de dévotion que deux ministres protestants faisaient dans sa chambre. Le roi vit dans cette action *une contravention manifeste à l'édit de Nantes, le seigneur du château en plein fief d'haubert étant catholique*, et enjoignit au duc de faire cesser de pareils abus (2). La Trémoille se soumit et fit ôter la cloche. Quelques jours après, Louis XIV revint encore sur cette affaire, et recommanda de nouveau au duc de ne souffrir aucun exercice de la religion prétendue réformée dans son château; il l'invita en même temps à empêcher que les enfants du prince de Tarente, qui étaient alors au château de Thouars, ne fussent conduits en Hollande, comme leur père en avait le projet. *S'ils demeuroient près de vous,* lui écrivait-il, *j'aurois tout sujet d'espérer qu'ils y recevroient de meilleures impressions pour ce qui regarde la religion et mon service* (3). Le duc, toujours plein de déférence pour son souverain, répondit qu'il avait gardé ses petits-enfants auprès de lui, résistant toujours aux demandes de leur père, mais *qu'il ne savoit pas si, après tout ce qu'il avoit fait pour l'obliger à les lui laisser, il pourroit les retenir plus*

---

(1) Registre de la paroisse Notre-Dame-du-Château de Thouars et Mémoires du prince de Tarente.
(2 et 3) Registre de correspondance du duc de la Trémoille.

longtemps (1). Les enfants, en effet, ne tardèrent pas à rejoindre leur père, et, le 22 septembre 1665, la Trémoille écrivit à Louis XIV, qui lui renouvelait ses ordres sur le même sujet : *J'ay un estrème desplaisir de ne m'estre plus trouvé en estat d'exécuter les bonnes intentions de V. M.; mais, Sire, ce qui me consolle en ce rencontre, c'est que, dans le même temps que j'ay receu la lettre de V. M., ma belle-fille et ses enfants devoient estre fort près de Paris, où ils auront peu recevoir les commandements et les ordres de V. M.* (2). La princesse de Tarente ne s'était pas arrêtée à Paris, et avait gagné la Hollande avec ses enfants, en bravant les ordres du roi.

Nous en avons assez dit, dans cette esquisse de la biographie du duc Henry de la Trémoille, pour faire connaître ce personnage du grand siècle. Il ne nous reste plus, pour remplir la tâche que nous nous sommes imposée, qu'à mentionner que le noble suzerain de la ville de Thouars, après avoir vu mourir trois de ses enfants, Elisabeth (1640), le comte de Montfort (1643) et le prince de Tarente (1672), s'éteignit dans son château le 22 janvier 1674, à deux heures après minuit (3). Ses deux autres enfants, le comte de Laval et Marie, femme du duc Bernard de Saxe-Weimar, lui survécurent.

(1 et 2) Registre de correspondance du duc de la Trémoille.
(3) Registre de la paroisse de Notre-Dame-du-Château.

CORRESPONDANCE

DU DUC
HENRY DE LA TRÉMOILLE.

1. LE PARLEMENT DE PARIS AU DUC DE LA TRÉMOILLE (1).

(11 mars 1649.)

C'est avec beaucoup de joie que nous apprenons, par la bouche de votre envoié, les offres qui nous sont faites de votre part, dans une occasion si importante et où il y va de la vraie manutention de l'autorité royale, dans la conservation des compagnies souveraines, qui en sont les dépositaires. Vous verrez par l'arrêt que nous vous envoyons à quels titres et conditions nous les acceptons, dont nous vous assurons que vous demeurerez satisfait, comme nous le sommes beaucoup de voir que, parmi le grand nombre de personnes de haute condition qui se sont jointes à nous, pour l'intérêt de la cause commune, vous ayez voulu que votre nom si remarquable et que votre exemple ayent excité tant de personnes illustres et de mérite de la province en laquelle vous êtes et des circonvoisines. Nous ne pouvions moins attendre d'une personne de votre naissance et de vos

---

(1) Cette lettre a été déjà publiée par M. de la Fontenelle dans le t. 1er des *Mémoires de la Société des antiquaires de l'Ouest*, page 179; mais elle commence trop bien notre recueil pour que nous ne la reproduisions pas ici.

vertus. Aussi devez-vous bien croire que nous ne manquerons jamais de vous en témoigner aux occasions toute la gratitude et reconnaissance que vous en devez espérer, et c'est sur quoi nous demeurons, Monsieur, etc. *Les gens tenant la Cour du Parlement.* (Signé) Dutillet, greffier en chef de ladite Cour. — A Monsieur le duc de la Trémouille, pair de France.

A cette lettre était jointe une commission de général d'armée délivrée au duc de la Trémoille, qui avait offert de lever 8,000 hommes de pied et 2,000 chevaux, et qui assurait avoir l'assentiment de Poitiers, Niort, Thouars, Saint-Maixent et autres villes. Cette commission pour commander les troupes levées *pour le service du roi, de la cour et du public*, lui donnait en même temps le droit de nommer les officiers et de prendre les deniers dans les recettes générales et particulières.

Voir le texte entier, *loco citato.*

---

2. LE PARLEMENT DE BORDEAUX AU DUC DE LA TRÉMOILLE.

Copie de la lettre du Parlement de Bourdeaux à Monseigneur, du 9ᵉ d'aoust 1649.

Très illustre et très honoré seigneur,

Le rang que vous tenés dans la France et la place que vous occupés dans l'auguste corps du Parlement nous fait espérer que vous continuerés dans cette occasion ainsy qu'aux autres à les maintenir, deffendre et protéger, délivrant celui de Bourdeaux des oppressions et des violances du P. duc d'Espernon, desquelles les Srs de la R. V., nos collègues et députés, vous feront la déclaration et le récit, auxquels nous vous suplions de prendre une entière et parfaite confiance ; si on ne taschoit pas en ce rencontre à esbranler et abatre les plus solides colonnes de l'État, attaquant par les armes la justice souveraine du Roy, nous ne voudrions pas implorer vostre zèle et vostre affection, sachant bien que nous ne pourrions espérer le succès de nos prières, si elles auoyent autre fondement que celui du service du Roy le plus important, auquel nous ne déffaudrons jamais, non plus qu'a l'assurance que nous vous donnons d'estre toujours,

Très-illustre et très-honoré seigneur,

Vos plus humbles serviteurs,
Les gens tenans la cour de Parlement
de Bourdeaux. DE PONTAC.

Escripte à Bourdeaux en Parlement, toutes les chambres assemblées, le ixe d'aoust 1649 (1).

3. LES DUCS D'ELBEUF, DE NEVERS, DE BEAUFORT, LE VICOMTE DE TURENNE ET LE DUC DE LONGUEVILLE, AU DUC DE LA TRÉMOILLE.

Copie de la lettre de Messieurs les Princes à Monseigneur, le 9 août 1649.

Monsieur,

Ayant advisé ensemble aux moyens de pourveoir, sous l'authorité du Roy, au mal qui menace cet Estat d'une entière ruine, et d'y contribuer d'une commune main, ce

(1) Cette lettre et la suivante se rapportent aux troubles de la Fronde

que nous devons à nostre patrie comme vrais François, et sachant quelle est vostre affection vers cette cause publique, nous avons estimé vous devoir envoyer les articles de nostre association, lesquels vous tiendrés, s'il vous plaist, secrets, ainsy que requiert une affaire si importante ; par là vous cognoistrés quelles sont nos intentions et résolutions pour le bien du royaume et le service du Roy, ausquelles nous nous promettons que vous conformerés les vostres et y contribuerés de vostre part, ce qui est de vostre pouuoir et affection ; sur quoy attendans ce qu'il vous plaira nous faire connoistre, nous demeurons,

  Monsieur,

   Vos bien humbles serviteurs,
    Charles de Lorraine.
    Charles de Gonzague.
    César de Vendosme.
    Henri de la Tour.
    Henri d'Orléans.

---

4. LE DUC DE LA TRÉMOILLE AU PRINCE DE CONDÉ.

Responce de Monseigneur à la lettre de Monseigneur le Prince de Condé, qui luy fut aportée par un courier exprès que luy despècha mondit Seigneur le Prince, par l'ordre de la Reyne et du cardinal Mazarin. Sa lettre est escrite de Saint-Germain, le 27ᵉ feb. 1649. (Escrite à Angers, le 3 auril 1649.)

  Monsieur,

Puisqu'il vous plaist de le scauoir, et qu'il vous plaist de me l'ordonner par une seconde despèche plus expresse et précise que les premières, je vous assureray que le clergé, la noblesse et les peuples de ces provinces concurrent avec moy en un mesme sentiment, qui est d'auoir fort à cœur l'obéissance de leurs princes naturels et à contre cœur celle des estrangers, pour ce qu'il est plus dur d'obéir à ses compagnons qu'à ses maistres, combien plus à ses inférieurs et à des personnes abjectes et infâmes, que les Pairs, les Princes et les officiers de la coronne, deuroient plustost faire périr de leurs propres mains, que de prester la main à leurs supost et adhérans, pour mettre la dernière main à la ruine et désolation de cette monarchie, qui se destruit visiblement, non par les efforts d'une puissance estrangère, mais par les effets d'une impuissance domestique et par des moyens faibles et contemptibles, lesquels fauorisent l'impunité des assassinats et des crimes, establissent le désordre et la confusion dans les affaires, et autorisent toutes sortes de maux et de malheurs. Les bons François se sentans donc pressés et oppressés au dernier point, se voyans privés de toutes leurs espérances, et réduits à la dernière nécessité de mourir plustost en gens de biens qu'en bestes et en victimes de l'ennemi conjuré de la personne du Roy et de l'Estat, prennent à tesmoins Dieu, les hommes et les Anges, de leurs nécessaires et non volontaires armes, auec lesquelles ils sont résolus de contraindre mesme malgré eux les austres d'estre libres, et d'employer biens et vies pour la conservation de l'Estat et de leur liberté ; de peur que ceux qui les veulent réduire en seruitude n'en profitent, et que l'exemple d'aucun ne nuise au bonheur et à la liberté de tous ; ce sont les résolutions du bon parti, duquel vous devriés estre le chef, et les sentimens particuliers de celui qui conservera jusqu'au dernier moment de sa vie la passion qui le fait estre,

    Monsieur,

    Votre très humble et très obéissant serviteur et cousin.

5. LE DUC DE LA TRÉMOILLE A M. LOCKHART, AMBASSADEUR
D'ANGLETERRE.

(29 *janvier* 1658.)

Remercîments pour bons offices et protestations de dévoûment au protecteur Cromwell.

---

6. LE PÈRE GÉNÉRAL DES CAPUCINS AU DUC DE LA TRÉMOILLE.

Copie de la lettre du Révérend Père général des Capucins à Monseigneur.

Monseigneur,

Ayant appris du Père gardien de Thouars le zelle que Vostre Altesse auoit toujours fait paroistre pour nostre ordre dans toutes les occasions qui se sont présentées de le seruir, je lui fais la présente pour luy en tesmoigner mes ressentimens, et la supplier très humblement de vouloir nous continuer l'honneur de sa bienveillance, et le secours de sa protection, employant son authorité pour conserver dans son couvent de Thouars ceux qui y sont par mes ordres, et empescher l'entrée à ceux qui s'y voudroyent jetter contre ma volonté, et sy par violence ils s'y estoient jettez, de les faire arrester en son chasteau et garder seurement, pour me les mettre entre les mains. Vostre Altesse rendra en cela un seruice très signalé à nostre ordre, qui adjoustera cette nouvelle obligation à tant d'autres dont il vous est redeuable, et en mon particullier je me tiendray toute ma vie,

Monseigneur,

Très humble et obligé seruiteur.

D'Angers ce 29 janvier 1658.

7. LE DUC DE LA TRÉMOILLE AU PÈRE GÉNÉRAL DES CAPUCINS.

Copie de la lettre de Monseigneur au Révérend Père général des Capucins, escrite à Thouars, le 4 feu. 1658.

Mon très Révérend Père,

J'ay tant de vénération et d'estime pour vostre personne et pour vostre vertu, et une si particulière affection pour tout l'ordre que la Prouidence divine a sousmis à vostre sage conduite, que je receuray tousjours auec une veritable joye les ocasions qui se présenteront d'en donner des tesmoignages. Je vous suplie très humblement d'en vouloir estre persuadé et de croire que je me porteray sans réserve à ce que vous désirez de moy pour maintenir les anciens Relligieux de vostre couuent de cette ville contre la violence de ceux qui s'y voudroient introduire sans vos ordres. Je vous enuoye le sieur Le Beau, mon aumonier, pour vous confirmer ces assurances, vous offrir tout ce qui peut dépendre de moy pour vostre seruice, vous porter les vœux que je fais pour vostre conseruation, et vous protester que je suis,

Mon très Révérend Père,

Votre très humble et très obligé seruiteur.

Et en la suscription : A mon très Révérend Père, le très Révérend Père général des Capucins.

8. LOUIS XIV AU PÈRE GÉNÉRAL DES CAPUCINS.

Copie de la lettre du Roy au Révérend Père général des Capucins.

Très Révérend Père, l'affection que je porte à vostre ordre et à vostre personne en particulier m'ayant conuié d'enuoyer en la ville de Nevers le nombre d'hommes que j'ay creu necessaire pour se saisir des Religieux Capucins qui refusent d'obéir aux choses que vous leur prescriuez pour le bien et aduantage de l'ordre, j'ay bien voulu vous escrire cette lettre pour vous en donner aduis, et parce que, à l'exemple des Roys mes predecesseurs, j'ay pris vostre ordre en ma protection speciale, afin que ceux qui en sont viuent dans la pure obseruance de leurs règles et constitutions, et comme sont en Italie et ailleurs les Religieux du mesme ordre, et qu'ils prient Dieu pour la prospérité de mon règne et de mes Estats, je désire que tous lesdits Capucins du couuent de Nevers, et de tous les autres de mon royaume, vous rendent l'obéissance qu'ilz doiuent chacun selon sa proffession, et qu'en toute liberté vous fassiez vos visites tant en la province de Touraine qu'en toutes les autres qui sont soubz vostre charge où il en sera besoing, mesme que vous ordonniés dans vos chapitres et assemblées ce que vous estimerez à propos, pour la bonne conduite desdits Religieux, et au cas qu'il se trouuast quelque maison de vostre ordre ou aucun d'eux ou aultre personne de quelque condition qu'elle soit, qui voulust résister ou empescher le libre exercice de vostre charge, m'en donnant advis, je sauray trouuer les moyens de les faire rentrer en leur deuoir ; c'est ce que vous leur pouuez faire entandre de ma part ; cependant je prie Dieu qu'il vous ait très Réuérand Père en sa sainte garde.

Escript à Paris le 8ᵉ jour de januier 1658.

---

9. LE PÈRE YVES, DE PARIS, AUX CAPUCINS DE NEVERS.

Copie de la lettre du Père Yves aux Pères Capucins du couuent de Neuers.

Mes Révérands et très vénérables Pères et Frères,

Les obédiences ayant esté delivrées par le très Réuérend Père général pour enuoyer le Révérend Père Michel de Nevers à Caën, le Révérend Père Yves de Neuers à Rouen, le Révérend Père Raphael de Neuers à Bourdeaux, et le très vénérable Père Albert de Blois à Dijon, et les autres Pères et Frères qui sont à présent au couuent de Neuers en d'autres divers lieux, la Réuérence générale a modéré ses ordres et m'a donné commission de vous proposer que, si pour le bien de la paix et faire cesser les scandales que vostre résistance donne depuis longtemps à tout nostre ordre, si vous prenés cette sainte resolution d'obéir au très Réuérand Père general, vous deués attendre de luy toute sorte de grâces et de bontez; vous ne serés point esloignés ny dispersés selon les premiers ordres, mais vous choisirés les couuents où vous voudrés vous retirer dans la province de Lion et dans la custodie de Moulins, qui est la plus proche; l'obédience que je vous donneray de la part de sa Réuérance générale fera expresse mention que vous serez traitez dans les couuents où vous irez auéc toutes les libertés des religieux de la famille et de plus avec des recommandations et des courtoisies toutes particulières. Quand à l'advenir, je vous donne ma parolle, je me rends caution et suis porteur d'un acte signé du très Réuérand Père général, par lequel il promet de n'auoir que des bontés et douceurs pour vous sy vous luy obeissés maintenant; sy vous trouvés trop rude et qu'il semble que ce soit un préjugé contre vous que le Réuérand Père Provincial de Touraine et le Père gardien nommé par le dernier chapitre entrent en possession du couuent, il sera comme en sequestre et conservé par trois Religieux de préuenant ou de la custodie de Moulins au nom du très Réuérand Père général jusques à deux mois, dans lesquels il se rendra dans la prouince, luy quittant ainsi le couuent vous ne ferez aucun préjudice à ce que vous prétendés au principal, vous en pourrez faire les protestations comme vous jugerés le meilleur, le grand nombre de Pères et Frères que vous dites estre dans vos sentimens sera une puissante voix qui réclamera pour vostre retour, et cette humble soumission essuyera les reproches que l'on vous fait depuis longtemps d'estre rebelles ; puisque vous recognoissez l'authorité du très Révérand Père général, il peut sans doute changer les Religieux d'une province en une autre, et la résistance que vous luy ferés en cela ne peut estre juste, principalement après les seuretés que l'on vous donne de vos personnes, et la protection que vous aués de tous les Religieux de vostre party, il y a grand sujet de craindre qu'après les dernières propositions de paix la puissance secullière ne vienne au secours de la régullière avec des efforts qu'il ne sera pas facile de modérer. C'est icy la dernière crise de cette affaire qui se deuant terminer par la douceur ou par la force, la douceur est incomparablement plus aduantageuse au bien public et au vostre particullier que la force : je prie nostre Seigneur qu'il dispose vos volontez à l'obéissance et à recevoir les bontés du très Réuérand Père général qui vous sont maintenant offertes : c'est le souhait de vos véritables amis qui considèrent en cella la gloire de Dieu, l'édification du prochain, et vostre propre interest ; il ne m'importe pas qui tienne le gouvernement de vostre province, pourveu que Dieu soit bien seruy ; supposé qu'il se soit glissé quelques abus dans les eslections, dans la vostre, le remède que vous y aportés est pire que le mal, le malheureux schysme qui partage les esprits affaiblit beaucoup en eux les sentiments de la charité et de la piété, il les diuertit de la dévotion et de l'estude, il vous fait perdre l'estime et la bonne odeur nécessaires pour l'édification du prochain, car quelques raisons que vous aportiés, si en ce rencontre vous n'obéissés au très Réuérand Père général, la voix publique de toutes les provinces vous accusera de rebellion ; cette inflexible rigueur que vous tenés ne s'accorde pas avec la prudence des plus expérimentés dans les affaires du monde, où il faut souuent tourner et baisser les voiles pour toucher le port ; si cette affaire est commune (comme vous dites), pourquoy le couuent de Nevers ne se gouverne-t-il pas comme les autres, et pourquoy vous mettez-vous en estat de souffrir seuls tout l'orage ? Vous savés qu'en cela je n'ay point d'autres interets que ceux de l'honneur de Dieu et du repos de vostre prouince : j'ay quitté mes plus pressens emplois pour vous rendre en cela ce que je pouuois de bons offices, et pour m'espargner le desplaisir que j'auois de vostre disgrace.

 Mes Révérands et très vénérables Pères et Frères,
  Vostre très humble et affectionné serviteur,
   F. Yves, de Paris, capucin indigne, nommé par le très R. Père général commissaire pour cette affaire.

10. LE DUC DE LA TRÉMOILLE A M. THÉVENARD, 1ᵉʳ COMMIS DE M. DE BRIENNE.

(*4 février* 1658.)

Promesse du premier canonicat disponible dans le chapitre de Laval.

---

11. LE DUC DE LA TRÉMOILLE A L'ABBÉ DE SAINT-CYRAN.

(*12 février* 1658.)

Lettres de créance de M. Potin, envoyé par le duc au comte de Laval, son second fils (1).

---

12. LE DUC DE LA TRÉMOILLE AU COMTE DE LAVAL, SON FILS.

Copie de la lettre de Son Altesse à Monseigneur le comte, du 12ᵉ *feb.* 1658.

L'assurance qu'on m'a donnée que la cour consentiroit à votre promotion à l'évêché de St-Malo sans donner autre récompence que d'une de vos abayes, m'a fait prier M. Potin de vous en faire la proposition de ma part, en quoy je considere non tant votre commodité et utillité que l'avancement de la gloire de Dieu et le bien de son Église, où estant

---

(1) Louis-Maurice de la Trémoille, comte de Laval, abbé de Charroux et de Talmond.

apelé par une vocation manifeste et divine, il me semble que vous y devés un aquiessement entier. Je croy que M. de St-Ciran sera de mon sentiment et souhaitte que le vostre s'y conforme, puisque vous ne pouués me donner une preuue plus signalée de votre affection.

---

13. LE PÈRE GÉNÉRAL DES CAPUCINS (F. SIMPLICIEN DE MILAN) AU P. PLACIDE DE VENDOME.

(1658.)

Il recommande l'obéissance au P. Placide, que les capucins de Nevers avaient élu supérieur de leur propre autorité, refusant celui qui avait été nommé par le chapitre.

---

14. LE DUC DE LA TRÉMOILLE A M. DE BRIENNE, SECRÉTAIRE D'ÉTAT.

Copie de la lettre de Monseigneur à M. de Brienne, du 16 feb. 1658.

Monsieur,

J'ay creu estre obligé de vous donner advis que la noblesse de cette élection s'est assemblée en l'une des paroisses de mon duché, et que, le lendemain de leur séparation, ils m'envoyèrent et à mon fils deux gentilshommes de leur corps, pour nous prier de les vouloir assister au dessein qu'ils ont de faire réuoquer par leurs très humbles remontrances un arrest du conseil qu'ils asseurent leur estre fort préjudiciable, mais principalement de rendre de fauorables tesmoignages de leur fidellité au seruice du Roy et l'asseurer de leurs soumissions et de leurs respects, ce qui m'a conuié, Monsieur, de satisfaire par celle-cy à leurs désirs et à mes deuoirs, auxquels je ne défaudray jamais, non plus qu'à vous tesmoigner, par tous les services où vous me jugerez propre, que je suis plus que personne,

M.

15. LE DUC DE LA TRÉMOILLE A M. DE RIPARFOND.

(3 mars 1658.)

Prière de s'intéresser au s^r de la Foucaudière, en instance devant le présidial de Poitiers.

16. M. SERVIEN, SURINTENDANT DES FINANCES, AU PRINCE DE TARENTE (1).

Copie de la lettre de Mons. Servien à Monseigneur le Prince, du 12 mars 1658.

Monsieur,

Je n'ay pas manqué de faire sauoir bien ponctuellement à S. E., qui en a rendu compte au Roy, tout le contenu en la lettre qu'il vous a pleu me faire l'honneur de m'escrire, dont S. M. m'a tesmoigné beaucoup de satisfaction ; il n'a pas esté hors de propos que vous ayés uzé de cette précaution, puisque les assemblées et résolutions qui ont esté faites en Poictou, dont Sa Majesté a eu sujet d'estre offensée, ont esté

---

(1) Charles-Henry de la Trémoille, prince de Tarente.

tenues dans la seule eslection de Thouars. Je ne doute point, Monsieur, que vostre prudence n'achèue de dissiper ce qui pouroit desplaire à S. M., aussy bien tout ce qui pouroit estre entrepris au contraire seroit plustost capable de nuire aux autheurs, que de produire aucun aduantage au corps de la noblesse dont Sa Majesté veut soigneusement conseruer les priuilèges sans permettre que les traictans tourmentent les véritables gentilshommes par aucuns frais ny poursuites indues. C'est, Monsieur, tout ce que je puis respondre sur ce que vous auez eu agréable de m'ordonner ; en attendant quelque plus importante occasion de vous faire cognoistre combien véritablement je suis et seray toujours.

17. LE DUC DE LA TRÉMOILLE AU P. GÉNÉRAL DES CAPUCINS.

(12 *avril* 1658.)

Protestations au sujet des sentiments religieux de la maison du duc.

18. LE DUC DE LA TRÉMOILLE A M. FORTIN.

(15 *avril* 1658.)

Les officiers de Vitré sont chargés de donner assistance au neveu de M. Fortin.

19. LE DUC DE LA TRÉMOILLE A M. LE CHEVALIER D'ASSONVILLE.

(24 *mai* 1658.)

Acceptation du jeune de Langle pour page.

———

20. LE DUC DE LA TRÉMOILLE AU MARÉCHAL D'ESTRÉES.

(10 *juin* 1658.)

Le chevalier de Boisdavid, qui se rendait aux ordres du maréchal d'Estrées, a dû s'arrêter à Thouars par suite d'un accident.

———

21. LE DUC DE LA TRÉMOILLE A MADAME DE PUILAURENS, SUPÉRIEURE DE LA VISITATION DE POITIERS.

(13 *juin* 1658.)

Le duc souhaite la canonisation de l'évêque de Genève ; mais il croit inutile de faire, à ce sujet, des démarches auprès du Saint-Père.

———

22. CIRCULAIRE DE LA NOBLESSE.

Lettre circulaire [à Messieurs de la noblesse de Berry, Sologne, Beauce, Gastinois, ville et forest d'Orléans, pour estre envoyée en toute diligence, de main en main, aux gentilshommes des autres provinces. (Juin 1658.)

Messieurs,

Toute la noblesse de Berry, Beauce, Sologne, Gastinois, ville et forest d'Orléans est incessamment sollicitée de monter à cheval, dans le 17 du mois de juin, pour se rendre tous personnellement au fauxbourg du Portreau d'Orléans, pour tous ensemble pourvoir au soulèvement des peuples de Sologne, Berry et forest d'Orléans, lesquels poussez de désespoir par les vexations continuelles et inouyes dont usent journellement les partisans, se sont résolus à toute l'extrémité que la dure nécessité peut exiger d'un peuple affligé, mais d'un consentement si commun et d'un courage si ferme qu'il n'est pas possible de l'exprimer, et d'autant que le désordre, prenant cours comme un feu consommant, pourroit non-seullement causer un préjudice notable à la noblesse de ces provinces, comme aussy au commerce et liberté d'un chacun, et mesme blesser l'autorité royale, on a jugé nécessaire de s'assembler audit jour pour adviser au moyen d'en arester le cours, s'estant ladite noblesse de Berry, Beauce, Sologne, Gastinois, ville et forest d'Orléans jointe à la noblesse de Normandie, pour représenter par députation à Sa Majesté les désordres et les nécessités du gouvernement et de l'Estat, à quoy il est besoin de pourvoir promptement, et pour y parvenir avec plus de facilité, le clergé de Bourges et celuy d'Orléans sont sollicitez par la présente, ès personnes de M^{rs} les archevesques et evesques desdits lieux, ensemble les curéz des deux diocèses, de se trouver audit jour et lieu, et sera S. A. R. très humblement supliée de s'entremettre pour faire connoistre au Roy la ruine entière dont est menacé son Estat par l'insolence des partisans qui abusent de son nom et de son authorité pour désoler les provinces ; et si, par la trahison ou lascheté d'aucuns de nostre corps ou par le deffaut de charité de M^{rs} du clergé, ils se dispensent d'assister à l'assemblée, ils seront déclarez indignes de paroistre jamais dans un corps si illustre et de participer à la gloire d'une action si glorieuse que celle dont il s'agist, puisqu'il y va du restablissement de l'authorité royale et du repos de l'Estat en général.

---

23. LE DUC DE LA TRÉMOILLE AU COMTE DE VILLENEUVE.

Copie de la responce de Monseigneur, du 28 juin 1658, à la lettre de M. le comte de Vileneuve du 18 dudit mois.

J'ay receu la lettre du 18 que vous aués pris la peine de m'escrire, sur le sujet de laquelle je vous diray qu'encore que pour beaucoup de raisons j'aye fait publier dans mes terres la réuocation de la remise que je faisois de la moitié des ventes pour la réduire au tiers seulement ; néanmoins la recommandation que vous me faites de la personne et des interest de M. Deschuly et l'estime que je fais de son mérite m'obligent de me relascher en sa faveur et de vous promettre pour lui la moitié des ventes qu'il me poura deuoir à cause des acquisitions qu'il a dessein de faire dans les fiefs de ma baronnie de Vitré. Je vous suplie, monsieur, de l'en vouloir asseurer et de croire que je n'auray jamais plus de joye que lorsque je vous pouray tesmoigner combien je vous honore et la passion que j'ay de vous seruir.

---

24. LE DUC DE LA TRÉMOILLE AU BARON DE LA HAYE-FOUGEREUSE.

(9 *juillet* 1658.)

Remercîments pour un cadeau.

---

25. LE DUC DE LA TRÉMOILLE AU PÈRE DESROCHES.

(14 *juillet* 1658.)

Félicitations sur le succès de son affaire contre le Père Charuau.

---

26. LE PRINCE DE TARENTE AU MARÉCHAL D'ESTRÉES.

Copie de la lettre de Monseigneur le Prince à M. le Maréchal d'Estrées, escritte à Thouars le 23 juillet 1658.

Monsieur,

Vous n'aurez je m'assure pas désagréable que j'accompagne de cette lettre les justes plaintes qui vous seront faites par les proches de feu M. le chevallier de Boisdavid, de la manière dont il a esté ataqué et tué dans Bressuire par le chevallier de Chausserais et son frère, assistez de quatre ou cinq personnes armées de pistolets et de mousquetons. On me donna fort promptement aduis de ce malheur, et dans le ressentiment que j'eus de la perte d'un gentilhomme de beaucoup de mérite et fort ataché à mes interests, et du peu de respect que ses ennemis auroient eu pour les ordres de messieurs les mareschaux de France, je me creu obligé de monter à cheval, auec ce qui se put rencontrer de mes amis auprès de moy dans une ocasion si précipitée, afin d'apuyer et d'asseurer les prévosts que j'avois mis en campagne pour empescher la fuite des auteurs de cette action, et en poursuivre la vengeance par les voyes de la justice. Elle blesse si fort vostre autorité et elle donne tant d'horreur à tous ceux qui en ont connoissance, que je ne doute point, Monsieur, que vous ne la condamniez aussi, et qu'ayant veu les informations qui vous doivent estre envoyées vous ne fassiez l'honneur aux parens et aux amis du deffunt de leur donner vostre protection. C'est de quoy je vous suplie très humblement et de croire que, comme je suis fort intéressé en leur perte, je prendray toute la part que je dois aux obligations qu'ils vous auront, et n'auray rien plus à cœur que de vous en pouvoir tesmoigner mes ressentimens et combien véritablement je vous honore et suis,

Monsieur,

Votre très humble et très affectionné serviteur.

---

27. LE DUC DE LA TRÉMOILLE A M. DE BRIENNE, SECRÉTAIRE D'ÉTAT.

(31 *juillet* 1658.)

Protestations de sa joie au sujet du rétablissement de la santé de Louis XIV.

28. LE CHANCELIER SÉGUIER AU DUC DE LA TRÉMOILLE.

Copie de la lettre de M. le Chancelier, et pour suscription est escrit : A Monsieur Monsieur le duc de la Trémoille, Pair de France.

Monsieur,

J'ay appris de ceux à qui j'ay commis le soin de l'exécution du don que le Roy ma fet des lais et relais de la mer en Poictou, les assistances qu'ils ont reçues de vous et la protection que vous leur avez donnée dans les occasions, je vous suis, Monsieur, infiniment obligé de cette grâce, qui est un effet de l'ancienne amitié que vous aués tousjours eue pour moy; aussy je ne doute point, Monsieur, que vous ne me fassiez cette justice de croire que j'y ay corespondu selon mon inclination, vous assurant que je ne puis avoir plus de joye que de rencontrer les occasions de vous seruir et de vous pouuoir tesmoigner comme véritablement je suis,

Monsieur,

Vostre très humble et très affectionné seruiteur,

SEGUIER.

A Paris le 1ᵉʳ aoust 1658.

29. LE DUC DE LA TRÉMOILLE AU CHANCELIER SÉGUIER.

Copie de la réponce de Monseigneur à M. le Chancellier, du 9ᵉ aoust 1658.

Monsieur,

Les petits offices que j'ay tâché de rendre à M. de la Lande en votre considération ne méritoient pas les ressentimens que vous en tesmoignés; il m'eust suffi de sauoir que vous les aviez agréables, pour m'obliger à luy continuer mon assistance et à me porter sans réserve dans toutes les occasions qui regarderont votre service et votre satisfaction. Cependant, Monsieur, je m'estime très heureux que celle-cy m'ait procuré de si obligeantes marques de l'honneur de votre souvenir, et me donne les moyens de me plaindre à vous de l'indigne procédé de M. de Fortias (1), lequel, par ressentiment de ce que j'ay appuyé vos intérêts et vos arrêts contre son entreprise, a calomnié mon fils à la cour et formé contre lui de fausses accusations, qui ont esté portées aux oreilles de Leurs Majestez, et dont sans doute vous aurez cognoissance. J'espère bien, Monsieur, que la chose estant sans fondement et mesme sans apparence, elle se détruira bientost d'elle mesme; mais, comme elle a peu d'abord donner de mauvaises impressions de la conduitte de mon fils, je ne dois pas négliger les moyens de la justifier, et je croy que le plus puissant et le plus asseuré que je puisse avoir pour cella est de vous informer des motifs qui font agir M. de Fortias et de vous suplier très humblement de les vouloir descouvrir à Leurs Majestez, afin que doresna-

---

(1) M. de Fortias était commissaire près la généralité de Poitiers.

vant il ne soit plus capable de leur rendre suspectes nos actions les plus inocentes. Si vous m'accordez cette grace, je vous asseure, Monsieur, que je vous en seray sensiblement obligé et que, si je ne la puis recognoistre par des effets correspondans à l'affection que j'ay pour votre service et à la vénération que j'ay pour votre vertu, j'en conserveray toute ma vie la mémoire auec une passion très forte de vous pouvoir tesmoigner combien véritablement je suis,

Monsieur,

Votre très humble et très affectionné seruiteur.

---

30. LE DUC DE LA TRÉMOILLE A M. DE BRIENNE, SECRÉTAIRE D'ÉTAT.

Copie de la lettre de Monseigneur à M. de Brienne, du 9 aoust 1658.

Monsieur,

J'ay eu avis, par des lettres que je viens de recevoir, que les mauvais offices de mes ennemis ont fait trouver à redire à la conduite de mon fils, particulièrement en ce qui s'est passé à Bressuire en la poursuite du plus horible et cruel assacinat qui se soit fait depuis plusieurs siècles; vous saurés donc, Monsieur, qu'un gentilhomme, nommé M. le chevalier de Boisdavid, a esté assaciné et percé de soixante-quatre coups d'espées, de pistolets et de fusils, par les frères du sieur de Chausserais (accompagnés de cinq ou six garnemens), devant un couvent de religieuses, ses parentes, ausquelles ils firent voir leurs armes toutes sanglantes, et percèrent ce corps mort de plusieurs coups en leur présence auec des injures et imprécations inouies. Cette action, Monsieur, s'est commise dans ma terre, puisque la ville de Bresuire est de la dépendance et du ressort de ce duché, que mes prédécesseurs et moy ont relevé de la coronne auec des droits et privilèges qui n'ont jamais esté contestés, et dont feu M. mon père et mes prédécesseurs ont jouy auec l'aprobation et protection des Roys prédécesseurs de Sa Majesté, de laquelle n'ayant point receu de commandement contraire et n'en attendant point de sa bonté et de sa justice à l'avenir, j'estime qu'elle n'aura point désagréable que je continue à poursuivre la vengeance d'un sy horible crime que l'inpiété et le blasphème rendent indigne d'aucune grâce et digne de tous les supplices imaginables. Sy les poursuites qu'en a fait mon fils méritent blame, je n'en doits pas estre exempt, puisqu'il n'a rien fait en ceci que par mon avis et qui ne soit conforme à ce que feu mon père et mes prédécesseurs ont de tout temps pratiqué pour de moindres subjects, dont je pourois aléguer plusieurs exemples aprouvés des Roys comme un effet de justice, que soubs leur autorité je suis obligé de rendre à mes vassaux, et surtout quand des religieuses outragées, la vefve, la mère et les parens du mort m'en requièrent, comme ils ont fait de bouche et par escrit. Je vous puis assurer, Monsieur, que, sans mon indisposition, je n'eusse point défailly à tout ce que mon fils a esté obligé de faire en cette occasion, et le croirois digne de blasme et du reproche de ses amis et mesme de son Roy, s'il eut aporté moins de soin qu'il n'a eu à poursuivre la vengeance d'un crime qui n'a point d'exemple; le sang respandu par des assasins et des familles désolées en demande un sy rigoureux qu'il empesche à l'avenir de tels scélérats d'avoir la pensée de commettre de sy laches actions. Je ne doute point que les parens de celluy qui a esté sy cruellement massacré, qui sont des plus qualifiés gentilshommes de ceste province, que M. le duc de Rouannès, qui en est gouuerneur, et que M^{rs} les Mareschaux de France, dont l'authorité aussy bien que celle du Roy après un accommodement fait par eux a esté meprisée, ne représentent à S. M. l'énormité d'un tel crime et la concéquence d'en souffrir l'impunité, et pour mon particullier, Monsieur, je ne puis m'imaginer que les calomnies de nos ennemis puissent rendre nos meilleures actions criminelles, et inutiles au Roy et à l'Estat ceux qui ne sont pas moins fidèles qu'obligés à l'un et à l'autre. C'est à quoy je vous supplie, Mons., de vous oposer par vos bons offices et les assurances de nostre fidélité envers Leurs Majestés; les veux et les prières que jour et nuit nous avons adressés au ciel pour leur santé et prospérité, et la joye que nous avons receue de les voir exaucées ne doivent pas estre troublées par des disgrâces quy me seroient plus sensibles que tout ce qui ce peut ny concevoir ny exprimer; faites moy donc, Monsieur, cette justice de me favoriser de vostre assistance et de vos bons avis, et de croire que personne ne vous honore plus que moy et n'est plus véritablement que je suis,

    Monsieur,

        Vostre très humble et très affectionné serviteur.

31. LE DUC DE LA TRÉMOILLE A M. DE BOISDAVID.

(17 *août* 1658.)

Compliments de condoléance à propos de la mort de son fils.

32. LE DUC DE LA TRÉMOILLE AU DUC DE LA ROCHEFOUCAULD.

(24 août 1658.)

Politesses.

---

33. LE DUC DE LA TRÉMOILLE AU PREMIER PRÉSIDENT DE MESMES.

Copie de la lettre de Monseigneur à M. le Président de Mesmes, du 1er septembre 1658.

Monsieur,

J'auois bien atendu de vostre bonne justice l'arrest que vous auez prononcé en ma faueur contre ceste femme estrangère qu'on avoit portée à entreprendre contre l'honneur et le bien de ma maison ; je vous assure Monsieur que j'ay tous les ressentimens possibles de ce que vous auez voulu estre le protecteur de l'un et de l'autre, et qu'ils sont accompagnés d'un extrême désir de vous le pouuoir tesmoigner par mes services très humbles ; mais, comme je suis esloigné des ocasions et des moyens de vous en rendre de considérables, je vous suplie de receuoir fauorablement cette marque de ma recognoissance, et de croire que comme il n'y a personne qui ait de plus fortes obligations que moy à honnorer toute vostre maison et vous en particulier, je ne m'estimeray jamais plus heureux que lorsque je pouray vous le faire paroistre et avec combien de passion je suis,

Monsieur,

Votre très humble et très affectionné serviteur.

34. LE DUC DE LA TRÉMOILLE A M. TALON, AVOCAT GÉNÉRAL.

(1ᵉʳ septembre 1658.)

Remercîments pour sa bonne justice.

---

35. LE DUC DE LA TRÉMOILLE A LA REINE D'ANGLETERRE (1).

*Copie de la lettre de Monseigneur à la reine d'Angleterre,
du 1ᵉʳ octobre 1658.*

Madame,

Mon esloignement de la court et du monde est le seul subjet qui a diféré l'aquit de mon devoir et les marques de mon resentiment de la perte de l'ennemi commun des princes, des religions et de Vostre Majesté (2) ; la joye publique et la mienne particulière est accrue et fortifiée par les désirs et l'espérance de voir rétablir le Roy, vostre fils, sur le trosne auguste d'un Empire autrefois florissant, que l'hérésie, l'impiété et la rébellion ont renversé auec le scandale horible de toute la chrétienté. Elle espéroit de la justice divine un châtiment qu'il semble qu'elle ait voulu réserver en une autre vie, pour n'y en avoir point en celle-ci de proportionnés à des crimes qui n'ont jamais eu d'exemples pareils. Dieu veuille exausser les veux que je lui adresse pour la gloire et la prospérité de Vos Majestés et que des services égaus à mon affection leur puissent tesmoigner que je suis...

(1) Henriette de France, fille de Henri IV, femme de Charles Iᵉʳ.
(2) Cromwell, mort le 13 septembre 1658.

36. LE DUC DE LA TRÉMOILLE A M. DE LAMOIGNON, PREMIER PRÉSIDENT AU PARLEMENT DE PARIS.

(8 octobre 1658.)

Félicitations au sujet de sa nomination.

———

37. FRÉDÉRIC-GUILLAUME A CHARLES-GUSTAVE X, COUSIN ET SUCCESSEUR DE LA REINE CHRISTINE.

Copie de la lettre de Monseigneur l'Électeur de Brandebourg au roi de Suède.

Sérénissime, très puissant Roy,
Monsieur mon très honoré cousin et frère,

J'espérois que Vostre Majesté, en mettant fin à la guerre de Dannemarc, feroit commancer les traittés auec la Pologne, et qu'elle les authoriseroit par sa présence; mais ayant sçeu que V. M. auoit passé en Suède, je n'ay pas voulu manquer de me seruir de cette occasion, pour la visiter par cette lettre, et pour la supplier humblement et amiablement de se souvenir de ses promesses, et de faire avancer les traittés de paix auec la Pologne, sans autre retardement. Vostre Majesté me l'a fait espérer, et me l'a promis sy souvent, qu'en ayant entièrement asseuré tous les intéressés, je me promets qu'elle dégagera la parolle que je leur ay donnée, et d'autant que ma conservation et ma seureté dépandent entièrement de la prompte conclusion de ces traittés. V. M. ne peut point douter que je n'y contribue tout ce qui sera de mon pouuoir, et que je ne conserve tousjours pour V. M.

et pour la couronne de Suède une très sincère amitié. Je sçay aussy que c'est la l'intention du Roy et de la couronne de Pologne.

Je demeure

De Vostre Majesté

Le très humble frère et serviteur,

FRÉDÉRIC GUILLAUME, électeur.

De Cologne sur la Sprée.

Ce 10 mars 1658.

---

38. CHARLES-GUSTAVE A FRÉDÉRIC-GUILLAUME.

Responce du Roy de Suède à Monsieur l'Électeur de Brandebourg.

Sérénissime Prince Électeur, très cher cousin et frère,

Vos lettres du 10 mars m'ont esté bien rendues. J'y voy que non seulement vous me voulés faire connestre la passion que vous aués pour l'avancement de la paix de Pologne, mais aussy que vous m'y asseurés que je trouveray la mesme affection et la mesme sincérité dans l'intention du Roy de Pologne ; aussy bien qu'en la peine que vous promettés de prendre pour l'avancement de cette sainte œuvre, et en l'amitié que vous dites vouloir conseruer constamment pour moy et pour ma couronne. C'est pourquoy je n'ay pas voulu manquer d'y faire responce, et de vous dire, comme vostre bon amy et cousin, que vous sçavés qu'il y a longtemps que j'ay nommé des commissaires pour la paix de Pologne, et que je leur ay donné instruction suffisante et plein pouuoir, tant deuant que depuis la conclusion du traitté auec le Roy de Dannemarc, et ordre exprès de trauailler incessamment à l'auancement de cette bonne œuure, de sorte qu'il n'a pas tenu à moy, ny aux miens, qui ont tousjours esté prests, et suffisamment instruits, que jusques icy la paix avec la Pologne et avec ses alliés n'ait esté conclüe. Mais la responce hautaine et insolente que les Polonois ont faite à l'Ambassadeur de Londres, au sujet de ce traitté, m'a fait juger qu'ils ont tout autre dessein que de faire la paix. De sorte que je me trouve obligé de plaindre ceux qui s'amusent à ce que les Polonois en disent, pendant que dans le cœur ils n'ont point d'autre intention que d'opprimer et de ruiner les autres, et tandis que leurs conseils ne tendent qu'à la desolation des Estats voisins. Au reste, vous vous pouués asseurer qu'en mon absence il n'a esté rien negligé de ce qui a peû seruir à l'avancement de la paix, puisque mes commissaires, qui estoient amplement instruits et munis de pouuoirs suffisans, pouuoient faire la mesme chose, et mesme plus que ce que j'eüsse pû faire en personne; ainsy que cela se voit dans les déclarations que j'ay faites sur ce sujet, et que l'on peut juger par la nature mesme de toutes les négotiations. C'est pourquoy vous pouués auec plus de raison vous adresser au Roy de Pologne, et luy représenter, *comme vous touchés très prudemment en vostre lettre, l'interest que vous auez à ce que la paix se fasse au plus tost.* Au reste, vous pouués asseurer que c'est auec d'autant plus de joye que j'ay veu la protestation que vous faites de la continuation de vostre amitié enuers ma personne et enuers ma couronne, que depuis quelque temps l'on fait courir le bruit du contraire, et que l'on m'a voulu faire croire que vous aués pris des résolutions fort préjudiciables au bien de mes affaires. Mais j'ay tousjours crû qu'estant conuaincu en vostre conscience de la sincérité de mes intentions, et qu'estant entièrement persuadé de l'affection que j'ay pour la conseruation de vostre personne et de vos Estats, vous seriés incapable de prester l'oreille et d'ajouster foy à ce que l'on vous voudroit dire et faire accroire au contraire, et encore moins de changer l'amitié dont vous m'aués si souvant donné de si grandes assurances; mais bien que vous auriés sujet d'emploier toutes sortes de moyens à ce que, par des propositions d'une paix raisonnable et aduantageuse, je puisse estre déliuré d'un si grand nombre d'ennemis, qui se déclarent contre moy de tous costés. Vous sçavez que je vous ay plusieurs fois assuré de la constance de mon amitié par escript, ce qui me fait croire que de vostre costé vous aurés la mesme inclination à la cultiver et à esloigner tout ce qui la pourroit ou altérer ou destruire. Enfin je ne doute point que Dieu ne continue de bénir mes desseins, qu'il ne confonde les conseils de mes ennemis, et qu'il ne dispose les cœurs de mes voisins à la paix, et à un accommodement raisonnable. C'est ce que je souhaite de tout mon cœur, afin que la paix estant restablie dans le voisinage, mes sujets puissent aussy jouir du repos que je tasche de leur procurer; le bon Dieu vous conserue longues années, et vous donne en bonne santé toute prospérité.

De Gottenbourg, ce 10 auril 1658, et estoit signé de vostre dilection

Le bon amy, frère et cousin,
CHARLES-GUSTAVE.

39. LE PREMIER PRÉSIDENT DE LAMOIGNON AU DUC DE LA TRÉMOILLE.

Copie de la responce de M. le premier Présidant de Paris, du 5 novembre 1658, à la lettre de Monseigneur du 8 octobre 1658.

Monsieur,

Je ne voy point de fondement plus asseuré de l'honneur que vous me faites, que celuy de vostre amitié ; je fais plus de cas de celuy-la seul que de tous les autres ensemble, et je voudrois bien le rendre aussy durable que le désir que j'ay de le mériter ; l'effet que j'en reçois en ce rencontre, dans la part que vous me faites la grâce de prendre à ce qui vient de m'arriuer, est tellement obligeant, que je ne puis assez vous exprimer la reconnoissance que j'en ay, et je voudrois qu'il me fut aussy facile de soustenir l'opinion fauorable que vous auez de moy, comme de vous tesmoigner dans les occasions le zelle que j'ay pour tout ce qui vous regarde, et la passion de me faire connoistre parfaitement,

Monsieur,

Vostre très humble et très obéissant serviteur,

DELAMOIGNON.

40. LE DUC DE LA TRÉMOILLE A L'ÉVÈQUE DE BAYEUX.

(*2 décembre* 1658.)

Demande du prieuré de Saint-Jacques de Montauban, près Thouars, pour le sieur Leblanc, aumônier du duc.

41. LE DUC DE LA TRÉMOILLE A M. L. T. D. D. (1).

*Copie de la Responce de Monseigneur à M. L. T. D. D.,
le 3 décembre 1658.*

On laise encore en doute par les lettres de Holande la deffaite du Roy de Suède. Comme ses armes n'ont pas la justice pour but, les gens de bien n'en souhaitent pas le progrès; je n'aprouve nullement 580. 273. 260. 1707. d'aller 326. 1312. On doit considérer 1601. comme 148. 616. qui 43. 1178. f. j. qu'il s'en faut seruir comme de l'argent pour la nécessité du commerce et qu'on n'ayme que pour cella. La disgrâce de 1707. ne me paroist pas une maladie incurable, pourueu que le malade ne s'opose pas à sa guérison et deffaire plus aux conseils et à la raison qu'à son sens et à sa passion. Elle aveugle les plus esclairés et les précipite, et la prudance est plus requise que la générosité, qui en estant destituée ne peut rien produire que de ruineux au public, à soy mesme et à ses amis, qui doivent le retirer de la par tous les plus assurés et honorables moyens qu'il leur sera possible.

---

(1) La clef du chiffre de Henry de la Trémoille n'ayant pas été retrouvée dans les archives de la famille, il n'est guère possible d'expliquer entièrement cette lettre.

42. LE DUC DE LA TRÉMOILLE A M. DE SOUMERDIC.

(20 *décembre* 1658.)

Compliment de condoléance à l'occasion de la mort de M. de la Plote, fils de M. de Soumerdic.

---

43. LE DUC DE LA TRÉMOILLE A M. LE COMTE DE VILLENEUVE.

(25 *décembre* 1658.)

Lettre relative à des procès concernant les terres de Mauléon et de Vitré.

---

44. LE DUC DE LA TRÉMOILLE A M. SANXAY, AVOCAT.

(26 *décembre* 1658.)

MM. Sanxay et de Torfou sont choisis pour arbitres, à l'effet de terminer les procès civils et criminels existant entre le duc et M. de Théon.

---

45. LE DUC DE LA TRÉMOILLE A M. DE TORFOU.

(26 *décembre* 1658.)

Avis de la nomination de M. de Torfou comme arbitre dans l'affaire dont il est question dans la lettre précédente.

---

46. LE MARÉCHAL D'ESTRÉES AU PRINCE DE TARENTE.

Copie de la lettre de M. le Mareschal d'Estrées à Monseigneur le Prince, le 26 décembre 1658.

Monsieur,

Comme il est bien plus comode aux gentilshommes qui ont querelle de se remettre au jugement de leurs amis et des personnes de qualité qui les peuuent régler sur les lieux, il eust esté à souhaiter que vos affaires vous eussent permis d'achever d'accomoder MM. de Chemereaux et de Venours; mais, puisque vous ne pouués pas vous y employer présentement, j'ay fait un ordre par lequel je leur mande de se rendre par devant nous à Paris dans le terme que je leur marque. Vous aurez, s'il vous plaist, la bonté, Monsieur, d'en charger quelqu'un de nos prévosts, afin qu'il la signifie, qui est tout ce qui se peut faire en ce rencontre, dont je me sers auec plaisir pour vous asseurer que je suis avec passion.....

---

47. LE DUC DE LA TRÉMOILLE AU BAILLI DE LOUDUN.

(31 *janvier* 1659.)

Recommandations en faveur du sieur Champion, proposé pour collecteur.

48. LE PRINCE DE TARENTE A TURENNE.

Copie de la lettre de Monseigneur le Prince à M. de Turenne (1), escrite d'Auxerre au mois de janvier 1659.

J'ay apris avec beaucoup de ressentiment la part que vous avez eu la bonté de prendre en ce qui m'est arrivé (2) : je n'aurais pas perdu un moment à vous en rendre de très humbles grâces, si je n'avois sceu que vous auez esté informé par Madame ma mère, et ensuite par Mademoiselle votre sœur, combien j'ay esté sensible à cette nouuelle marque de vostre souvenir; j'ay creu qu'il seroit fort inutile d'interrompre les importantes choses que vous faisiez par des complimens, et qu'ils vous persuaderoient bien moins combien tout ce qui vient de vous me touche au cœur, que la confiance que je prendrois aux offices que vous m'avez offerts pour me faire sortir d'Auxerre. J'ay pensé que je ne vous les pouvois demander dans une conjoncture plus propre à m'en faire avoir le succès que j'en atends, qu'à présent qu'on assure la cour sur son retour, car il me semble, sans me flater dans ma propre cause, qu'elle a sujet d'estre satisfaite de l'obéissance ponctuelle que j'ay rendue aux ordres du Roy, et de la régularité de ma conduite dans le séjour que j'ay fait icy. Je ne fais point de plainte de la créance que Monsieur le cardinal (Mazarin) donne à ceux qui m'ont atiré cette disgrâce. Je say bien qu'ocupant le poste qu'il tient il est obligé d'escouter tout ce qu'on luy dit contre les particuliers,

---

(1) Henri de la Tour-d'Auvergne, vicomte de Turenne, était frère de Marie de la Tour, et par conséquent oncle du prince de Tarente.
(2) Le prince de Tarente avait été relégué à Auxerre, comme ayant pris une part très-active aux assemblées de la noblesse du Poitou qui donnaient de l'inquiétude au gouvernement. (Mém. du prince de Tarente, p. 208.)

et que mesme, s'il avoit creu ceux qui se sont faits de feste à mes despans, il n'auroit peut estre pas trouvé assez rude le châtiment qu'ils m'ont fait recevoir, mais j'espère aussi que, si Son Éminence a eu le loisir d'aprofondir leurs mauvais offices, elle les aura trouvez si remplis de passion, que vous n'aurez pas besoin de tout le crédit que vous devez avoir auprès d'elle pour me procurer mon retour dans les terres de ma maison. Je m'assure que vous ne trouverés pas estrange que je ne demande pas la permission d'aller à Paris; l'estat de mes affaires vous est trop connu pour ignorer le besoin qu'elles ont que je ne m'esloigne pas des lieux ou j'ay du bien; mais quelque satisfaction que je reçoive de la facilité que vous me ferez rencontrer à y mettre ordre, j'en aurai encore une plus grande, parce que la chaleur que vous aurez la bonté de tesmoigner en ce rencontre achèvera de me rasseurer contre les craintes qu'on m'avoit voulu donner que je n'avois pas dans vostre esprit la place que j'y ay toujours passionnément souhaitée, et que je me forceray d'y mériter par toutes mes actions.

Je suis.....

49. CHEVREAU (1) [DE LOUDUN] A ÉMÉLIE DE HESSE, PRINCESSE DE TARENTE (2).

Lettre à Mme la princesse de Tarente, du 7 janvier 1659, sur son portrait écrit par Saint-Evremond.

Madame,

Je renvoye à vostre Altesse le portrait que M. de Caravas (3) a bien eu la bonté de me confier, et je me serois mesme acquitté de la promesse que je luy ay faite de travailler à quelques remarques sur ce portrait, si la copie qu'il m'en a laissée eust esté un peu plus fidelle. Mais il n'y a point d'apparence que M. de Saint-Evremond n'ait escrit que pour n'estre pas entendu, et qu'un esprit eclairé comme le sien ait affecté quelque chose de plus obscur que les ténèbres. Il est, sans doute, persuadé que tous ceux qui sçavent lire ne sont pas obligez d'estre devins, et que ce n'est ny sur l'Apocalypse ni sur les énigmes qu'on doit prendre le modèle des portraits et des characteres. Cependant celuicy n'est guère plus intelligible : et si c'est un tableau parlant, on peut dire que c'est un tableau qui parle fort mal. Comme son autheur a de la reputation et du mérite, il ne peut estre soupçonné des fautes d'autruy, et il n'est pas vray-

---

(1) Chevreau (Urbain), né à Loudun en 1613; secrétaire de la reine Christine de Suède (1653, 1656); conseiller de l'électeur Palatin, après divers voyages en Dânemark et en Allemagne; chargé d'instruire dans la religion catholique la princesse Elisabeth-Charlotte de Bavière, femme de Monsieur; précepteur, puis secrétaire du duc du Maine; mort en 1701 à Loudun, en laissant une bibliothèque estimée 20,000 écus; auteur de beaucoup d'ouvrages historiques et littéraires, dont le plus remarqué fut *l'Histoire du monde* en 2 vol. in-4°. (*Voir* son article dans Dreux du Radier.)

(2) Émélie de Hesse, sœur du landgrave de Hesse, femme de Charles-Henry de la Trémoille, prince de Tarente.

(3) Arthus Gouffier, comte de Caravas, gouverneur de Poitou.

semblable qu'il ait fait un monstre en voulant peindre une des plus belles personnes de France. Quoy qu'il en soit, Madame, je suis chargé de renvoyer à vostre Altesse ce qu'on ne m'a mis entre les mains qu'à cette condition, et j'ay esté raui qu'on m'ait offert le moyen de vous protester que je suis,

  Madame,

    De Vostre Altesse,

     Le très humble et très obéissant serviteur,

      CHEUREAU.

---

50. LE DUC DE LA TRÉMOILLE A M. DE LA HAYE-FOUGEREUSE.

(9 *février* 1659.)

Traiter favorablement Mlle de la Salle pour les lods et ventes à l'occasion de l'acquisition de la terre de Liniers.

---

51. LE DUC DE LA TRÉMOILLE AU COMTE DE ROUCY.

(9 *février* 1659.)

Politesses.

52. CHEVREAU (DE LOUDUN) AU COMTE DE CARAVAS.

Copie de la lettre de M. Chevreau à M. L. C. D. C.
(M. le comte de Caravas).

Monsieur,

J'ay si peu retouché au portrait que vous avés eu la bonté de me confier que vous n'y remarquerés point de changement, à moins que d'avoir les yeux bien fins et la mémoire prodigieusement heureuse. Je crains mesme que la Princesse, pour laquelle j'auray de la dévotion toute ma vie, ne me reproche ce changement, et qu'elle ne m'acuse de luy avoir osté une partie de ses grâces quand je ne songeois qu'à la parer. Comme *elle est sensible* au dernier point, et qu'elle *ne se deffend pas d'estre* un peu vindicative, je ne dois rien attendre de bon de cette injure que je luy ay faite, et quelque repentir que j'en puisse auoir, je ne pense pas qu'elle se fie désormais en moy, *elle qui ne se fie* jamais en ceux qui l'ont une fois trompée. C'est à vous, Monsieur, à me rendre auprès d'elle vos bons offices, et je suis presque assuré que ma paix est faiste, sil vous plaist de vous en mesler, puisqu'elle *soumet volontiers* son opinion à celle des gens dont elle l'a bonne. S'il vous souvient de m'avoir promis vostre bienveillance, vous ne me refuserés pas cette grâce; mais quand mesme vous ne vous souviendriés plus de mon nom, je vous proteste fort sincèrement que je seray toujours vostre très humble et très obéissant seruiteur.

A Loudun le d^{er} jan. 1659.

53. TURENNE AU PRINCE DE TARENTE.

Responce de M. de Turenne à Monseig. le Prince, du mois de feb. 1659.

Monsieur,

Je vous asseure que j'ay eu beaucoup de joye de savoir que vous ne désapprouviés pas les sentimens que j'ay de vous rendre tous les services dont je suis capable et ce tesmoignage que vous me donnés de l'honneur de vostre amitié me fait crere que vous aurez aussy agréable la mienne, et qu'ainsy vous ne pourez plus à l'advenir interpréter à mon désavantage toutes les choses que je feray sur ce qui vous concerne. Comme il y a fort peu de temps que je suis de retour, je ne sçay point encore en quels sentimens est M. le Cardinal sur votre séjour d'Auxerre. Je luy en parleray et raporteray bien fidellement à Madame vostre mère tout ce qui se passera sur ce sujet là ; je suis fort persuadé que, quand on sera convenu des intentions les uns des autres pour ce qui vous regarde, tout suivra sans peine, et qu'ayant comme j'ay beaucoup d'inclination à vous honorer, toutes mes actions vous feront connoistre qu'on ne peut pas estre avec plus de sincérité que je suis,

Monsieur.....

54. LE DUC DE LA TRÉMOILLE A M. DE SURMAINE.

(18 *février* 1659.)

Le séjour de M. de Surmaine à Paris, auprès de la duchesse de la Trémoille, doit contribuer beaucoup à l'achèvement des affaires de la maison.

---

55. LE DUC DE LA TRÉMOILLE A URBAIN CHEVREAU.

(22 *février* 1659.)

Invitation à venir au château de Thouars.

---

56. CHRISTINE, REINE DE SUÈDE, AU PRINCE DE CONDÉ.

Copie de la lettre de la Reine de Suède Christine à M. le Prince de Condé.

Monsieur mon cousin,

J'aurois tort de quitter le poste que j'ay occupé jusques icy, sans vous donner part de la résolution que j'ay prise de l'abandonner (1). Je croy vous devoir cette civilité par l'estime et par l'amitié que j'ay toujours eüe pour vous, et par celle que vous m'avez témoignée durant le temps que j'ay eu l'honneur de gouverner cet Estat. A présent que je change de fortune et de condition, je viens vous protester que quel-

(1) Christine abdiqua, le 16 juin 1654, en faveur de Charles-Gustave, duc des Deux-Ponts, son cousin germain.

que changement que le temps ait aporté à notre fortune, je conserveray toujours pour vous les mesmes sentimens que je croy devoir à vostre merite. Je fais ma plus haute gloire de vostre aprobation et je me tiens autant honorée par vostre estime que par la couronne que j'ay portée. Si après l'avoir quittée, vous m'en jugez moins digne, j'avoüeray que le repos que j'ay tant souhaitté me couste cher, mais je ne me repentiray pourtant pas de l'avoir acheté à ce prix là, et je ne noirciray jamais une action qui m'a paru belle par un lasche repentir. Quelque sentiment que vous puissiés avoir sur ce sujet, je conserveray toujours pour vous l'estime dont vous estes si digne, et s'il arrive que vous condaniez cette action, je me contenteray de vous dire pour toute excuse que je n'aurois pas quitté l'advantage que la fortune m'a donné, si je l'eusse creu nécessaire à ma félicité, et que j'aurois sans doute prétendu à l'empire de l'univers, si j'eusse esté aussy digne de réussir ou de mourir dans une si haute entreprise que l'est le grand prince de Condé.

Je suis.....

---

57. LE DUC DE LA TRÉMOILLE A M. D'ARMENAULT.

(25 *février* 1659.)

Il l'engage à retourner à Paris.

58. LE DUC DE LA TRÉMOILLE A M. D'ARMENAULT.

(21 février 1659.)

Le projet de procuration, adressé de Rome par M. d'Armenault, pour l'affaire dont il était chargé, ne peut lui être renvoyé, à cause de la disgrâce du prince de Tarente.

———

59. LOUIS XIV AU PRINCE DE TARENTE.

*Copie de la lettre du Roy à Monseigneur le Prince,
du 28 mars 1659.*

Mon cousin,

La conduite que vous auez tenüe depuis que vous estes à Auxerre, où je vous avois fait savoir de vous rendre, et les prières de vos proches, auxquels je ne saurois rien refuser, m'ont enfin convié de consentir que vous puissiez partir d'où vous estes pour vous en aller en la ville de Laval, en laquelle vous attendrés mes ordres, et je veux espérer que vous me donnerez sujet non seulement d'oublier les choses passées, mais d'avoir pour vous la bonne volonté dont je vous ay souuent asseuré que j'étois remply, et elle produira ensuite de nouvelles grâces, pourveu que vous vous en rendiez digne par la fidellité que vous ferez parroistre au bien de mon service. Je prie Dieu vous auoir, mon cousin, en sa sainte et digne garde.

Escrit à Paris, ce 28 mars 1659. Signé LOUIS, et, plus bas, DE LOMÉNIE.

———

60. PELLOT, INTENDANT DE LA JUSTICE EN POITOU, AU DUC DE LA TRÉMOILLE.

Copie de la lettre de M. Pellot, intendant de la justice en Poitou, à Monseigneur, du 1er de may 1659.

Monseigneur,

J'ai receu des ordres fort pressans et réitérés de Sa Majesté et de Monseigneur le surintendant de restablir les bureaux des cinq grosses fermes dans quelques lieux de la Province, et entre autres à Thouars, auxquels, ne pouvant pas me dispenser de satisfaire dans peu de jours, je n'ay néanmoins rien voulu entreprendre sans vous en donner advis et sans vostre agrément, vous supliant très humblement, Monseigneur, d'accorder à cet establissement vostre protection, avec laquelle il ne peut auoir qu'un bon succès, dont je vous seray en mon particulier très sensiblement obligé, et je reconoistray ces grâces avec toutes les autres dont Vostre Altesse m'a honoré, par la passion et le respect avec lequel je seray toute ma vie,

Monseigneur, de Vostre Altesse,

Le très humble et très obéissant serviteur.

PELLOT.

64. LE DUC DE LA TRÉMOILLE AU CARDINAL GRIMALDI.

Copie de la lettre de Monseigneur à M. le cardinal Grimaldy, du 14ᵉ d'avril 1659.

Monsieur,

Je suis bien marry de ne me ramentevoir à Vostre Excellence que par des suplications, mais outre qu'elle prend toujours plaisir à bien faire à tout le monde, j'ay en mon particulier receu tant de tesmoignages et d'asseurances de sa bonté que j'ay tout sujet d'espérer qu'elle n'aura pas désagréable que je luy en demande de nouveaux effets en l'occasion qui se présente. Nostre Saint-Père le Pape Léon X, voulant en quelque sorte reconoistre la piété et le zelle que mes prédécesseurs ont toujours fait paroistre pour le bien de l'Église et la gloire du Saint-Siége, a concédé à la sainte chapelle de ce chateau (1) (qu'ils ont fondée et dotée de leurs biens, et choisie pour le lieu de leur sépulture) beaucoup de priviléges et de droits très considérables exprimez par sa bulle de l'an 1515, dans la pocession desquels ne s'estant pas toujours maintenus, à cause des troubles et des divisions qui ont en certains temps trauaillé ce Royaume et agité les Églises que Dieu y a recueillies, soubs l'authorité du Saint-Siége, on voudroit peut estre se prévaloir de nos malheurs passez pour les abolir entièrement, et par des intérêts particuliers et mondains, priuer les vrais fidelles des consolations qu'ils doiuent receuoir dans la participation des grâces et des indulgences qui leur sont accordées par cette bulle. Pour ce que j'ay une affection et une déuotion très grandes pour

---

(1) Le château de Thouars.

cette église, et que je voudrois, autant qu'il me sera possible, accomplir les vœux et les pieuses intentions de mes pères en la faisant jouir plainement desdits droits et priviléges, j'ay estimé que, pour paruenir à ce dessein, il estoit juste et nécessaire de me pouruoir vers nostre Saint-Père le Pape, pour luy demander auec une humilité chrestienne la confirmation de ladite bulle en tous ses points. J'espère que Sa Sainteté jugera favorablement et charitablement des motifs qui me portent à requérir cette grâce de sa souueraine puissance, et qu'elle me l'accordera d'autant plus volontiers que ce n'est pas une nouueauté, mais une suitte de celles dont les souuerains Pontifes, ses prédécesseurs, ont de temps en temps voulu honorer ma maison. J'ay tant de déférence et de respect pour les conseils de Votre Excellence que je soumets entièrement cette affaire à ses ordres et à ses advis, et si elle aprouve que je l'entreprenne, je la suplie très humblement de la vouloir appuyer de son crédit, de son autorité et de ses recommandations en la Cour de Rome, en sorte que par son moyen elle puisse auoir le succez que j'en attands et que je désire de toutes mes affections. Je lui en seray autant obligé que la chose est importante à ma satisfaction et à mon repos, et je n'en auray jamais que je ne lui aye tesmoigné ma recognoissance d'une telle faveur; ce pendant je feray des vœux très ardents pour sa prospérité et demeureray toute ma vie,

    Monsieur.....

62. LE DUC DE LA TRÉMOILLE A L'INTENDANT PELLOT.

Copie de la responce de Monseigneur à Monsieur Pellot, conseiller du Roy en tous ses conseils, intendant de la justice, police et finances dans les généralitez de Poitou et Limosin, du 2 may 1659.

Monsieur,

J'ay receu celle qu'il vous a pleu m'escrire touchant l'establissement qu'on veut faire en cette ville d'un bureau des traictes. Je suis tres asseuré que MM. les interessés n'en peuvent recevoir que peu ou point d'utillité, et moy beaucoup de desplaisir et de dommage, par la cessation du commerce et la diminution de mes fermes. Je ne puis penser par quels motifs on s'atache si fort à cela, y ayant d'autres bureaux en ce duché et y en pouvant encore estre mis de nouveaux qui couvriroient assés les passages de cette ville; si par vos raisons et par vostre crédit, Monsieur, elle pouvoit en estre garentie, je vous en demererois très obligé, et cette nouvelle faveur accroistroit la passion que j'ay de vous tesmoigner par tous les services dont je puis estre capable que je suis plus que personne,

M.,

Votre très humble et très affectionné serviteur.

63. LE DUC DE LA TRÉMOILLE A M. DE BRIENNE.

*Réponce de Monseigneur à la proposition faite par **M.** de Brienne de la part de **M.** le chancellier touchant les estats de Bretagne, du 2 may 1659.*

J'auois, comme vous sauez, résolu, pour beaucoup de raisons, de me trouver cette année aux estats de Bretagne ou de mettre mon fils en estat d'y pouuoir présider, mais j'ay tant de déférence pour M. le chancellier, que, pour satisfaire à son désir, je quitteray volontiers l'un et l'autre dessein; vous pouuez luy en donner les dernières asseurances de ma part, et luy tesmoigner qu'en cette occasion et toutes autres je seray très ayse de l'obliger à nous continuer sa bonne volonté et sa protection, et de luy donner des marques du ressentiment que j'ay des effets que nous en avons receus.

64. LE DUC DE LA TRÉMOILLE AU NONCE DU PAPE.

(27 juin 1659.)

Prière de présenter au pape, pour qu'elle soit confirmée, la bulle de 1515 de la chapelle du château de Thouars, portée au nonce par l'abbé de St-Laon.

65. LE CARDINAL GRIMALDI AU DUC DE LA TRÉMOILLE.

Copie de la lettre de M. le cardinal Grimaldy à Monseigneur, du 6 may 1659.

Monsieur,

J'ay receu la lettre que vous m'auez fait l'honneur de m'escrire, et c'est auec plaisir que je me suis veu fauorisé de l'occasion de vous faire connoistre la passion que j'ay de vous rendre seruice, ne pouuant assez louer le dessein que vous auez de faire maintenir les priuiléges accordez à vos prédécesseurs et vous préualoir des grâces particullières que leur zelle et leur piété ont obtenu du Saint-Siége. Il est à espérer que notre Saint-Père déférera volontiers à votre demande, estant apuyée comme elle est des motifs si justes et si légitimes, et confirmera ce que les autres Papes ont pieusement octroyé à votre maison, vous asseurant que de mon costé je ne manqueray point de vous y seruir le plus utillement que je pouray et d'employer tout ce qui dépendra de moy, et de la faueur de mes amis à Rome, quand je seray aduerty, pour seconder vos intentions et vous donner des marques véritables de l'afection avec laquelle je suis,

Monsieur,

Votre très humble et très affectionné serviteur,
Cardinal Grimaldy.

66. LE DUC DE LA TRÉMOILLE A M. DE SAINT-LAURANS.

*Copie de la lettre de Monseigneur à M. de Saint-Laurans,
du 18 juillet 1659.*

J'ay apris, par les lettres de mon fils, que quelques personnes mal intentionnées pour moy ont voulu se préualoir de mon absence des Estats de Bretagne, pour donner quelque atteinte à mes droits et particulièrement à la qualité de présidant ordinaire de la noblesse qui m'apartient, et dans laquelle j'ay esté maintenu avec connoissance de cause aux Estats de Fougères et Vitré. Ce priuilége m'est si considérable que je ne dois pas négliger les moyens de le conseruer à ma maison; on m'a conseillé pour cela de faire mon oposition et mes protestations dans les Estats présentement assemblez à Saint-Brieuc, et pource que vous auez l'affection, la vigueur et la capacité nécessaire pour la conduitte de cette affaire, j'ay creu vous deuoir adresser ma procuration. Ce que vous aurez à faire et à demander de ma part est si juste que je ne dois pas douter qu'on fasse aucune dificulté de le receuoir; mais pour ne vous laisser en peine, en cas que vous y trouuiez quelque obstacle, je désire qu'après avoir fait mon oposition et ma déclaration dans les Estats, si on refuse de vous en donner un acte signé du greffier, vous la réitériez pardevant deux notaires et la fassiez signifier au procureur sindic. Si M. de la Daguerie est à Saint-Brieuc, il pourra vous donner de bons aduis sur la forme de cette procédure, et je m'asseure qu'il s'y portera comme vous auec beaucoup de soin et d'affection. J'en auray autant de ressentiment que l'affaire m'est importante, et je vous asseure que je ne perdray point d'occasion de vous en donner des marques et de l'estime que je fais de vos personnes.

67. LE CARDINAL MAZARIN A S. A. R. LE DUC D'ORLÉANS.

Copie de la lettre écrite à S. A. R. d'Amboise, le 2 juillet 1659, par le cardinal Mazarin.

Monseigneur,

Aussy tost que jay veu que V. A. R. trouve bon que le Commandeur de Cadrousse traitast auec le sieur de Bram du gouvernement de Carcassonne, et mesme qu'elle vouloit que je m'employasse auprès du Roy, pour luy en faire accorder l'agreement, j'ay eccrit à M. de La Vrillière de demander cette grâce de ma part à S. M. et d'en expédier ensuite les prouisions audit sieur Commandeur, auquel je n'auois différé jusques à présent de rendre cet office que sur ce que V. A. R. avoit eu la bonté de me faire conoistre en cela ses sentiments, pour lesquels j'auray toujours une entière defférence. Cependant, Monseigneur, je profite de cette occasion pour rendre de nouveau à V. A. R. les très humbles graces que je doys de l'honneur que j'ay receu à Chambord et à Blois, où Madame m'a traitté auec tant de démonstrations de bonté que je n'en ay pas moins de confusion que de reconoissance. J'ay aussy eu l'honneur de faire la réuérance à Mesdamoiselles d'Orléans et de Valois, et, sans exagération, je ne croi pas qu'il ce puisse rien voir de plus accompli que sont ces deux princesses. Je prie Dieu qu'il continue à verser sur la personne et la famille de V. A. R. toutes sortes de bénédictions, et de rencontrer souuent ces moyens de luy faire conoistre auec combien de zèle et de respect je suis.....

68. LE MARQUIS DE COETLOGON AU DUC DE LA TRÉMOILLE.

(18 *août* 1659.)

Politesses.

69. LE DUC DE LA TRÉMOILLE AU MARQUIS DE COETLOGON.

(18 *août* 1659.)

Politesses.

70. LOUIS XIV AUX ÉCHEVINS ET HABITANTS DE THOUARS.

Copie de la lettre du Roy à Messieurs les Escheuins et habitans de la ville de Thouars.

De par le Roy,

Chers et bien amez,

La guerre quy a esté ouverte entre cette couronne et celle d'Espagne du viuant du feu Roy, nostre très honnoré seigneur et père de glorieuse mémoire que Dieu absolue, et qui a esté soubztenue par luy, et par nous depuis vingt quatre années auec des despances incroyables, a tellement espuisé nos finances que, pour le maintien de nos armées et pour la conseruation de nostre Estat, nous auons estez en nécessité d'engager la plus part de nos dhomaines et de consommer par aduances le fondz de plusieurs années des autres reuenus qui nous restent. Cependant comme, par lassistance diuine, nous sommes en termes non seullement de conclure une bonne paix, mais aussy de la simanter par tous les moiens qui la peuuent rendre plus ferme et plus durable, et que à cet effet nous auons enuoyé nostre très cher et très amé cousin le cardinal Mazariny sur nostre frontière de Guienne, où nous allons présentement en personne pour mettre la dernière main à ce grand ouurage, nous préuoyons auec peinnes et desplaizir que, sans des secours extraordinaires de deniers, il nous sera impossible de subuenir à toutes les depances auxquelles nous nous trouuons obligez nécessairement et dans un mesme temps, puis qu'outre celles de la guerre, qui seront esgalles durant le reste de cette année à celles que nous auons faites dans les années précédentes, nous voyons qu'il faut absolument pouruoir à toutes celles que requiert une ocazion de cette nature (1), en laquelle il est très important au bien général de nos subjetz, à la réputation de cette couronne et à nostre propre satisfaction que les choses passent aux yeux des estrangers auec toute la magnificence digne de nous et de la grandeur de cette monarchye; et sachant que nos peuples de la campagne sont sans moyen de nous donner aucunes assistances extraordinaires, nous ne pouuons dans ce moien avoir recours qu'à nos bons et fidelles subjets des grandes villes de nostre Royaume, et nous nous promettons que, à l'exemple de nostre bonne ville de Paris, qui nous a secouru de la somme de cent cinquante mil livres tournois, chacune des autres se portera bien vollontiers en ce rencontre à faire un effort proportionné à son zelle pour nostre seruice, d'autant plus que, outre ce que nous deuons attendre de l'affection qu'elles nous ont toujours tesmoigné, leur propre interest et celuy de tout notre Royaume requièrent qu'elles nous aydent de tout ce qui sera en leur pouuoir,

---

(1) Son mariage avec l'infante d'Espagne Marie-Thérèse.

affin de nous mettre promptement en estat de leur donner un soullagement plus considérable que nous n'auons peu faire jusqu'à présent. C'est à quoy nous auons bien voullu vous conuier par cette lettre, que nous adressons au sieur Pellot, conseiller en nostre conseil d'estat, intendant de la justice, pollices et finances ès génerallités de Poictiers et Limoges, à quy nous avons commis le soin de cette affaire en son département, voullant que vous preniés une entière créance à ce qu'il vous fera entendre de nostre part sur ce sujet, soit par sa bouche, soit par ses lettres ou par les personnes qu'il enuoira aux lieux où il ne pourra luy mesme aller, et nous vous assurons que le seruice que vous nous rendrés en satisfaisant à ce que nous désirons de vous dans cette nécessité urgente, nous sera aussy agréable que la chose nous est de grande conséquence et très particulièrement à cœur. Sur quoy nous remettons audit sieur Pellot de tout ce que nous pourrions adjouster à la présente. Nous ne vous la ferons plus longue ny plus expresse. Donné à Fontenebleau le vingt sixiesme jour de juillet mil six cens cinquante neuf. Signé Louis, et, plus bas, Le Tellier.

---

71. Artus Gouffier, duc de Rouannès, gouverneur du Poitou, aux habitants de Thouars.

Copie de la lettre de M. de Rouannès à MM. les habitants de Thouars.

Messieurs,

Le Roy estant obligé à des despances extraordinaires dans le voiage qu'il fait en Guyenne pour l'accomplissement de la paix générale, et la conclusion de son mariage, Sa Majesté escrit a toutes les villes de son Royaume, pour leur demander en cette occurance un secours d'argent proportionné à leur pouuoir et à l'affection qu'ils ont pour son service. Sa Majesté m'ordonne d'escrire à toutes celles de mon gouvernement pour les porter à cella. Monsieur Pellot, intendant de cette prouince, vous fera rendre la lettre de Sa Majesté et vous fera cognoistre ce qu'on attend de vous (1). Je ne doute point que vous ne faciez un effort dans ce rencontre où il va de la gloire du Roy et de l'Estat, et mesme la considération de vostre interest particullier vous y doibt obliger, puisque la paix estant faite, Sa Majesté sera plus en estat de soullager ses peuples ; je ne m'estendray point sur toutes les raisons qui doiuent vous engager à faire ce que le Roy désire de vous, l'affection et le zelle que vous auez de lui obéir suplera à tout ce que je vous pourrois mander.

Je suis,

Messieurs,

Vostre bien affectionné serviteur.

A Oiron, le 17ᵉ aoust 1659.

---

(1) La lettre ci-après, de l'intendant Pellot, fait connaître que le *don gratuit* de Thouars devait être de 10,000 livres.

72. PELLOT, INTENDANT DE LA JUSTICE EN POITOU, AUX HABITANTS DE THOUARS.

Copie de la lettre de M. Pellot à Messieurs les habitans de Thouars.

Messieurs,

Je vous envoye des lettres du Roy et de M. le duc de Rouannais, sur le sujet du secours de deniers que Sa Majesté attend de vostre affection pour contribuer de vostre part aux despances qui sont nécessaires à l'acomplissement de la paix et de son mariage. Les raisons de cette demande sont sy fortes et sy pressentes que je ne doute point qu'estant bien considéré elle ne produise l'effet que l'on se promet, lesquelles ne repettant point, je crois seullement d'estre obligé de vous dire que Sa Majesté a tesmoigné elle mesme en passant par cette ville, à messieurs les maires et escheuins, que l'on ne sauroit lui faire une chose plus agréable que de l'assister dans une conjoncture qui est la plus importante qui puisse arriuer, puisque il s'agist égallement de sa satisfaction entière, du bonheur et soulagement de ses subjects. Aussy je vous puis assurer que, sy l'on n'use point de contrainte et que sy l'on laisse agir la bonne vollonté, que l'on distinguera fort les villes qui feront paroistre du zelle et qui auront fait leur debuoir, d'auecq celles quy auront de la tiédeur et qui ne s'avanceront pas jusques au point que l'on juge qu'elles peuvent aller. Je vous conjure donc, Messieurs, pour l'interest general de l'Estat et pour le vostre en particullier, de faire vostre possible pour respondre aux espérances du Roy et de son Eminence, quy s'attendent que vous debuez donner la somme de dix mil liures, comme il est porté par l'estat arresté au conseil, que l'on nous a envoyé, et que ce présent se fasse sans retardement suivant le pressant besoin des affaires de Sa Majesté. A quoy je n'ay rien à adjouster sy ce n'est que je me remets à ce que le sieur Vallois, garde du Roy, quy vous rendra la présente, vous représentera, auquel je vous prie d'adjouster une croyance entière et d'estre persuadés que je ne m'espargneray pas à donner prix au seruice que vous rendrés et que je seray tousjours véritablement,

Messieurs,

Vostre très affectionné serviteur,

PELLOT.

A Poitiers le 20 aoust 1659.

73. EXTRAIT DE L'ÉTAT DES SOMMES DEMANDÉES AUX VILLES POUR LE MARIAGE DE LOUIS XIV.

Extrait de l'estat des sommes quy seront demandées aux villes de ce Royaume par don gratuit, pour subuenir aux despances que le Roy est obligé de faire pour parvenir à la conclusion de la paix généralle et à l'acomplissement du mariage de Sa Majesté.

GÉNÉRALLITÉ DE POICTIERS.

A la ville de Thouars, la somme de dix mille liures.

Faict au conseil d'Estat du Roy tenu à Fontainebleau le vingt sixiesme jour de juillet mil six cent cinquante neuf. Collationné et signé Chastellain. Ainsy signé commissaire Pellot.

74. LE DUC DE LA TRÉMOILLE A LA COMTESSE DE DERBY, SA SOEUR (1).

Copie de la lettre de Monseigneur à Madame la comtesse Derby, du 26 octobre 1659.

Madame ma sœur,

J'ay voullu estre assuré si les bruits de la prison de M^r le comte Derby estoient véritables avant que m'en condoulloir avec vous. Maintenant que vos lettres à mon fils me confirment cette mauvaise nouvelle, je me sens obligé de rompre mon silence et vous envoyer plustost mes regrets que mes consolations. Dieu vous a exercée par tant d'afflictions qu'il vous fera encore la grâce de supporter celle cy avec constance, ce qui est d'autant plus à croire qu'il vous reste encore des espérances de son salut et restablissement. Je le souhaitte de tout mon cœur et vous offre tout ce qui peut dépendre de moy pour son service et vostre satisfaction, vous conjurant de croire que personne ne peut estre plus cordiallement que je suis et seray toute ma vie,

Madame ma chère sœur,

Votre très humble et très obéissant frère et serviteur.

---

75. CHEVREAU AU DUC DE LA TRÉMOILLE.

Lettre de M. Chevreau à Monseigneur, du 1er oct. 1659.

Monseigneur,

Quelque grande que puisse estre ma liberté quand j'escris à V. A., il me semble que cette liberté ne peut estre encore

---

(1) Charlotte de la Trémoille, mariée à James Stanley, comte de Derby, souverain de l'île de Man.

si criminelle que mon silence. Je ne luy escris jamais que pour luy faire de très humbles remercimens des bontés qu'elle a pour moy, et ma gratitude justifie en quelque façon ma hardiesse. Il est certain, Monseigneur, que la reconnoissance que j'ay de toutes les grâces dont il plaist à V. A. de m'honnorer ne peut estre plus sincère, et j'oze dire que jamais vertu n'a esté vénérée dans un cœur comme la vostre l'est dans le mien. Si je n'ay point d'aventage en cette rencontre sur les personnes qui sont raisonnables, au moins est-il assuré qu'il n'y en a point aussy qui puisse disputer légitimement auec moy du profond respect avec lequel je suis,

Monseigneur,

De Vostre Altesse,

Le très humble, très obéissant et très fidèle serviteur,

CHEUREAU.

---

76. L'INTENDANT PELLOT AU DUC LE LA TRÉMOILLE.

Copie de la lettre de Monsieur Pellot à Monseigneur.

Monseigneur,

Je n'ay pas peu reculer dauantage de venir restablir icy un bureau de traittes, à cause des ordres pressans et réitérez que j'en ay receus et que monsieur le surintendant dans son passage m'en a chargé de rechef, quoyque j'aye représenté ce que vous me fistes l'honneur de m'escrire, les fermiers jugeant cet establissement nécessaire pour empescher la fraude de leurs droits, à quoy ils doiuent trauailler à présent, puisque dans la paix ils sont obligés de donner une grande augmentation de leur ferme, ce qui fait, Monseigneur, que je supplieray très humblement V. A. de départir sa protection aux commis, afin qu'ils ne reçoivent point de trouble, et de croire qu'il ny a personne qui soit auec plus de respect,

Monseigneur, de V. A.,

Le très humble et très obéissant seruiter,

PELLOT.

---

77. LE DUC DE LA TRÉMOILLE AUX FERMIERS GÉNÉRAUX.

Copie de la lettre de Monseigneur à M^{rs} les intéressez aux cinq grosses fermes de France, du 29 octobre 1659.

Messieurs,

J'ay désiré par celle-cy vous tesmoigner mes ressentiments de vos civilités et de vos offres, comme du laissé passé du vin à vos commis d'Angers que vous m'aues envoyé. Quand à l'establissement du bureau des traittes fait dans ma ville de Thouars, je vous supplie de considérer le grand préjudice qu'il fait à mes droits et la diminution notable de mon reuenu, aussi bien que l'utilité que vous en receués, à quoy j'espère que vous aurés esgart et trouverés bon que le sieur d'Ouurier vous le fasse particullièrement cognoistre et vous assure de ma part, comme je fais par ces lignes, que je suis,

Messieurs,

Vostre très affectionné seruiteur.

78. LE DUC DE LA TRÉMOILLE A MADAME DE LONGUEVILLE (1).

Copie de la lettre de Monseigneur à Madame de Longueville, du 1er novembre 1659.

Madame,

Si la joye publique du retour et restablissement de Monsieur le Prince (2) n'estoit ressentie de moy que par le motif d'un devoir commun, je me contenterois d'y satisfaire par des vœux ordinaires à tous les François pour sa prospérité, puisqu'elle doit estre l'ornement de la cour, la gloire et l'apuy de la France, comme il en est les délices et l'admiration de tout le monde; mais, bien que j'aye avec toute ma maison des liens si estroits et des obligations si fortes pour son service et le vostre que les parolles ne les expriment point, je tiendrois néantmoins en ce rencontre mon silence plus criminel que ma liberté, si je ne vous assurois par ces lignes que personne ne peut estre avec tant de passion, de respect et de fidélité que je suis,

Madame,

Votre très humble et très obéissant serviteur.

(1) Anne-Geneviève de Bourbon, sœur de Condé, née en 1618, mariée à Henry d'Orléans, duc de Longueville, morte en 1679.
(2) Rentrée en grâce du prince de Condé, retiré chez les Espagnols à la suite de la seconde Fronde, et combattant dans leurs armées.

79. LE PRINCE DE CONDÉ A MADEMOISELLE DE LA TRÉMOILLE.

Copie de la lettre de Monsieur le Prince à Mademoiselle (1), du 24 octobre 1659, d'Anvers.

Mademoiselle,

Je ne pouuois receuoir rien de plus agréable que les asseurances que vous me donnés d'auoir part dans l'honneur de vos bonnes graces. Je tâcheray de ne m'en pas rendre indigne et j'espère bientost auoir l'honneur de vous voir et vous faire avouer que je mérite l'honneur que vous me faites. Je vous conjure seulement de me le continuer jusques à mon retour ; après cela je n'en suis point en peine, car je suis asseuré qu'il se présentera pour lors assés d'occasions de vous faire cognoistre que personne au monde ne vous honore tant que moy et que je suis,

Mademoiselle,

Vostre très humble et très obéissant cousin et serviteur,

Louis de Bourbon.

Je ne say si j'oserois vous suplier d'asseurer monsieur vostre frère de mon service.

---

(1) Marie-Charlotte de la Trémoille, qui épousa en 1662 Bernard, duc de Saxe-Weimar.

80. LE PRINCE DE CONDÉ A LA DUCHESSE DE LA TRÉMOILLE.

Copie de la lettre de Monsieur le Prince à Madame (1), *escrite d'Anvers, le* 24 *octobre* 1659.

Madame,

J'ay receu la lettre que vous m'auez fait l'honneur de m'escrire, auec toute la cognoissance que je dois, et je suis tout à fait persuadé que vous auez pour moy les sentimens que vous me tesmoignez. Il n'estoit pas nécessaire que vous entrassiez auec moy en éclercissement sur vostre conduite du passé, et je n'ay jamais douté que vous n'eussiés pour moy toute l'amitié que vous m'auez autres fois promise, aussy vous puis-je asseurer que j'ay pour vostre personne et pour toute votre maison, les sentimens que je dois et que j'espère estre bientost en estat de vous le faire paroistre. Je suis,

Madame,

Vostre très humble et très obéissant cousin et serviteur,

LOUIS DE BOURBON.

---

81. MADAME DE LONGUEVILLE A LA DUCHESSE DE LA TRÉMOILLE.

Copie de la lettre de Madame de Longueville à Madame, du 24 *octobre* 1659.

On ne peut pas croire avec plus de facillité aucune chose que j'ay creu la dernière dont vous m'auez fait la grâce de

(1) Marie de la Tour-d'Auvergne, duchesse de la Trémoille.

m'asseurer : je veux dire que vous estes fort ayse de l'accomodement de Monsieur mon frère (1), des circonstances qui l'accompagnent et de la satisfaction que je ressens par des événemens si désirez et si peu attendus ; vous voyés, Madame, que je me fais à moy mesme vos complimens sur ce sujet, ainsy que je dois espérer et attandre que vous en userez de mesme à vostre égard et que vous voudrez bien vous faire les miens : il est vray que je ne m'en dois pas raporter à vous, si je désire qu'ils soient proportionnez à mes sentimens, car je me souuiens fort bien du peu de talent que vous auez à en faire de bien tendres et cependant c'est ceux-là seulement que je vous voudrois faire, car, raillerie à part, on ne sauroit estre plus touchée que je la suis de la suitte de vos bontez, et pour ma personne et pour tout ce qui me touche ; vous voulez bien que je vous dise sans en vouloir néanmoins diminuer le prix, que vous estes un peu obligée aux sentimens que vous conseruez pour nostre maison, non seulement par la proximité qui est entre nous, mais plus encore par la sincère estime et la tendre affection que nous auons pour vous et pour tout ce qui vous apartient. Pour moy je vous asseure que, comme c'est un sentiment que je n'ay point veu naistre dans mon cœur, mais je puis dire qui est nay aussy tost que moy et qui a toujours subsisté depuis que je suis au monde, aussy durera-il autant que je dureray moy-mesme, c'est dont vous me ferez l'honneur d'estre bien asseurée et qu'on ne sauroit vous honorer auec plus de passion que je le fais, ny vous aymer plus sincèrement que je le feray toute ma vie,

A. DE BOURBON.

(1) Le prince de Condé.

Je prends tout à fait mal le silence de Mademoiselle de la Trémoille en cette occasion; mais, s'il ne me faisoit point si justement douter de la part qu'elle prend au bonheur qui nous arrive et que je peusse croire qu'elle y fust un peu sensible, j'en aurois une fort grande reconnoissance, mais je suis si bonne que toute indiférente qu'elle soit pour nous je ne laisse pas d'estre autant sa servante que si elle auoit des sentimens plus obligeans (1).

---

82. LE DUC DE LA TRÉMOILLE A M. PELLOT, INTENDANT DE LA JUSTICE EN POITOU.

Copie de la lettre de Monseigneur à Monsieur Pellot, du 23 novembre 1659.

Monsieur,

Quand je n'aurois pas receu tant de marques de vostre affection que vous avés eu agréable de m'en donner, vous avés tant de bonté et de justice que je ne laisserois pas de vous adresser avec la mesme liberté la plainte que j'ay à vous faire de ce que, contre la raison et l'usage, on a, l'année dernière, taxé d'office mes officiers et mes fermiers de la Trémoille à des taux execifs. Ce traitement est si rude que j'ay creu vous en deuoir donner cognoissance et vous supplier d'y vouloir mettre l'ordre nécessaire dans le département prochain, et encore de considérer en général la surchage des habitans, afin de leur donner quelque soulagement qui les mette en estat de pouvoir subsister et de

(1) Le 26 mars 1861, M. Imbert a adressé copie de cette lettre à M. Victor Cousin, auteur d'un remarquable travail sur Mme de Longueville.

n'abandonner pas entièrement la ville. Sy vous aués, Monsieur, quelque esgard à leurs misères, je vous en auray autant d'obligation que j'ay à cœur leur conseruation et soulagement, et ce nouveau tesmoignage de vostre bonne volonté me conviera puissamment à rechercher les occasions de vous en faire paroistre mes ressentiments et combien véritablement je vous honore et suis,

Monsieur,

Vostre très humble et très affectioné seruiteur.

---

83. LE DUC DE LA TRÉMOILLE AU PÈRE GÉNÉRAL DES CAPUCINS.

(4 *décembre* 1659.)

Remercîments de son bon souvenir.

---

84. LE DUC DE LA TRÉMOILLE A L'ABBÉ BOUVIER.

(26 *décembre* 1659.)

Remercîments pour ses démarches relatives à la bulle de la chapelle du château de Thouars.

85. LE DUC DE LA TRÉMOILLE AUX OFFICIERS DU SIÉGE DE LOUDUN.

(12 *janvier* 1660.)

Le droit de jalage, dont le sieur Pierre Boisnier jouit par engagement, sera réuni au domaine de Loudun, appartenant au duc.

---

86. ALEXANDRE MORUS (1) AU DUC DE LA TRÉMOILLE.

Traduction de la lettre de M. Morus, dédiée à Monseigneur.

Vous estes, sans doute à vous mesme un fameux spectacle, et un merveilleux théatre, o Timoléon, vous qui fuyez et qui mesprisez le monde où vous estes réuéré, qui vous contentez du tesmoignage que vous rend vostre vertu, qui ne voulés point estre compté au rang des esclaves de la fortune, et qui vous élevant au dessus des plus hautes espérances, n'estes pas moins que les Roys; qui estes vous-mesme vostre Roy, et régnez auec un empire aussy absolu, et aussy grand que celuy qui commanderoit à toute la terre. O que vous estes heureux de considérer de vostre pallais

(1) Alexandre Morus, né, à Castres, d'un père d'origine écossaise, devint, fort jeune encore, grâce à son érudition et à son talent extraordinaire pour la parole, l'un des ministres de l'Église réformée de Paris. Orgueilleux et violent, il se fit bientôt des ennemis en grand nombre, et fut obligé de répondre à des accusations graves portées dans le consistoire sur sa conduite, qu'on soupçonnait de n'être pas régulière. Le célèbre Daillé, ministre de Charenton, ne put le sauver d'une condamnation; il fut déclaré *incapable d'exercer aucune fonction du saint ministère de l'Évangile.* Il mourut à Paris en 1670, en protestant de son innocence. (Benoist, *Hist. de l'édit de Nantes,* livre VII.)

tout ce qui se passe au dessous de vous! et de regarder d'un visage ferme et tranquille, les vanitez, les inquiétudes et les fourberies continuelles des hommes! Quand le ciel m'accordera-t-il la liberté de me promener avec vous sur vos remparts? Quand pouray-je m'entretenir auec un Duc si sage et si renommé, qui ne me donnera pas seullement des préceptes pour bien vivre, mais qui me seruant encore d'exemple sera mon guide dans un chemin qui conduit l'esprit à des sentimens plus nobles! C'est alors que je marcheray sur des pas si glorieux, et que je trouveray en moy-mesme de quoy mespriser esgallement la cour et le peuple; il ne me sera point honteux, o illustre Duc, de quitter la robe sous vostre dais et d'aprendre d'un aussy grand maistre que vous à ne m'estonner de rien, à rire des révolutions humaines, et à les déplorer tout ensemble. J'ay assez donné à l'humeur du siècle; il est temps de songer à mon repos et de commencer à viure. Heureux qui peut se vanter destre entièrement à soy. C'est ainsy que le mont Olimpe eslève son haut sommet au dessus des espais nuages, et qu'il n'est sujet ny à la gresle ny aux vents qui se forment au dessous de luy. Vous avés le mesme sort, et par moy la dernière postérité en sera instruitte, depuis le lieu où se lève le soleil jusqu'au lieu où il se couche ; pendant que je me prépare à cet ouurage, agréez que je vous enuoye, sur la victoire que les Vénitiens ont remportée, les vers qu'ils ont bien voulu mettre dans leur trésor, et quoiqu'ils ayent adjousté une chaisne d'or à cet honneur qu'ils m'ont fait, ces vers me plairont bien dauantage si, après les auoir leus, vous les trouuez dignes de vostre curiosité et de vostre estime.

87. LE DUC DE LA TRÉMOILLE A M. MORUS (ALEXANDRE).

Copie de la response de Monseigneur à la lettre de M. Morus.

Monsieur,

J'ay receu, avec cette excellente pièce que j'auois tant d'enuie et d'inpatiance de voir, une lettre de vous autant exquise que sy elle eut eu un pareil sujet. Elle me donne plus de vanité que ne feroient les offres et la pocession des honneurs que plusieurs recherchent autant que je les mesprise, à cause des moyens dont ils se seruent pour les acquérir; mais j'avoue que mon age ne demande plus désormais qu'un honneste repos, et que je dois plus penser au compte que j'ay à rendre à Dieu de mes actions qu'au jugement que les hommes en peuvent faire. Cependant vostre aprobation sur ce subject et les louanges que vous me donnez, m'ont causé des sentimens que je croiois avoir perdus, et des ressentimens que les parolles n'expriment point, si je n'enpruntois celles de la plus sage, ancienne, et illustre république qui fut jamais, et qui se sent autant honorée par les louanges de l'esprit le plus esclairé et le plus sauant de ce siècle, que par les victoires qu'elle a obtenues sur le plus redoutable ennemy de tous les chrestiens. Dieu conserve au monde un de ses plus grands ornements, et me donne lieu de vous tesmoigner par des seruices esgaux à mon affection que je suis.....

   Ma femme vous témoigne
  par sa lettre l'envie que nous
  auons tous de vous voir icy.

88. ALEXANDRE MORUS A LA DUCHESSE DE LA TRÉMOILLE.

Copie de la lettre de M. Morus à Madame, du 3 féb. 1660.

Et moy je ne saurois cacher la mienne. Elle est si grande cette impatience que j'ay peine à demeurer davantage en cette ville, bien que les magistrats m'ayent fait l'honneur de me visiter, M. de Lorme mayant procuré ces civilités non attendues, et bien que ny mon mal ny la saison n'adoucissent point leur rigueur ; mais je crains justement que si je tarde dauantage, je ne me rende absolument incapable de me faire transporter et par conséquent de jouir non pas *de l'Air* de Thouars mais de l'honneur de vous *voir*. C'est mon bon air, qui contribuera plus à me refaire que toutes les promenades que vous auez ou dans le château où vous estes, ou derriere vostre hostel à Paris, quelques belles quelles soient. Ainsi Vostre Altesse me verra bientost avec toutes mes infirmités et ne sachant ni ce que Dieu veut faire de moy ni ce que je dois désirer, balancé comme saint Paul, mais avec plus de panchant du costé du ciel, parce que je ne me vois pas nécessaire ny mesme utile au monde.

M. R.

89. ALEXANDRE MORUS A MADEMOISELLE DE LA TRÉMOILLE.

(*27 janvier* 1660.)

Il s'excuse de ne pouvoir aller à Thouars.

90. LE DUC DE LA TRÉMOILLE A LA DUCHESSE D'ORLÉANS.

(10 *février* 1660.)

Compliments de condoléance à l'occasion de la mort de Gaston d'Orléans, son mari.

---

91. LE DUC DE LA TRÉMOILLE A MADEMOISELLE D'ORLÉANS.

(10 *février* 1660.)

Même sujet que la lettre précédente.

---

92. ALEXANDRE MORUS A LA DUCHESSE DE LA TRÉMOILLE.

(10 *février* 1660.)

Acceptant l'invitation de la duchesse, malgré son mauvais état de santé, Morus annonce son intention de se rendre à Thouars.

---

93. ALEXANDRE MORUS A LA DUCHESSE DE LA TRÉMOILLE.

(8 *février* 1660.)

Il a hâte de quitter une ville où les magistrats lui font des visites inattendues, et il brûle d'impatience de voir Marie de la Tour-d'Auvergne.

---

94. LA DUCHESSE D'ORLÉANS AU DUC DE LA TRÉMOILLE.

Copie de la lettre de Madame la Duchesse d'Orléans à Monseigneur, du 13 féb. 1660.

Mon cousin,

Il est vray que je ne fus jamais moins préparée à un malheur qu'a celuy dont je me sens maintenant accablée (1), et, bien que je fasse, ainsy que vous me conseillés, tous mes efforts pour entièrement me résigner aux volontez de Dieu, je sens que la douleur me gagne, elle n'empesche pas pourtant de recognoistre l'obligation que je vous ay de prendre part aux desplaisirs de celle qui est mon cousin,

V. a. c.

MARGUERITE DE LORAINE.

---

95. ALEXANDRE MORUS AU DUC DE LA TRÉMOILLE.

(13 *février* 1660.)

Louanges sur l'esprit et le caractère du duc. Envoi d'une pièce de vers.

---

96. LE DUC DE LA TRÉMOILLE AU JUGE DE LAVAL.

(2 *mars* 1660.)

Le juge est prié de ne se démettre de sa charge qu'après l'arrêt qui doit être rendu dans l'instance commencée par le duc contre les officiers de Châteaugonthier.

(1) La mort de Gaston d'Orléans, son mari, 2 février 1660.

97. MADEMOISELLE (1) AU DUC DE LA TRÉMOILLE.

Copie de la lettre de Mademoiselle à Monseigneur. D'Aix, le 28 féurier 1660.

Monsieur mon cousin,

Je reçois en toutes occasions tant de marques d'affections pour moy de toute vostre maison que je ne suis pas surprise de celle que vous me donnés de la vostre particullière dans la perte que je viens de faire, je suis tout à fait touchée de la part que vous y prenés, je vous prie de croire que j'en ay beaucoup de ressentiment et que je suis parfaitement,

Monsieur mon cousin,

Vostre très affectionnée cousine
ANNE-MARIE-LOUISE D'ORLÉANS.

---

98. LE DUC DE LA TRÉMOILLE AU COMTE DE DUCÉ.

(30 *mars* 1660.)

Compliments de condoléance pour la mort de son fils, tué en duel.

---

(1) Anne-Marie-Louise d'Orléans, connue sous le nom de Mlle de Montpensier, fille de Gaston d'Orléans, frère de Louis XIII, née en 1627, morte en 1693.

99. LOUIS XIV AU PRINCE DE TARENTE.

Copie de la lettre du Roy à Monseigneur le Prince, du 24ᵉ mars 1660.

Mon cousin,

Je vous fais cette lettre pour vous dire que je trouve bon que vous partiés de Laval pour aller ailleurs où vos affaires vous appelleront, à la reserve de ma ville de Paris, et la présente n'estant pour autre fin, je prie Dieu qu'il vous ayt, mon cousin, en sa sainte et digne garde.

Escrit à Avignon, le 24ᵉ mars 1660.

        Signé Louis, et plus bas Le Tellier.

Et pour subscription : à mon cousin le Prince de Tarente.

---

100. M. DAILLÉ (1) A ALEXANDRE MORUS.

Copie de la lettre de M. Daillé à M. Morus.

Encore que je sois fort touché de vostre mal, je ne le suis guèrres moins de ce que vous dites, qu'il n'est pas en vostre pouvoir de vous consoller au milieu de vos disgraces, et que l'insposture et la fureur de vos ennemis s'oposent à la tranquilité de vostre esprit. Il est vray que vous auez eu quelques subsjects de vous affliger, mais que vous n'en ayez point de vous resjouir, c'est ce que je ne puis ny vous accorder ny croire, et j'ay mesme peur qu'il n'y ait de l'ingratitude à ne pas sentir le bien que vous tenez de la

---

(1) Célèbre ministre protestant.

main de Dieu. En effet ne compteriez-vous pour rien l'ouurage de sa providance merveilleuse, par laquelle il n'a pas seullement rabatu les coups de tant de personnes qui estoient obstinées à vostre perte, mais par laquelle il vous a encore fortifié le corps et l'esprit pour confondre plus heureusement leur calomnie dans une assemblée de toutes les Eglises de France, et dans un lieu qu'on peut apeller le théatre de vostre gloire. Considérez, je vous prie, de quelle nature estoient les menaces de vos ennemis, de quelles impressions la Compagnie estoit prévenue, quelles brigues et quels efforts plusieurs firent contre vous, quelle fut nostre frayeur, et quel fut presque vostre désespoir dans la justice de vostre cause, ressouuenez-vous en mesme temps aueq quelle vigeur soudaine et prodigieuse vous entrâtes dans la carrière pour deffendre vostre bon droit, par quelle force de raisonnement et par quel traisor innépuisable de choses et de parolles vous estonnâtes près de trois jours tous ceux qui vous escoutoient, et changeates la colère des plus hardis en admiration. Après avoir désarmé vos persécuteurs, vous pouvez bien leur laisser la liberté de gémir et de murmurer. Il sufit, Monsieur, que vous ayez vaincu et vaincu mesme auec honneur et auec esclat. Il ne vous reste donc plus qu'à vous resjouir, non pas dans vostre deuil, comme vous le dites, mais au millieu de vostre triomphe. Adjoutez, s'il vous plait, au subjet que vous en advés, l'arrest du sinode, qui n'a pas seulement rendu inpuissantes les furies qui s'esleuoient contre vous, mais qui les a encore rendues muettes par vostre victoire : au reste, Monsieur, rien ne pouuoit m'estre plus agréable que ce que vous m'auez apris, que la fameuse héroïne de Thouars (1) vous donne tousjours des marques

---

(1) La duchesse de la Trémoille.

de son amitié et de son estime, et que mesme son illustre espoux vous honnore de sa bienueillance. Dieu veuille bénir les bontés de l'un et de l'autre à qui nous sommes vous et moy infiniment redeuables, et que nous deuons tâcher toute nostre vie de recognoistre par nos respects et par nos seruices. Certes je ne suis point estonné que les charmes de deux personnes si considérables par leur naissance et par leur vertu, vous ayent fait changer de résolution dans vostre mal mesme, et qu'un aymant sy doux et sy fort vous ayt atiré jusques à Thouars : je suis seullement surpris que connoissant vostre bien vous en profités sy peu. Gardés vous, Monsieur, ou de mepriser ces grâces du ciel ou de ne les pas estimer autant que vous le devés. Jouissés de vos aduantages : le souuenir des choses passées est un souuenir agréable de quelque nature qu'elles puissent estre. Sy vous examinez sérieusement ce que je viens de vous marquer, vous ne nierés pas je m'asseure, que vous n'ayés tout ce qu'il faut pour vous resjouir en Nostre Seigneur ; et vous vous resjouirés en effet sy vous m'en croiez, et souffrirés sans esmotion et sans chagrin que la rage de vos ennemis devienne enfin leur desespoir et leur châtiment. Il n'est point de moien plus seur pour recouurer vos premières forces et la médecine n'a point de remède qui soit plus prompt ny qui vous soit plus utile que celuy la ; mais de grâce à quoi songez vous, Monsieur, quand vous m'escriuez que nous ne saurions trop tost pouruoir nostre église ; je l'aduoue et je soutiens mesme qu'il ne tient qu'à vous de la pouruoir et de luy donner tout ce qui luy manque ; guérissez vous, ne tourmentés point vostre esprit par des maux imaginaires ; revenez bientost ycy, mais ny reuenés que quand il n'y aura plus rien à craindre pour vostre santé. Autrement ne vous mettés point en penne de vos collègues, ny de nostre église, car je vous confesse que c'est avecq la dernière doulleur que j'ay leu l'endroit ou vous dites qu'on ne deuoit considerer vos intérests en nulle manière. Auez vous eu assez mauuaise opinion de mon esprit pour croire que j'aye peu annoncer une sy triste nouvelle, et pensés vous que nostre troupeau ait sy peu d'esgard à ce qui vous touche qu'il puisse jamais aprouuer une sy estrange résolution? Est-il possible que ce mot vous soit eschapé à vous, Monsieur, qui ne deués point donner de prise à nos Philistins qui seroient ravis que vous eussiés eu cette pensée, qui achetteroient chèrement une occasion sy fauorable à leur dessein et à leurs souhaits, et qui ne sauriez mieux vous conduire qu'en leur ostant tous les moiens et tous les prétextes de vous décrier. En effet sy par malheur vous ne veniés point ycy, ne doutés neullement qu'ils ne peubliassent qu'après y avoir esté sy solennellement apellé, les tesmoignages secrets que vostre consiance rend contre vous mesme vous auroient empesché d'y reuenir; et je ne voy pas de quelle manière on pourroit destruire une sy belle aparance ny fermer la bouche à la calomnie. Je ne parle point du regret sensible qu'auroient tous vos amis et le peuple s'ils voioient subitement aracher de leurs yeux et de leur sein un homme qui sort victorieux du combat, un homme qu'ils souhaittent et qu'ils demandent auec tant d'ampressement et tant d'ardeur. Je ne croy pas vous deuoir estre suspect quand je vous asseure que tout le monde a ycy les yeux et l'esprit attachés sur vous, que des personnes de tout aage, de toute condition et de tout sexe vous y attandent auec une impassiance qui n'est pas imaginable, et que vostre maladie ou vostre santé fait toute leur tristesse ou toute leur joye; n'oposez point toutes les incommodités que nous en pouuons receuoir, nous sommes quatre pasteurs qui vous aymons auecq tendresse et qui souffrirons de tout nostre cœur ce retardement pourveu que vous songiés à vous guérir. Suivez Dieu qui vous apelle et sans différer davantage entrés dans le chemin qu'il vous aplanit et qu'il vous découure. Festes que bientost nostre Charanton vous entende tonner de sa chaire, et que nostre illustre assemblée, tousjours surprise et tousjours ravie par la force et par les charmes de vostre esloquence, soit instruite des mistères de la parolle de Dieu. O ciel! quand jouiray-je avecq elle de ce grand spectacle dont le seul bruit est capable de réduire tous vos ennemis au désespoir? Sy cette saison est trop reude, je me flatte au moins de cette espérence que le printemps nous rendra le bien que l'hiver nous oste. Cependant honnorés nous de vos lettres, escrivés à Messieurs du consistoire pour les asseurer de l'amitié que vous conserués tousjours inviolablement pour nostre Eglise, et trouvés bon qu'après vous auoir protesté que mon fils est entièrement à vous je vous proteste encore fort sérieusement que je suis vostre, etc.

---

101. LE PÈRE GÉNÉRAL DES CAPUCINS AU DUC DE LA TRÉMOILLE.

Copie de la lettre du Père général des Capucins à Monseigneur. Escrite de Livourne le 13 féurier 1660.

Monseigneur,

Je reçois ycy celle que Vostre Altesse me fait l'honneur de m'escrire, laquelle a fait le chemin par mer de Marseille à Liuourne, ce qui a esté cause de son retardement, et qu'elle ne m'a esté rendue qu'à présent, estant proche de m'embarquer pour aller à Rome, j'ay creu pourtant auant mon départ devoir y satisfaire par la présente qui lui seruira de continuelles preuves de l'ardeur et du zèle que j'ay pour Vostre Altesse et pour vostre illustre maison ; passant par la Provance pour venir en ces quartiers ma résolution estoit de visiter Monseigneur le Cardinal Grimaldy, mais ayant pris une autre route que celle de la ville d'Aix, où il se rencontroit alors, j'ay esté priué de la consolation de voir Son Eminence et de l'entretien que j'espérois auoir auec elle des desseins et bonnes intentions de Vostre Altesse. Je parts pour Rome où, sy les occasions me sont assez fauorables, ainsy que je desirerois, pour la seruir, je ne les laisseray eschapper, ses intérests m'estant aussy chers que je suis auec ardeur,

Monseigneur,

D. V. A.

Vostre très humble et obéissant seruiteur,

Sébastien de Milan,

Général des Capucins (1).

---

(1) Le duc de la Trémoille, par lettre du 4 décembre 1659, avait prié le Père général des capucins de demander au Saint-Siége quelques priviléges pour la sainte Chapelle du château de Thouars.

102. LA PRINCESSE DE TARENTE A M. PELLOT, INTENDANT
DE LA JUSTICE EN POITOU.

Copie de la lettre de Madame la Princesse à M. Pellot, intendant, du 19 avril 1660, portée par M. Le Blan, secrétaire de Monseigneur.

Monsieur,

Je n'avois presque pas acheué de lire les lettres que M. mon mary m'escrit de Taillebourg, par lesquelles il m'ordonne de vous faire mile très humbles remerciments des bontés que vous auez eües en sa considération pour les habitans de ce lieu là, lorsque j'ay apris, par un officier de ses amis, que quelque régiment des troupes qui viennent de Catalogne doit aller à Talmont, et y atendre vos ordres. Je vous suplie et vous conjure, Monsieur, par toutes les marques et les assurances que nous auons reçües de vostre affection, de vouloir empescher que nous ne receuions ce desplaisir et nos habitans cette ruine dans le mesme temps que M. mon mary est en chemin pour se rendre à la cour, pour effacer la mémoire de ses disgrâces passées. Celle-cy, Monsieur, nous seroit si rude et si sensible et seroit si mal expliquée par les personnes qui ne nous ayment pas, que je ne doute point que vous n'employiez auec plaisir vostre crédit pour nous en garentir. Toute la maison vous en sera sensiblement obligée, et nous n'aurons jamais plus de joye que lorsque nous pourrons vous tesmoigner par nos seruices nostre recognoissance d'une faveur si considérable ; en mon particulier Monsieur j'en rechercheray les occasions auec tant de soin, et je les embrasseray auec tant d'affections que vous aurez tout sujet de croire que de toutes les personnes les plus obligées à vos bontés aucune ne peut estre plus véritablement...

---

103. LE DUC DE LA TRÉMOILLE A LA DUCHESSE DE SIMMEREN, PRINCESSE PALATINE.

(30 *avril* 1660.)

Félicitations sur le mariage de sa fille.

---

104. ALEXANDRE MORUS AU DUC DE LA TRÉMOILLE.

(27 *avril* 1660.)

Envoi d'une pièce de vers.

---

105. LE DUC DE LA TRÉMOILLE A ALEXANDRE MORUS.

Copie de la response de Monseigneur à M. Morus, du 3e *may* 1660.

Monsieur,

J'ay receu vostre lettre de Tours du 27 du passé, et les beaux vers qui y estoient joincts, et tousjours dignes du plus bel esprit et du plus savant de ce siècle. J'attendray auec impatience la nouvelle de vostre arrivée à Paris, craignant que l'incomodité du voyage ne vous cause une rechute. Mon fils arriva icy hier; son voyage a esté heureux ayant trouué la cour à Toulouze, et bien disposée à receuoir ses soumissions. On nous fait espérer le restablissement prompt du Roy d'Angleterre. Vous sauez les vœux que j'ay faits pour cela, si Dieu les exauce il sera comblé d'autant de gloire et de prospérité qu'il a esté accablé de disgrâces ; mais il les faut faire cesser en acceptant tout, pour faire en son temps ce qui sera juste et digne de luy. La main malade est guérie et s'emploie à bien escrire ce que vous m'avez laissé et dont je vous seray toute ma vie redevable, adjoutés ce surcroit aux obligations que je vous ay de m'escrire quelques fois et par mémoire sans aucune sérémonie que j'évite tant que je puis envers mes amis.

---

106. LE DUC DE LA TRÉMOILLE A Mme LA LANDGRAVE DE HESSE.

(22 *mai* 1660.)

Compliments de condoléance pour la perte de sa mère.

---

107. LE DUC DE LA TRÉMOILLE AU ROI D'ANGLETERRE, CHARLES II.

Copie de la lettre de Monseigneur au Roy d'Angleterre, escrite le 29 mai 1660.

Sire,

Bien que la joye de toute ceste maison ne se puisse exprimer par des lettres et par des parolles, elle ne doit pas estre muette quand tous les gens de bien se réjouissent des prospéritez de Vostre Majesté autant qu'ils ont esté touchez de douleurs des choses passées. Je la supplie très humblement de croire qu'entre un nombre infini de ses serviteurs qui courent en foule à l'acquit de ces premiers devoirs, il n'y en a aucun dont les vœux soient plus sincères et plus passionnés que ceux que j'adresseray toute ma vie à Dieu pour la gloire de Vostre Majesté, l'afermissement de sa couronne et la prospérité de son règne. C'est ce qui me fait attendre de sa bonté ordinaire qu'elle n'aura pas désagréable que cette lettre lui donne des marques de mes ressentimens, et que je lui renouvelle en cette occasion les asseurances du profond respect et de la fidellité inviolable qui me fait estre,

Sire,

De V. M.,

Le.....

---

108. LE DUC DE LA TRÉMOILLE A LA REINE D'ANGLETERRE.

(29 mai 1660.)

Félicitations à propos du rétablissement du roi sur le trône d'Angleterre.

---

109. LETTRE DU DUC DE LA TRÉMOILLE A LA COMTESSE DE DERBY, SA SOEUR.

Copie de la lettre de Monseigneur à Mme la comtesse de Derby, du 25 may.

Madame ma sœur,

J'ay veu, par la lettre que vous escriuez à ma femme, les bonnes espérances ou vous estes, après tant de malheurs, de voir toutes choses restablies en leur premier estat. Vous sauez les vœux que j'ay faits pour cela ; sy Dieu les exauce, le Roy sera comblé d'autant de prospérités qu'il a esté abattu de disgrâces, et votre famille, dont je vous demande des nouvelles, ne peut qu'elle ne se ressente autant du bien présent, qu'elle a eu de part aux maux passés, qui m'est un double sujet de me conjouir avec vous du bonheur public et particulier. L'exil de mon fils a cessé par son voyage de la Cour, qu'il a trouvée à Toulouse et bien disposée à receuoir ses sumissions. La Reyne l'a asseuré que Leurs Majestez passeroient icy ; ce qui peut changer apres l'entrevue des deux Roys et le mariage. Je souhaitte que le tout réussisse au bien commun, et que chacun ait le sien et s'en contente et que j'aye encore la satisfaction de vous voir. La nouvelle du restablissement du Roy vient de tous costés avec des circonstances qui nous ostent tout sujet de doute, ce qui nous fait résoudre à le féliciter par l'envoy exprès d'un gentilhomme (1) ; faites nous part, je vous suplie, ma chère sœur, de toutes les particularités de cette mémorable journée qui restablira S. M. sur le trosne que des paricides auoient renuersé et souillé du sang de leur Roy. Je prie ce grand Dieu, auteur de tant de merveilles, qu'il lui donne la prospérité, le bonheur et la gloire que méritent sa naissance et ses vertus, et à moy les moyens de luy tesmoigner mon zelle et ma fidellité à son service. Je vous conjure aussy de m'aimer et croire qu'on ne sauroit estre plus fortement à vous que l'est,

H.

(1) D'Ouvrier.

110. LE DUC DE LA TRÉMOILLE A LA PRINCESSE ROYALE D'ANGLETERRE.

(29 *mai* 1660.)

Félicitations à propos du rétablissement du roi, son frère, sur le trône d'Angleterre.

---

111. LE DUC DE LA TRÉMOILLE A M. DE LA ROCHEGUYON, GRAND VICAIRE A POITIERS.

(28 *mai* 1660.)

Remercîments. Envoi du sieur Leblanc pour traiter deux affaires *concernant la gloire de Dieu*.

---

112. ALEXANDRE MORUS AU DUC DE LA TRÉMOILLE.

(30 *mai* 1660.)

Nouvelles d'Angleterre. La veuve de Cromwell est prisonnière. Le roi a refusé les présents d'Amsterdam et des autres villes, ne voulant accepter que de ses sujets seulement.

---

113. LE DUC DE LA TRÉMOILLE A ALEXANDRE MORUS.

(5 *juin* 1660.)

D'Ouvrier, gentilhomme de la maison du duc, est envoyé en Angleterre. Prière de lui donner des avis. Protestations de dévoûment au roi d'Angleterre.

---

114. LE DUC DE LA TRÉMOILLE A D'OUVRIER, GENTILHOMME DE SA MAISON.

(8 *juin* 1660.)

Suivre les ordres du prince de Tarente et les avis d'Alexandre Morus, pour sa mission auprès de la comtesse de Derby et du roi d'Angleterre.

---

115. LE DUC DE LA TRÉMOILLE A LA COMTESSE DE DERBY, SA SOEUR.

Copie de ma lettre à Madame la comtesse Derby, escrite de Thouars le 8 juin 1660.

J'ay donné charge au sieur d'Ouvrier de vous aller trouver de ma part pour vous tesmoigner, avec la joye extrême du glorieux restablissement du Roy, celle que je ressens du meilleur estat qu'en conséquence il doit aporter à vostre famille. Je vous suplie d'en estre très persuadée et d'avoir la bonté d'assister ce gentilhomme de vos conseils et de vos soins, afin que, sy vous jugés à propos qu'il se fasse voir, ses lettres et ses compliments soient bien receus, ce que j'attends par vostre moyen et avec quelque justice, puisqu'ils partent d'un cœur rempli de zèle pour le service de Sa Majesté et pour vostre satisfaction. Je vous conjure, encore, ma chère sœur, de me donner part de l'estat de vos affaires et de faire mes excuses à messieurs vos enfants et gendres sy je ne leur escris : je leur demande en celle-ci la part en leur amitié, à quoy la passion que j'ay pour la prospérité de leur patrie, et la leur concourt à la vostre, les peut convier, personne ne pouvant estre plus fortement à vous et à eux que.....

Je vous supplie me mander la réception de ma précédente du 28 du passé et de prendre toute créance au porteur. Ma femme ne vous peut escrire à cause de son indisposition. Elle espère que ce sera pour l'ordinaire prochain.

---

116. LE DUC DE LA TRÉMOILLE A M. DU GUESCLIN.

(10 *juin* 1660.)

Permission de courir un cerf dans les forêts du duc.

117. LE DUC DE LA TRÉMOILLE A D'OUVRIER, GENTILHOMME DE SA MAISON, ENVOYÉ A LONDRES. LETTRE ÉCRITE DE LA MAIN DU DUC.

Copie de ma réponce à d'Ouvrier (1), *du 18 juin, à Thouars.*

J'ay esté bien ayse de voir, en la lettre que vous escrivés à ma femme, les particularités du mariage, et en celle que vous m'escriués, vostre résolution de partir; sy vous trouvés ma sœur à Londres, je vous ay mandé de suivre entièrement ses auis. Sy elle n'y est pas, je vous prie de l'aller trouuer où elle sera; vous remetant du surplus à la réponce que ma femme vous fait sur les avis de Paris et d'icy, où nous attendons M. de Turenne au premier jour et la cour après. Je n'ay point encor receu de lettre de ma sœur, je souhaite fort de voir le Roy rétabli et affermi et elle et toute sa famille avec autant de prospérité qu'elle a eu de disgrâce. Vous me ferés très grand plésir de m'en escrire toutes les particularités que vous pourrés aprendre. Dieu vous conserve.

---

118. ALEXANDRE MORUS A MADEMOISELLE DE LA TRÉMOILLE.

(16 *juin* 1660.)

Politesses.

---

(1) On ne trouve rien sur d'Ouvrier dans les archives de la maison la Trémoille. Le duc Henry charge toujours ce gentilhomme de missions importantes.

119. ALEXANDRE MORUS AU DUC DE LA TRÉMOILLE.

Lettre de M. Morus à Monseigneur, du 16 juin 1660.

Je ne scay que respondre à des lettres aussy obligeantes que sont les vostres, Monseigneur; et, bien quelles m'accâblent d'obligations continuelles qui me devroient réduire à l'admiration et au silence, je ne laisseray pas de vous remercier et de vos rares bontez et de vos judicieuses reflextions. C'est une merveille plus grande que vous ne sauriés imaginer que le restablissement du Roy de la Grand Bretagne (1). *Factum est a Domino et mirabile est in oculis nostris.* Quand Monck fut à genoux devant luy, il l'embrassa et luy dit, le duc de Somerset est mon père, et tout d'un temps lui donna son ordre; dès qu'il toucha terre, il se mit à genoux et fit une belle et longue prière à Dieu, qui ravit tous les assistans et fit voir un grand Prince qui a esté à une bonne escolle. Ce n'est pas sans raison que vous craignés pour luy, car on descouure tous les jours de nouvelles conspirations; mais Dieu sera son protecteur. *M. d'Ouvrier* ne partira point dimanche. *J'escriray par luy* et n'obmettray rien de ce que je dois.

---

120. LE DUC DE LA TRÉMOILLE A M. FARCY, LIEUTENANT PARTICULIER A LAVAL.

(21 *juin* 1660.)

M. de la Daguerie, frère de M. Farcy, fera connaître à ce dernier les intentions du duc.

---

(1) Charles II débarqua à Douvres le 5 juin 1660, et fit son entrée à Londres le 8 du même mois.

121. LE DUC DE LA TRÉMOILLE A MORUS.

Responce de Monseigneur à la lettre de Monsieur Morus,
du 16 juin.

Je vous rends mille graces des nouuelles et de la lettre qu'il vous a pleu m'envoyer, d'Ouvrier ne partira point qu'après les aduis qu'on attend de M. de Turenne et suis bien ayse qu'il ait retardé et qu'il agisse par les vostres, plusieurs de la court l'ont devancé. Ce qui me fait croire qu'elle ne tardera guères après eux. Je vous suplie de me croire entièrement à vous.

---

122. LE DUC DE LA TRÉMOILLE AU GRAND VICAIRE DE POITIERS.

(22 juin 1660.)

Remercîments pour ses bons soins. Une députation expresse sera envoyée à l'évêque de Poitiers.

---

123. LE DUC DE LA TRÉMOILLE AU GRAND VICAIRE DE L'ÉVÊQUE DE POITIERS.

Copie de la lettre de Monseigneur à M. le grand viquaire,

du 3ᵉ juillet 1660.

J'ay donné charge au sieur Leblanc (1) de vous aller trouver avec un de mes chanoines, que le Trésorier eut

---

(1) Leblanc, prêtre, secrétaire du duc, envoyé avec un chanoine pour se joindre au clergé dans la présentation au roi.

assisté sans sa maladie qui n'est pas sans danger. L'avis que j'ay eu que la cour ne fera que passer à Poictiers m'a convié à cet enuoy et à vous suplier, Monsieur, de terminer au plus tost l'affaire dont nous sommes convenus, puisque ce sera non moins un effet de piété, qu'un surcroit d'obligation, dont j'auray toute ma vie tous les ressentimens possibles. Toute ma maison est allée rendre ses soumissions à L. M. et faire mes excuses, mon indisposition s'oposant en ce rencontre à mes désirs et à mes deuoirs.

---

124. LE DUC DE LA TRÉMOILLE A ALEXANDRE MORUS.

(13 *juillet* 1660.)

Consentement à un voyage proposé. (Il s'agit probablement de la mission de d'Ouvrier.)

---

125. LE DUC DE LA TRÉMOILLE A ALEXANDRE MORUS.

(3 *septembre* 1660.)

Remercîments pour la part que Morus prend à la disgrâce du prince de Tarente.

---

126. LE DUC DE LA TRÉMOILLE A D'OUVRIER.

Copie de la lettre de Monseigneur à M. d'Ouvrier, du 3 septembre 1660.

J'ay receu vostre lettre du 29 et apris bien particulièrement ce qui s'est passé sur la contestation des rangs, et comme mon fils (1) y a agi pour conseruer le sien et celuy du corps le plus considérable de l'Estat, puisque les Princes du sang mesmes le composent, j'espère que le Roy ne desniera la justice à ceux qui ont presté serment de la rendre à tous ses sujets et qui la luy ont demandée avec tout le respect et la confiance que les membres d'un mesme corps doivent auoir pour celuy qui en est le chef. J'espère que M. le Cardinal, recognoissant que mon fils estoit dans la nécessité d'en user de la sorte, ne le voudra priver plus longtemps de la présence du Roy et de l'honneur de sa protection et bienveillance, dont il luy a donné et confirmé les asseurances desquelles nous n'auons receu jusques icy aucun effet. Mandés moy les suittes de cette affaire et si M. de Noirmoutier y a eu part et vient souvant au logis, si les assemblées s'y sont faites et qui furent ceux des pairs qui assistèrent mon fils quand il porta la parolle pour eux au Roy, si luy ou quelqu'un du corps l'a veu avant les deffences. J'ay fait la mesme remarque que vous sur le sujet de l'antienne dispute de Messieurs de Montpencier et de Neuers, mais j'ay de plus remarqué que le conseil du Roy jugea en faueur de Messieurs de Guise comme plus anciens ducs et pairs, et qu'on n'auroit point d'esgard à la naissance mais seulement au titre et à l'antiquité de la duché et de la pairie, ce qui fut lors executé volontèrement par ceux qui estoient réglés de la sorte. Si M. Morus a audiance, je le suplie de m'envoyer copie de sa harangue et prie Dieu qu'il vous donne de meilleures nouuelles et vous tienne en santé.

(1) Le prince de Tarente avait porté la parole dans la question de préséance des ducs à l'entrée du roi à Paris.

127. LE DUC DE LA TRÉMOILLE A D'OUVRIER.

Copie de la lettre de Monseigneur à M. d'Ouvrier, du 7 septembre 1660.

J'ay receu vostre lettre du 1. Je croy qu'après l'esblouissement de l'or et des plumes, on viendra à reconnoistre les défauts essentiels, et que la reine-mère reconnoistra que l'obéissance n'est pas criminelle, et qu'elle doit plus que jamais gouverner l'Estat et le Roy, qu'après avoir donné la paix et fait le mariage, elle ne doit pas souffrir que les ennemis de l'un et de l'autre en recueillent les fruits, ruinent ses serviteurs, et enfin piquent de mort le sein quy les a reschaufez. Il est temps ou jamais de remedier aux maux que la négligence pourra rendre incurables. J'atens avec impatience des nouvelles d'Angleterre. La Reyne de Bohême (1) s'y en va, et mande que le Roy son neveu se retire pour quelques jours de Londres, pour n'assister pas à l'exécution de Lambert et autres coupables de la mort de son père. Mandez moy ce que vous en aprendrez.

---

128. LE DUC DE LA TRÉMOILLE AU COMTE DE VILLENEUVE.

(7 septembre 1660.)

Compliments de condoléance pour la mort du prince de Cucé.

---

(1) Sœur de Charles Ier, roi d'Angleterre, et mère des princes Palatins, dont l'un, le prince Edouard, épousa, en 1646, une cousine et une amie de Mme de Longueville, la belle Anne de Gonzagues.

129. LE DUC DE LA TRÉMOILLE A URBAIN CHEVREAU.

(10 *septembre* 1660.)

Remercîments pour un Malherbe annoté envoyé au duc par Chevreau.

---

130. LE COMTE DE VILLENEUVE AU DUC DE LA TRÉMOILLE.

(10 *septembre* 1660.)

Remercîments pour les compliments de condoléance à l'occasion du décès du prince de Cucé, et promesse de venir voir le duc.

---

131. LETTRE DE M. BRUSLARD, PREMIER PRÉSIDENT DU PARLEMENT DE DIJON, A LA PRINCESSE DE TARENTE.

Copie d'une lettre de M. le Premier Président du parlement de Dijon à Madame la princesse de Tarente, 11 septembre 1660.

L'embarras du voyage que j'ay fait icy par ordre du Roy, et celluy que j'y ay trouvé par le grand nombre de harangues que j'ay esté obligé à y faire aux premières personnes à la teste de nos députez sur la paix et le mariage, sont, Madame, les sujets du silence que j'ay gardé à vostre esgard, et peuuent estre aussi les motifs du pardon que j'espère de vous, d'auoir esté si long à vous rendre des actions de grâces de vostre dernière lettre, qui, en me faisant connoistre les généreux sentimens que vous et M. le Prince de Tarente avez pour moy, m'aprend que ma gratitude ne doit pas seullement estre mesurée aux grâces que j'ay reçües de vous, mais encore à la grandeur des âmes qui les ont produites. J'entens, Madame, beaucoup dire par cette expression, et enfin vous faire comprendre que je surpasseray autant en reconnoissance les autres hommes, que vostre esprit, et vostre sang sont au dessus d'eux. Je ne saurois considérer comme une disgrâce l'ordre que reçeut il y a quelque temps Monsieur vostre époux de s'abstenir (comme plusieurs autres), d'aller au Louvre, et il me semble que le compliment que je vous dois là dessus est plustost sur sa fermeté d'avoir si bien maintenu son rang, que sur le mal qui luy arive de l'auoir fait. En effet n'y ayant aucune proportion entre ce bien et ce mal, permettez moy d'estre plus sensible à ce qui le touche beaucoup, qu'à ce qui ne le peut ateindre, et soufrez, s'il vous plaist, que je vous die que la satisfaction d'avoir si bien fait son devoir, me resjouit de telle sorte, que je suis comme insensible au mal qui arive pour n'y avoir pas manqué. Cecy mesme ne sauroit estre un mal effectif ne prenant sa source que dans un véritable bien, et de là, il n'est pas difficile d'augurer que l'ordre des choses se trouvant troublé, elles reprendront bientost leur rang et leur ordre; le mien Madame est de vous obéir toute ma vie, qui seroit trop heureuse si elle pouuoit se signaler par des services qui peuvent marquer à tout le monde, aussi bien qu'à vous mesme, que mon esprit qui vous revère se glorifie de la soumission qu'il a pour vous.

Bruslard.

132. LE DUC DE LA TRÉMOILLE A M. DE CHEZAUX.

(26 *septembre* 1660.)

Prière de tenir à la place du duc, sur les fonts baptismaux, un enfant du baron de Château-Guillaume.

---

133. LE CARDINAL DE RETZ (1), ARCHEVÊQUE DE PARIS, A LOUIS XIV.

Copie de la lettre de M. le Cardinal de Retz au Roy (1660).

Sire,

J'ay donné à Vostre Majesté une marque si convainquante de mon profond respect, par un silence de quatre ans, qu'il auroit esté inutile de le rompre par de nouvelles protestations d'obéissance et de fidellité. Le premier des deuoirs, qui est celuy qui me lie à l'Eglise, m'a obligé de luy adresser mes premières parolles, et de luy rendre compte de l'estat déplorable où se trouve mon diocèse ; le second, qui est celuy qui m'attache à V. M., m'engage de luy faire entendre les tristes accens d'une voix qui n'a esté jusques ici estouffée que par la tendresse d'un zelle qui n'a peut estre jamais eu d'exemple. Quelque obligation que j'eusse de ne pas laisser la cause de l'Eglise dans un oubly qui lui faisoit perdre

---

(1) Paul de Gondi, cardinal de Retz, si fortement mêlé aux troubles de la Fronde, fut arrêté au Louvre le 19 décembre 1652 et enfermé à Vincennes, puis au château de Nantes, dont il s'évada. Après avoir erré en pays étranger, d'où ont été écrites les deux lettres suivantes, il fit sa paix avec la cour en 1661, se démit de l'archevêché de Paris et reçut l'abbaye de Saint-Denis.

beaucoup de sa force dans les esprits du monde, je n'ay pû me résoudre, Sire, à mesler des gémissemens et des plaintes dans les chants de triomphe qui accompagnoient vos victoires, et j'aurois encore la mesme considération pour les applaudissemens que toute la terre donne à la glorieuse paix qui la calme, s'il m'estoit permis dans ce rencontre de ne pas représenter à V. M. qu'il n'est pas juste que le moment qui finist les peines de tous vos sujets, qui sont vos enfans, laisse l'Eglise, qui est vostre mère, dans l'opression et dans la souffrance, et quil est de la piété du plus grand et du plus religieux de tous les Roys de respondre à cette abondance de grâces que le ciel verse sur son règne par le restablissement entier et parfait de l'ordre de l'Église, auquel les plus solides et les plus saintes de toutes les bénédictions sont attachées Le renuersement de cet ordre, Sire, sans lequel le culte de Dieu n'est que profanation, est l'unique sujet de cette lettre, dans les motifs de laquelle je n'apréhende pas que les mouvemens de l'impatience, les sentimens de l'inquiétude, ny les pensées du ressentiment se puissent couller; Dieu me fait tous les jours la grâce de considérer mes souffrances passées et présentes comme des espreuves bien heureuses qu'il a pleu à sa miséricorde de donner à ma faiblesse, et, s'il n'y auoit que mes interests particulliers qui fussent blessés dans la cause qui m'ouvre la bouche, je la fermerois avec joye pour ouvrir mon cœur avec plus de liberté aux grâces du ciel; ces grâces, Sire, me font adorer avec une profonde reconnoissance les ordres de la Prouidence sur moy; elles me font receuoir auec une submission très pure et très parfaitte, en ce qui ne regarde que ma personne, les traittemens les plus rigoureux qui portent le nom sacré de Vostre Majesté; elles ne me laissent mesme dans mes souffrances aucun sentiment contre ceux qui les causent, que celuy qui m'oblige d'adresser tous les jours mes vœux et mes prières au Dieu de paix, affin qu'il plaise à sa bonté de leur faire connoistre que le repos qu'elle vient de donner à la terre les oblige encore, par ce titre particullier, à ne pas troubler la tranquillité de l'Eglise. Mais, Sire, les sensibles playes que cette mesme Eglise, dont les intérests sont inséparables de ceux de Dieu, a receus et reçoit tous les jours sur mon sujet, ne me laissent pas la liberté du choix dans une occasion ou la fausse modération qui estoufferoit mes plaintes se devroit mettre au nombre de ces prévarications honteuses qui ensevelissent la vérité dans l'injustice ; cette vérité, Sire, est de la nature de celles qui ont l'avantage très considérable de n'estre jamais plus esclaircies que par les choses mesme que l'on a employées pour les estouffer. Il n'y a rien qui ait plus justifié mon innocence que ma prison, dans le cours de laquelle la médisance la plus envenimée n'a pû trouver de prétexte sur lequel on ait pû fonder une accusation. Il n'y a rien qui ait plus marqué l'impossibilité de me convaincre que les menaces d'un procès que l'on a tousjours évité avec aplication en prévenant avec soin toutes les dépositions qui luy estoient dès préalables nécessaires ; il ny a rien qui ait donné tant de lustre à la justice de mon titre que l'arest de vostre conseil qui déclara, à Péronne, mon siège vaquant d'une manière si peu soutenable qu'il fut obligé, quelque temps après, de le reconnoistre publiquement pour remply selon toutes les formes canoniques. Il n'y a rien qui ait plus authorisé la fermeté que Dieu m'a donnée pour ne pas quitter mon archevêché, que les efforts qu'on a faits pour m'y obliger, qui, selon les reigles inviolables de la tradition la plus sacrée, font les plus pressantes raisons qui m'engagent à le conserver ; s'il m'estoit permis, Sire, de trouver quelque consolation dans les souffrances de l'Eglise, j'avoue que je me sentirois extrêmement soulagé lorsque je considère que j'ay rencontré, dans les matières qui luy sont si funestes, des occasions très signalées de tesmoigner à V. M. le respect tres profond et la passion tres forte que j'ay tousjours conservés pour ce qui la regarde. Ma prison ne me laisse de sentimens que celui de la servir dans le conclave, où le sacré collège est tesmoing que ma conduite n'a pas esté indigne du nom françois, la déclaration de vostre conseil, par laquelle on me dégrada à Péronne, ne fut contreditte que par la voye de toutes les voyes la plus respectueuse et la plus douce, c'est à dire par une simple lettre au chapitre de mon Eglise, que j'oposay à ce torrent qui emportoit l'ordre divin et la hiérarchie, avec une patience bien esloignée de la force et de la rigueur des armes spirituelles que les Papes et les concilles mettent sur des sujets beaucoup moins importans entre les mains des Évesques persecutés. Le traittement si rigoureux que l'on fit à mes grands viquaires et à tant d'autres ecclésiastiques, coupables du seul crime de m'auoir obéy dans des fonctions purement spirituelles, ne fut suivy de ma part que de la nomination d'autres personnes plus agréables à V. M., quoyque cette nomination, Sire, soit la fonction de l'Episcopat la plus libre et la plus indépendente de l'authorité temporelle. La détention de mes revenus, saisis sous un prétexte qui n'est que pure illusion en ce qui me regarde, ne tira de ma bouche que des plaintes légères et des remonstrances, dont la foiblesse ne peut estre excusée, dans une cause qui a fait autrefois des martirs, que par le principe qui a diminué la vigueur de ma résistance.

Par ces considérations, Sire, qui ont tousjours esté si préjudiciables à mes intérests, V. M. peut juger de la disposition que j'aurois eue de satisfaire à ce qu'on publie estre de son désir, par une démission qui m'auroit donné tant d'aventage selon le monde, si je n'avois esté persuadé que la complaisance qui peut estre permise en de certaines conjonctures, lorsqu'il ne s'agist que de quelque sorte de relaschement ou plustost de tempérament dans la discipline, ne sauroit jamais qu'estre criminelle sur un point qui est essentiel à la tradition, à quoy la vérité me force d'adjouster, sans doute à la confusion de ma foiblesse, que je ne me résoudrois peut-estre pas de toute ma force à suivre sans peine et sans regret un deuoir qui est combattu depuis si longtemps par le nom de V. M., si je ne savois que ce deffaut de complaisance est très-utille mesme à son service, et qu'il ne contribue pas peu à la gloire de son règne, en empeschant que la postérité ne trouve entre les merueilles de sa vie une action qui en affoiblisse la gloire, et ruineroit par un exemple pernicieux la liberté de l'Église. Voyla, Sire, les sentimens d'un fidelle sujet, qui se rendroit indigne de vivre sous le plus juste de tous les Roys, s'il estoit infidelle à l'Église, qui est le fondement de la justice. J'espère que les grandes lumières, qui esclairent vostre ame toute grande et toute Royalle, perceront bientost les nuages dont on essaye de couvrir la sincérité de mes intentions.

Plaise à Dieu, Sire, que les mesmes nuages ne cachent pas à V. M. les violences inouyes que l'on fait souffrir à l'Église, qui est une dissimulation sans comparaison plus dangereuse et plus importante. Les monarques les plus sages et les plus judicieux ne se peuvent deffendre pour un temps de ces surprises, et il est difficile que, dans cette foulle innombrable d'affaires qui partagent leurs soins, ils desmeslent avec beaucoup d'exactitude ce que l'on envelope le plus souvent avec beaucoup d'artifice dans le prétexte de la raison d'Estat. Il est pourtant vray que l'Eglise a cet aventage, dans ce fait particullier, que l'injure la plus atroce qui luy ait esté faitte est si claire et si manifeste, qu'elle tombe mesme sous les sens. Sire, toutes les fois que vous estes entré dans l'église de Paris, qui, plus ordinairement que toutes les autres de vostre royaume, porte vos vœux au ciel, toutes les fois que vous y avés remercié le Dieu des armées, qui vous a donné tant de victoires, toutes les fois que vous y avés imploré ses assistances dans vos besoins, vous estes vous pû empescher de voir la chaire de vostre archevesque desnuée de tous ses ornemens, vuide, abandonnée, désolée, sans usage et sans authorité? Vous estes vous pû empescher de jetter les yeux sur les advenues de cette chaire fermée au légitime pocesseur et occupée par des gens de guerre ausquels on a donné des ordres, Sire, dont l'horreur ne doit pas estre portée aux yeux de V. M.? Vous estes vous pû empescher de passer de ces tristes images à la reflection qui leur est si naturelle et de considérer en mesme temps, sur cette mesme chaire, un nuage espais qui la couure, qui prive tout le reste de mon Église des influences salutaires qui en doivent sortir, et qui, par les deffenses rigoureuses et expresses qu'on a faites à tous mes diocésains, sans excepter mes grands viquaires, d'auoir aucune communication auec moy, interrompt si malheureusement le cours des grâces et des lumières qui luy sont nécessaires? Ces désordres, Sire, tombent presque dans toutes leurs parties sous les sens d'un monarque aussy pieux qu'est V. M.; mais la véritable doctrine de l'Église en descouvre l'horreur d'une manière que les plus grands princes ne pénètrent pas tousjours dans son étendue et qu'ils ne peuvent aprendre que par la bouche de ceux qui ont droit de les instruire dans la science de Jésus-Christ crucifié; vous serés touché, Sire, quand vous saurés ce qu'on vous a caché avec soin, que l'estat d'un diocèse, qui n'est point gouverné par les ordres de son Evesque légitime, est directement oposé à l'ordre selon lequel le Fils de Dieu a estably son Église. V. M. sera estrangement surprise quand elle saura que l'administration de deux prestres, qui agissent à la vérité sous le nom de leur archevesque, mais qui n'en osent reconnoistre l'authorité, ny recevoir le mouvement, sans estre traittés de criminels de lèze majesté, n'est qu'un fantosme, mais un fantosme affreux qui esteint l'épiscopat, et qui n'en fait qu'une ombre et qu'une illusion.

Je ne doutte point, Sire, qu'à la lecture de ces lignes, qui sont autant de lumières et de vérités, vous ne ressentiés dans vostre âme toutes les esmotions et toutes les tendresses que le fils aisné de l'Église doit aux doulleurs de sa mère ; je ne doutte point que vous ne condamniés desja le silence qui me fait sacrifier si longtemps au bien de vostre Estat des vérités si pressantes ; je ne doutte pas que V. M. ne lève tous les obstacles que l'on a mis à l'exercice de ma jurisdiction, et qu'elle n'aprouve la résolution que le ciel m'a donnée de restablir dans mon Église l'ordre légitime de la hiérarchie par le restablissement du chef et des membres, et par la dépendance réelle et effective de ceux qui l'ont jusques icy gouvernée beaucoup moins sous mon authorité que sous mon nom. J'espère, Sire, que V. M. ne me refusera pas la protection que je luy demande en ce rencontre, par mon innocence qui la doit prétendre de sa justice, par la constance de ma fidellité qui peut l'attendre de sa bonté, par la longueur de mes souffrances qui l'espèrent mesme de sa clémence, et par ma parfaite soumission qui me la fera tousjours recevoir comme une grâce, quoyque la dignité de ma cause et le tesmoignage de ma conscience me la puissent faire considérer comme une justice. Mais j'ay honte, Sire, d'employer des considérations particullières dans une cause si géneralle et qui comprend l'intérest de toute l'Église ; tout ce qui est dans la nature doit s'intéresser à sa deffense, et il me semble que les grands événements qui honorent le siècle dans lequel ou plustost sur lequel vous régnez, se présentent en foule à mon esprit pour demander justice avec moy dans une conjoncture où ces mesmes événemens n'ont pas permis à la bouche de V. M. de refuser aucune grâce. Je vous la demande, Sire, par cette longue suitte de victoires qui vous ont esleué dès vostre enfance dans les triomphes et qui vous rendent si redeuable au Dieu des batailles, que vous estes encore plus obligé que les autres monarques à ne pas souffrir que l'on en trouble les sacrifices sous vostre authórité ; je vous la demande par la paix glorieuse que vous avés donnée à l'univers, qui, par un prodige si rare et si peu connu dans les siècles passés, unist dans votre personne sacrée les qualités si différentes et si contraires de conquérant et de pacificateur, et qui vous engage, par des grâces très particullières que vous avez receu du ciel, de ne pas refuser à l'Église, dans la tranquillité publique, ce que la grandeur de vostre âme vous a fait accorder à l'Estat dans le trait le plus esclattant de vos armes ; je vous la demande par ce grand mariage, qui donne à V. M. ce que la fortune, la nature et la vertu ont de plus précieux, qui, par la noble confusion du sang de Henry le Grand et du sang de Charles-Quint, a ensevely dans un heureux moment les malheurs de deux siècles, et dont le bonheur se devant estendre bien plus loing dans la postérité méritte d'estre mesnagé par une conduitte qui attire toutes les bénédictions du ciel sur une alliance, laquelle comprend ce qui est de plus auguste sur la terre. Après des considérations si touchantes, qui désarmeroient vostre colère la plus juste et la plus animée, Sire, je finirois cette lettre, si la piété de V. M. et la dignité de mon carractère ne m'obligeoient de la conclure par le nom adorable du Dieu vivant, par la saincteté duquel je jure encore à V. M. une obéissance éternelle et une fidellité inviolable, que mes souffrances n'ont jamais altérée, que rien n'esbranslera, et qui feront confesser à toute la terre que je suis....

---

134. LE CARDINAL DE RETZ A SES GRANDS VICAIRES.

Copie de la lettre de Monseigneur le Cardinal de Retz à Messieurs ses grands vicaires.

Messieurs,

Vous auez trop de connoissance de l'ordre de l'Eglise et trop de zelle pour ses intérests, pour n'auoir pas esté sensiblement touchez de la violence qui vous a forcés de ne pas gouuerner sous ma direction le diocèse que vous gouuernés sous mon nom, et je ne doute pas que vous ne sentiés dans vous mesmes que vostre mouvement, qui a esté empesché par les deffences qu'on vous a faites d'avoir aucun commerce avec moy, n'est ny assez naturel ny assez libre pour une fonction à laquelle la force que les membres doivent tirer du chef est aussy essentielle que le titre; j'aurois de mon costé beaucoup de scrupulle d'avoir souffert si longtemps que mon nom fust employé ou plustost sacrifié à la plus monstrueuse illusion qui ait peut estre esté faitte à la hiérarchie, si le tesmoignage de ma conscience ne me donnoit lieu d'espérer que la miséricorde de Dieu me pourra pardonner un silence que je n'ay donné purement qu'au bien du seruice de Sa Majesté, et à l'apréhension que j'ay eue que, dans un temps de guerre qui ne fournist que trop de matière à la division des esprits, mes actions les plus innocentes, les plus justes, et les plus nécessaires ne fussent peut-estre portées au delà de mes intentions. J'avois pensé de plus que je deuois donner du temps à la colère, comme parle l'Escriture, que ma modération pouroit adoucir l'animosité de mes persécuteurs, et je voy au contraire que le temps confirme et anime mesme l'injustice de leurs mouvements. J'avois crû que mon silence seroit receu comme une marque très convaincante du profond respect que j'ay pour le Roy ; que la constance que j'ay eue de suspendre mes plaintes et mon action, dans le temps de la guerre, seroit récompensée, après la paix, par le repos que j'espérois qu'on donneroit à l'Eglise, au moment que la piété de nostre grand monarque le donne à toute la terre, et je voy que mes espérances se sont évanouies, que mon silence et ma modération sont mesprisés comme des effets de ma foiblesse ; je voy que les temps changent et qu'il n'y a que le cœur de mes ennemis qui ne change jamais, de sorte que je serois inexcusable devant Dieu, après une expérience si funeste à l'Eglise, si je persistois dans une conduitte où il n'y a desjà que trop de complaisance peu conforme à ses ordres, et si je permettois qu'on s'aquit pour ainsy dire, par le temps, une espèce de prescription contre la deffence que je dois à sa liberté et à ses droits. Je ne crains plus que l'on calomnie mes saintes résolutions comme des sujets d'intrigue et de caballe avec les ennemis de Sa Majesté, qui n'en a plus, et je n'apréhende pas aussy que l'on puisse soupçonner mon action d'impatience et d'inquiétude, Dieu m'ayant fait la grâce d'avoir donné dans mes souffrances particulières des marques d'une patience si esprouvée que l'on peut croire auec peu de justice que je souffrirois encore davantage s'il pouuoit y avoir quelque chose de plus dans l'extrémité de ma persécution. Ce n'est pas mon intérest qui m'ouvre la bouche ; c'est la liberté de l'Eglise, c'est l'obligation que mon caractère m'impose, c'est le service de Sa Majesté, c'est la seureté publique, qui rompent mon silence, puisqu'en l'estat où est maintenant mon Eglise sans corespondance auec celuy que Dieu luy a donné pour chef, on peut dire avec vérité qu'il s'agist en cette cause du salut du Roy, sous le nom duquel on rompt une communication si essentielle, du mien, puisque j'en souffre l'interruption, du vostre, puisque vous y contribuez, et de celuy de toutes les âmes que Dieu a commises à ma charge, puisqu'elles sont effectivement privées de la pluspart des bénédictions que la providence de Dieu a attachées à l'ordre selon lequel il a establi son Eglise. Vous voyez suffisamment, Messieurs, par ces considérations, la force des raisons qui m'obligent de ne plus laisser mon Eglise dans l'estat violent où elle est, et la nécessité où je suis de donner plus particullièrement au plus grand de ses maux, qui est deffaut de communication, les remèdes les plus prompts et les plus efficaces. C'est pour cela que je vous exhorte comme mes frères, et que je vous ordonne comme vostre archevesque, de restablir et de cultiver auec toute l'aplication dont vous serés capables cette sainte communication qui doit estre entre nous, de me rendre compte de temps en temps de ce qui se passera dans mon diocèse, et de n'y résoudre rien de considérable sans mes sentimens et sans mes ordres. Comme il est nécessaire que ceux qui sont sous vostre charge se puissent conformer au général de mes intentions, vous ne manquerés pas, aussytost la présente receue, de leur faire part de ce que je vous mande par cette lettre, aussy bien que de la résolution que j'ay prise de demander à toute l'Eglise des prières pour attirer sur moy les grâces et les lumières qui sont nécessaires à ma conduite, affin que l'intercession des fidelles que la

Prouidence m'a confiés, se joigne, sur un fait qui leur est plus particullier et qui leur est sans doutte plus sensible, à celle de tous les chrestiens que j'implore par la lettre circulaire dont je vous enuoye la copie. Je say la part que vostre charge, vostre piété et vostre affection vous obligent de prendre en ce qui me touche; c'est ce qui fait que, pour la vérité, pour vostre satisfaction et pour la consolation de tout mon diocèse, je vous assure que la miséricorde de Dieu a soutenu jusques icy ma foiblesse d'une manière qui me rend comme insensible aux persécutions qui ne regardent que ma personne; qu'il n'y aura jamais de considération qui me puisse séparer de mon troupeau; que je ne songe dans mon esloignement qu'à me rendre plus capable et plus digne de le servir, quand il aura plû à la Prouidence de me rendre à mon Eglise, et enfin que je n'ay aucune impatience que celle qui me fait souhaiter de pouuoir faire connoistre à mes diocésains, par des actions dignes de leur archevesque, l'usage que je fais de mes persécutions pour leur salut.

Je suis,

 Messieurs,

   Votre très affectionné à vous seruir,
    Le Cardinal DE RETZ.

135. LE DUC DE LA TRÉMOILLE A D'OUVRIER.

Copie de la lettre de Monseigneur à M. d'Ouvrier, du 12 octob. 1660.

Monsieur,

J'ay receu vostre lettre du 6. J'attendray avec impatience de savoir cette bonne nouuelle de la restitution des biens de la maison *de Derby* et particulièrement de l'ille de Man, quoy qu'il y a long temps que des services qui n'ont point de prix devoient receuoir justice et récompence, et que les criminels devoient estre trainez des cachots aux suplices ; vous ne m'en mandez rien, non plus que des despêches d'Angleterre ; cest homme si esclairé méritoit bien d'estre nommé et cogneu. Je n'ay nulle nouuelle du commis de M. d'Agaury. Ce mariage du comte d'Armagnac avec des faveurs extraordinaires ne marque point la défaveur de la maison de Lorraine, mais bien celle de toute la maison de Bourbon, et particulièrement de M. le Prince. Vous n'avés point escrit si quelques chevaliers sont payés ; j'ay esté asseuré de M. de Caravas que M. de Sourdis l'a esté. On ne m'a rien mandé des compliments dues à la Reyne d'Angleterre et à M. le Prince, dont je croy le retour à Paris.

136. LE DUC DE LA TRÉMOILLE A LA COMTESSE DE DERBY, SA SOEUR.

Copie de la lettre de Mgr à Madame la Comtesse de Derby, du 9 novembre 1660.

Madame,

Bien que je n'aye eu aucune de vos lettres depuis que M. de Rumigny est en Angleterre, ny apris que le pacquet pour Sa Majesté, dont vous aviés eu agréable qu'on vous fist l'adresse eut esté receu, je ne laisse de vous faire celle-cy pour estre, s'il vous plaist, esclaircy par votre responce de ce que sont devenues nos lettres, pour ce que n'y ayant eu personne qui aye plus pris de part aux intérests de Sa Majesté, et plus détesté les crimes de ses infâmes ennemis, j'ay beaucoup de desplaisir de voir qu'il n'en soit pas persuadé par nos lettres ny nous honnorer d'aucunes marques de son souvenir. Je me sens encore obligé de me resjouir avec vous qu'on aye commencé de venger le paricide, et de vous rendre ce que la tiranie avoit osté à la maison Derby, qui est tellement liée avec la nostre que ses intérests me doiuent estre aussy sensibles que les miens. Je vous suplie d'en estre persuadée et de me croire très cordiallement,

Madame ma chère sœur,

Votre très humble et très fidelle frère et serviteur.

---

137. LE DUC DE LA TRÉMOILLE A D'OUVRIER.

Copie de la lettre de Monseigneur à M. d'Ouvrier, du 9 novembre 1660.

J'ay receu vostre lettre du 3, qui ne m'esclairoit pas sur la dépesche d'Angleterre, et me fait résoudre d'escrire à ma sœur sur cela. Je croy que M. Morus en peut sauoir des nouvelles par ses correspondances, cependant je me resjouis qu'on ait commencé à faire justice des paricides et à rendre ce que la tirannie auoit osté à ma sœur et aux siens ; mais on ne me mande rien de ce qu'est deuenue la race de Cromwel, Lockhart et ses gendres. Je voudrois que M. le Prince fust bien persuadé de la vénération que j'ay pour sa vertu et pour sa conduitte, et de ma passion pour sa gloire qu'on peut dire qui luy est préjudiciable pour ce qu'elle ternit tout ce qu'il y a de plus esclattant dans le monde. Le refus dés demandes qu'on fait au roy d'Angleterre nous y pouroit brouiller aussy bien que le souvenir du passé. Mandés moy si Mauléon a veu la reyne d'Angleterre et fait le voyage avec elle, et comme il subsiste à Paris. Le méritte et le crédit de celuy dont vous m'escriués est son crime, comme de contraires qualitez donnent de la défiance de soy et d'autruy. Je n'aprens point le retour d'aucun des ducs exillés dont je seray bien aise d'aprendre des nouvelles, et du succès de la maladie de S. E. (le cardinal Mazarin). Je luy souhaitte tout ce qu'elle méritte et la parfaitte guérison et santé de Leurs Majestés.

138. LE DUC DE LA TRÉMOILLE AUX OFFICIERS DES EAUX, BOIS ET FORÊTS DE VITRÉ.

Copie de la lettre de Monseigneur à Messieurs les officiers des eaux, bois et forests de Vittré, du 23 novembre 1660.

Chers et bien aymez, ayant apris que Lafontaine, garde de nostre forest du Pertre, exerçant sa commission, a esté désarmé et mal traitté par un homme du bourg de Pertre, qu'il trouva portant un fuzil et suivi de chiens, où nous deffendons la chasse très expressément, je vous fays cette lettre pour vous recommander de poursuivre cette affaire incessamment et par toutes les voyes les plus rigoureuses, ayant fort à cœur que cette insolante action soit suivie du châtiment qu'elle mérite. A quoy me promettant que vous trauaillerés auec toute sorte de soin et de diligence, je ne feray plus que vous assurer de la continuation de ma bonne volonté et que je suis,

Chers et biens aimez...

139. LOUIS XIV AU DUC DE LA TRÉMOILLE.

Copie de la lettre du Roy à Monseigneur, du 26ᵉ novembre 1660.

(Voir cette lettre dans la notice biographique sur le duc Henry de la Trémoille.)

---

140. LE DUC DE LA TRÉMOILLE A LOUIS XIV.

Copie de la responce de Monseigneur au Roy.

(Même observation que pour la lettre précédente.)

---

141. INSTRUCTIONS DONNÉES PAR LE DUC DE LA TRÉMOILLE A M. DE GENEBAT.

Remarques pour M. de Genebat.

Premièrement, il peut dire que les paroisses dépendantes de la baronie de Berrie (1) sont sans comparaison dans une plus grande ruine et désolation que le plat pays de la frontière.

Que les receveurs et sergens font plus de frais que ne monte le principal de la taille et du sel, et souvent, lorsqu'un collecteur porte 60 ou 100 liures à la Recepte, on ne luy donne quittance que de 5 ou 6 liures, et tout le reste est retenu pour les frais.

(1) Berrie est situé auprès de Thouars.

Qu'on emprisonne les habittans desdites paroisses dans des prisons si rudes et si obscures que la pluspart y meurent et ceux qui en peuvent sortir sont en plus pitoyable estat que les criminels qu'on tire des cachots pour les mener au suplice.

Que ce traittement rigoureux et inhumain a rendu lesdites paroisses presque désertes et les terres incultes et abandonnées, au grand dommage des seigneurs et des particulliers, et, par une suitte et une conséquence nécessaires, au grand préjudice du service du Roy, qui ne poura plus avoir desdites paroisses le secours que Sa Majesté avoit acoustumé d'en tirer.

Que, nonobstant le malheur et la ruine de ces pauvres gens, Monseigneur a toujours tenu la main à ce qu'ils payassent ce qui leur a esté imposé pour le sel et pour la taille, comme il fait dans tous les autres lieux qui dépendent de luy.

Que le sergent dont est question a emprisonné le portier du chasteau de Berrie, qui est un pauvre homme qui n'a pour tout bien que ce que Monseigneur lui donne pour vivre.

Qu'il a exécuté les meubles et les bestiaux des mestayers qui sont logés dans la basse cour du chasteau quoyqu'ils eussent entièrement payé leurs taux.

Qu'il a fait rompre les portes et les fenestres desdites mestairies et y est entré le pistollet à la main avec une insolence qui n'a point d'exemple.

Que lorsqu'il a fait toutes ces violences, on ne luy a méfait ny médit, pour ce qu'encore qu'il abusoit du nom et de l'autorité du Roy ou respectoit l'un et l'autre.

Que, le jour qu'il se plaint d'auoir esté battu, il ne faisoit aucune fonction de sa charge, n'estant pas vray de dire qu'il fust venu à Berrie pour faire nommer des collecteurs, puisque cette nomination se deuait faire au Bas-Nueil, qui en est à plus de demie lieue.

Que Monseigneur l'ayant sceu dans sa basse cour, il le fit appeler et lui fit quelques remonstrances sur le sujet des violences et des concussions qu'il exerce journellement dans ledit lieu de Berrie, à quoy on adjouta quelques menaces de luy faire faire son procès pour le meurtre d'une femme qu'il a depuis peu tuée à coups de couteau.

Qu'il respondit à cela auec tant d'insolence et d'effronterie que Monseigneur fut contraint de luy donner quelques coups de sa canne en le chassant de sa chambre.

Sera aussy remarqué que, plus de quinze jours auparavant, Monseigneur auoit un gentilhomme à Loudun auprès de M. l'Intendant et des Receveurs, pour moyenner que lesdites paroisses fussent mises à des taux modérez et suportables, moyennant quoy mondit seigneur leur promettoit et les assuroit de faire payer lesdits taux ponctuellement de quartier en quartier, sans frais ny contraintes.

Qu'on n'a eu aucun esgard à cette proposition et qu'il ne se trouvera point de paroisses voisines qui portent des taux aprochans de ceux desdites paroisses qu'il semble qu'on ait pris à tasche d'accâbler.

On a suposé au Roy, lorsqu'on a dit qu'il n'y a point de lieux où il se trouve tant d'oposition à la levée des droits de Sa Majesté qu'en ceux qui apartiennent à Monseigneur. Le bureau des traittes foraines, celuy de l'admortissement des francs-fiefs des deniers revenans bons, de l'extinction de la chambre de justice et des taxes faittes sur les deniers d'octroy, qui sont tous establis dans la ville de Thouars et y exercent paisiblement et en toute seureté leurs commissions sont des preuves contraires à cette calomnie.

142. LE DUC D'ELBEUF AU DUC DE LA TRÉMOILLE.

Copie de la lettre de M. le duc d'Elbeuf à Monseigneur, du 25 novembre 1660.

Monsieur,

C'est auec une extrème doulleur que ma mauuaise santé m'a priué dans le séjour que j'ai fait dans cette province du plaisir et de l'honneur de vous voir. J'auois, Monsieur, toutes les enuies du monde de vous aller asseurer moy mesme de l'attachement et du respect que je veux auoir toute ma vie pour vostre maison. J'ay prié M. le marquis d'Anjo (1), un de mes chers amis, de vous en aller asseurer. Je vous demande l'honneur de vos bonnes grâces et que vous me fassiez la justice d'estre bien persuadé que je feray toute ma vie les choses qui dépendront de moy pour les méritter, estant sans nulle réserve,

Monsieur,

Vostre très humble et très obéissant serviteur,

Le duc D'ELBEUF.

De Rochefort, ce 25 novembre 1660.

---

143. LE DUC DE LA TRÉMOILLE AU DUC D'ELBEUF.

(7 *décembre* 1660.)

Le marquis de Dangeau est chargé d'exprimer au duc d'Elbeuf les sentiments d'amitié du duc de la Trémoille.

(1) De Dangeau.

144. LE BARON DE VILLARNOUL AU DUC DE LA TRÉMOILLE.

Copie de la lettre de M. le baron de Villarnoul à Monseigneur, du 12 décembre 1660.

Monseigneur,

Je n'ay peu aprendre par M. le Marquis de Dangeau ce dernier desplaisir que vous aués receu de la Cour (1), sans en conceuoir une très juste et très vive indignation, et, comme très humble et héréditaire seruiteur de Vostre Altesse et de toute la maison, j'oze la venir espandre à ses pieds, et en quelque sorte sur l'injure mesme, car je ne doute point que vostre vertu ne l'ait mise dessous eux, elle qui est si eslevée au dessus, et si exercée par le vice du siècle à surmonter ces espèces de défaveurs, veu mesmement que ceux par qui vous l'avés receu semblent desja en avoir honte et l'auoir voullu réparer; mais, Monseigneur, je ne puis m'empescher de faire icy quelque reflection sur nous qui sommes logez si bas au dessous d'elle; car que pouuons nous attendre après cela sinon que ces instrumens de la calamité publique deuiendront les plus sacrées personnes du Royaume et que ce seront autant de *noli me tangere* qui nous rongeront et nous consommeront impunément, sans qu'il nous reste mesme la liberté d'en frémir; nous ne pourons que remonter vers cette souveraine cause, qui se sert auec justice de l'injustice mesme et dont nous deuons adorer les voyes, quoyque les motifs nous en soient cachez et qu'ils soient fort esloignez des nostres. Je la prie très

(1) Ordre donné par Louis XIV au duc de la Trémoille de se rendre à Laval, pour avoir frappé de sa canne les huissiers Renou et Champion, de Loudun.

ardemment qu'elle desploye enfin ses plus fauorables effets et sur la personne de Vostre Altesse et sur toute sa très illustre maison, de qui j'ozeray me dire, auec autant de respect que de vérité,

Monseigneur,

Le très humble et très obéissant
seruiteur et vassal,

VILLARNOUL.

De vostre maison de la.....

---

145. LE DUC DE LA TRÉMOILLE AU BARON DE VILLARNOUL.

(12 *décembre* 1660.)

Remercîments pour les sentiments exprimés dans la lettre ci-dessus.

---

146. LE DUC DE LA TRÉMOILLE A LA DUCHESSE SA FEMME.

*Copie de la lettre de Monseigneur à Madame,
du 17 décembre 1660.*

J'ay receu vostre lettre du 12 et celle du Roy. La goutte qui m'a pris à la main m'enpesche de tesmoigner à Monsieur vostre frère mes ressentimens par mes lettres. J'aprouve les aduis que mon fils me donne, mais je n'ay peu préuoir ce qui n'a point d'exemple, ny d'esgard au fait et au droit, car j'ay creu maintenir celuy du Roy et de ses fermiers contre un misérable qui estant mon sujet faisoit une insolence et entreprise contre le seruice du Roy, de ses fermiers et du public ; ce qu'ils vouloient estoit fait il y avoit huict jours, et il le vouloit changer sans ordre, cependant il est creu, et moy fort mal traicté sur son raport. Je ne puis escrire dauantage, mon fils aura part à celle cy. Les honnestetez de M. d'Harcou... (1) à St Cir ont esté dans l'excès, il fut venu nous voir sans qu'il est mandé et partant pour Paris.

147. LE DUC DE LA TRÉMOILLE A L'ÉVÊQUE DE POITIERS.

(21 décembre 1660.)

Recommandation pour le sieur Leblanc, aumônier du duc.

148. CHEVREAU (DE LOUDUN) A MADEMOISELLE DE TARENTE.

Copie de la lettre de M. Cheureau à Mlle de Tarente.

A Constance, le 1ᵉʳ janvier 1661.

Il s'en faut peu, ma Princesse, que vostre silence ne soit une marque de vostre mespris, et que vous ne me regardiez comme un homme à qui vous ne devez jamais parler que pour luy ordonner de se taire. Quoy qu'il en soit je ne puis estre muet où il sagist de vostre honneur, et comme je me suis donné à vous pour toute ma vie, il n'est plus en mon choix de vous cacher ce qu'il importe que vous sachiez pour vostre intérest et pour vostre gloire. Le bruit commun est donc, ma Princesse, qu'en ces quartiers vous auez laissé un

---

(1) La fin du mot a été coupée par le relieur.

estranger qui n'est pas mal avec vous, qui a receu mesme quelques unes de vos faveurs, quoyque sa naissance vous soit inconnue, et qu'icy et partout ailleurs il ne passe que pour un voleur. Je ne say pas bien s'il est discret, mais vous aurés peine à le croire, quand je vous diray qu'il descouvre sa bonne fortune et sa passion tambour battant,

> Qu'il chante, et rechante sans cesse,
> Songeant encore à vos apas,
> Pata patapon, ma maîtresse,
> Baisez moy, ne me mordez pas.

Si c'est là une forte preuve de la discrétion de ce vert galant, j'avoue qu'il s'acquitte dignement de son devoir et que vous ne sauriez vous en plaindre sans estre injuste. Il me semble toutefois qu'un autre esclave en use pour vous d'une manière bien différente, et cet esclave dont je vous parle,

> Depuis le matin jusqu'au soir
> Et quand mesme on croit qu'il sommeille,
> Dit qu'avec une grâce à nulle autre pareille!
> Vous vous laissez tomber en voulant vous asseoir,
> Qu'en tout vous estes merveilleuse
> Et que, si vous croissez jusques à quarante ans,
> Vous deviendrez avec le temps
> Quatre fois plus grande qu'Olbreuse (1),
> Qui sans doute s'affligera
> Lorsqu'en quinze ou vingt mois vous l'aurez attrapée,
> Et qui peut estre enragera
> De ne passer un jour que pour vostre poupée.

(1) Eléonore Desmier d'Olbreuse, fille d'Alexandre, seigneur d'Olbreuse, près Niort, seconde dame d'honneur de Marie de la Tour, duchesse de la Trémoille, épousa, en 1664, Georges-Guillaume, duc de Brunswick-Zell. Chevreau fait allusion à sa taille. Eléonore était en effet grande et de plus d'une beauté remarquable. Ses descendants occupent aujourd'hui les trônes d'Angleterre et de Prusse.

CORRESPONDANCE

Il croit qu'alors vous regarderez tout le monde de haut en bas, et c'est en partie sur ce fondement et en partie sur vostre horoscope, qu'il se promet que vous serez la plus grande princesse de la terre. Au reste il n'est presque plus reconnaissable depuis vostre absence, et, comme il ne trouve rien de plus charmant que vos yeux, il ne peut souffrir que les objets qui luy en représentent la couleur :

D'un crespe fin sa chambre est tapissée
Et l'ebeine est le bois dont elle est lambrissée;
D'un chagrin vif chaque siége est couvert
Et c'est un More qui le sert;
Il s'est vestu d'un long drap mortuaire
Et le noir de fumée est sa poudre ordinaire;
D'une luisante poix on luy fait des flambeaux;
Il nourrissoit des chats, il nourrit des corbeaux;
Le charbon est le pain qui luy tombe en partage;
L'encre, dont il escrit, est l'unique breuvage
Qui l'humecte soir et matin,
Et dans ce lugubre équipage
On dit partout que son visage
Est du moins aussy noir que celuy de Martin,
Ouy de Martin qui, comme chacun sait,
Est plus noir que la cheminée,
Qui pourtant a l'honneur de vous voir à souhait
Et qui flatte sa destinée
Tantost dun macaron tantost dun massepain,
Qu'il reçoit chaque jour de vostre belle main.
Cependant s'il vous prend envie
De connoistre le malheureux
Qui meine une si triste vie,
Qui vous fait l'objet de ses vœux,
Qui pleure et qui gémit sans cesse,
Vous l'allez savoir, ma Princesse,
Hélas! c'est le Beau Ténébreux.

149. LE DUC DE LA TRÉMOILLE A M. DE LAROCHEGUION, GRAND VICAIRE A POITIERS.

(3 *janvier* 1661.)

Remercîments pour les bons offices rendus au sieur Leblanc, aumônier du duc, en mission à l'évêché de Poitiers.

---

150. LE DUC DE LA TRÉMOILLE A M. DE TURENNE.

(7 *janvier* 1661.)

Remercîments pour *les marques de sa bonne volonté* à l'égard du duc. (Il s'agit sans doute de démarches pour obtenir sa grâce.)

---

151. LE DUC DE LA TRÉMOILLE AU PRINCE DE PORTUGAL.

(7 *janvier* 1661.)

Compliments de condoléance pour la mort du prince de Portugal, son père.

---

152. LE DUC DE LA TRÉMOILLE A LA PRINCESSE DE PORTUGAL.

(7 *janvier* 1661.)

Compliments de condoléance au sujet de la mort du prince de Portugal, son mari.

153. MADEMOISELLE D'ORLÉANS AU DUC DE LA TRÉMOILLE.

Copie de la lettre de Mademoiselle d'Orléans à Monseigneur, du 30ᵉ décembre 1660.

Monsieur mon cousin,

J'ay esté priée, par des personnes qui me sont en une particulière considération, de vous demander vostre protection pour le sieur du Bardet, pour la prise de possession d'une maladerie dans Thouars de laquelle il a esté pourueu; je vous seray bien obligée de le vouloir en cela appuyer de vostre authorité et de luy vouloir estre fauorable en toutes choses; je me promets que vous aurez cette bonté pour moy et que vous me ferés la justice d'estre persuadé que je suis...

---

154. LE DUC DE LA TRÉMOILLE AU PROCUREUR GÉNÉRAL DE BRETAGNE.

Copie de la lettre de Monseigneur à M. le Procureur général de Bretagne, du 17 janvier 1661.

Monsieur,

La goute, dont j'ay esté travaillé depuis un mois, mel aisse encore tant de foiblesse et d'incommodité à la main, que je suis obligé de me servir de celle de mon secrétaire, pour me ramentevoir en vostre souvenir, et pour vous demander en mesme temps une nouuelle marque de l'affection dont vous m'avez donné tant de tesmoignages et tant d'assurances. J'ay apris que quelques personnes mal intentionnées pour M. le marquis de Dangeau luy veullent faire une affaire d'un petit desmeslé qu'on dit qu'il eut dernièrement en Bretagne, et que mesmes vous aués receu ordre du Roy d'en faire informer. Je croy la chose si légère que, pour peu que vous aiés agréable de favoriser sa justification, elle ne luy donnera point de peine; c'est une personne de beaucoup de mérite, que j'afectionne et que je considère fort, et je say que vous estes esgalement généreux et bon amy ; c'est pourquoy je ne doute point que vous ne preniés plaisir à l'obliger en ce rencontre, autant à cause de luy mesme, que pour luy faire connoistre que mes recommandations ne sont pas inutiles vers vous; je vous en suplie de toutes mes affections, et vous assure que je vous auray les dernières obligations des faveurs qu'il recevra de vous, et que, comme j'ay cette afaire fort à cœur, je recevray auec une extrème joye les occasions de vous en tesmoigner mes ressentiments par mes services, et combien je suis,....

155. TURENNE AU DUC DE LA TRÉMOILLE.

Copie de la lettre de Monsieur de Turenne à Monseigneur, du 15 janvier 1661.

Monsieur,

J'ay receu la lettre que vous m'auez fait l'honneur de m'escrire et je vous asseure que, si j'avois plus que je n'ay celuy d'estre cogneu de vous, que vous seriés bien persuadé que je souhaitte beaucoup d'auoir part en vos bonnes grâces. Je souhaitterois, Monsieur, de pouuoir estre en estat de vous tesmoigner combien je vous honore et toutes mes actions vous feront cognoistre cette vérité là. Je suis bien fâché de n'auoir pas pu auoir l'honneur de vous aller voir à Thouars en passant et de ne vous y auoir peu asseurer que personne n'est auec plus de respect et de vérité que moy,

   Monsieur,

     Vostre très humble et très obéissant frère et seruiteur.

---

156. LE DUC DE LA TRÉMOILLE AU MARQUIS DE DANGEAU.

Copie de la lettre de Monseigneur à Monsieur le marquis de Danjaux, du 10ᵉ feurier 1664.

Monsieur,

Je vous envoye ce laquais pour vous porter la responce que Monsieur de la Bedoiere m'a fait en l'absence de Monsieur le procureur général, son fils. Je souhaite que ses avis soient inutiles et que vostre affaire terminée je puisse en une autre rencontre vous rendre des seruices égaux à mon affection, puis que je vous suis très fidellement acquis. Vous trouverés bon, s'il vous plaît, que je me sois serui de cette manière de vous escrire par mémoire et d'en user de mesme. Vous trouverés si-joint l'extrait d'une lettre escrite de Rennes et me permettrés d'assurer icy Monsieur de Villarnou de mes services.

---

157. LE DUC DE LA TRÉMOILLE A M. DE SURMAINE.

Copie de la lettre de Monseigneur à Monsieur de Surmaine.

Bien que j'eusse attendu de receuoir une lettre de vous aussytost vostre arriuée à Paris, je ne laisse de la receuoir comme une marque de vostre affection et d'en attendre des preuues en l'affaire dont vous auez entrepris la conduitte. J'espère qu'après tant de longueurs on nous rendra justice et qu'en la receuant par vos soins j'auray d'autant plus de sujet de les recognoistre, dont j'ay désiré par ces lignes vous donner de nouuelles asseurances.

---

158. LASCARIS (1), GRAND MAITRE DE L'ORDRE DE MALTE, AUX ÉTATS GÉNÉRAUX DES PROVINCES UNIES DES PAYS-BAS.

Copies de deux lettres aux estats généraux des Provinces vnies des Païs Bas, par le grand maistre de Malthe, sur la restitution que cet ordre leur demande des biens qui luy appartiennent dans lesdites Provinces.

Messieurs,

Les liens d'amitié sont trop saints pour estre légèrement rompus, et l'utilité qu'elle apporte au monde est trop grande pour n'en pas maintenir irrévocablement les contracts. Nous aurions, Messieurs, un sensible desplaisir si les infidelles d'Afrique et d'Asie, qui sont les ennemis communs du nom chrestien, se pouuoient resjouir de nous voir désunis d'affection auec vos très puissantes et très illustres Seigneuries, et que les habitans de l'Europe eussent lieu de soupçonner que la cause en provient de nous. Dieu qui seconde (sonde) les cœurs et venge, tost ou tard, les infidélitez, nous est tesmoin

---

(1) Paul Lascaris étant mort en 1657, le 14 août, cette lettre et la suivante sont loin d'être placées, dans le registre de correspondance, à leur ordre de date.

que, bien loin d'estimer peu vostre bien-veillance, nostre Ordre a fait, jusques à présent, tout ce qui s'est pu pour la cultiver, non seulement par le bon accueil que nous avons tousjours fait à vos sujets, trafiquans en ces mers, leur administrant amiablement toutes sortes de commodités de viures, de munitions de guerre, et autres choses nécessaires pour radouber leurs vaisseaux, mais, mesmes, en recevant leurs malades dans nostre infirmerie, et les soignant de la mesme façon et avec la mesme charité dont on traite nos propres chevaliers. Ce n'est point par reproche ce que nous disons, Messieurs : au contraire, nous sommes tant plus aises de leur rendre ces bons offices, qu'en cela nous satisfaisons tout ensemble, aux fonctions de notre louable institut et aux lois d'une véritable amitié, qui nous fait rencontrer une joye toute particullière, quand, parmi les esclaves que nos galères retirent souvent de la main des Turcs, nous y trouuons des natifs de vos généreuses provinces, pour leur rendre la liberté que vos peuples ont toujours eüe plus chere que toutes les autres nations du monde.

Mais, nous faisons volontiers souvenir vos très puissantes et très illustres Seigneuries de tous ces bons seruices, pour leur faire avouër que nous méritons bien un traitement pareil dans le païs de vostre domination et d'y jouir des priuilèges de franchise et de liberté, que vous accordés à toutes les nations qui y abordent et qui s'y establissent, par possession des biens et des revenus, tout ainsi que vos naturels habitans et sujets. Sera-t-il bien possible, Messieurs, que vostre non moins équitable que prudent sénat agisse plus rigoureusement avec nous qu'avec tous les autres estrangers, et nous exclue, non seulement de pouuoir, comme vos autres amis, quérir les (acquérir des) possessions dans vos prouinces, mais qui est beaucoup pis, nous dépouille sans légitime sujet, de ce que nous y avons pacifiquement possédé tant de temps? S'il vous plait de considérer l'exemple de quantité de provinces d'Allemagne, avec les vaisseaux de qui nous n'avons presque aucune occasion de commodité de commerce, vous confesserés, Messieurs, qu'un Ordre composé de gentilshommes et de cavaliers de toutes les nations de l'Europe et dont les exploits glorieux d'une brave et sainte milice l'ont, durant l'espace de cinq siècles, rendu fameux et vénérable autant qu'utile à toute la chrestienté, et toujours redoutable à ses ennemis, mérite bien que vos très puissantes et très illustres Seigneuries le regardent d'un autre œil que le reste des Ordres qui portent le titre de Religieux; en laissant perceuoir à nostre commun trésor les fruits qu'il exige de ses bailliages et commanderies, pour les employer aux exercices de l'hospitalité et d'une sainte guerre, vous accordiés une pacifique jouissance du reste du revenu aux nobles chevaliers de la langue d'Allemagne, aux illustres faits d'armes et vertus desquels nous donnerons pour toute leur vie cette récompense d'honneur après de longues fatigues et une infinité de dangers, ausquels ils se sont généreusement exposez pour la cause de Dieu et le bien commun de la chrestienté. Nous avons ci deuant souvent tasché, Messieurs, de vous représenter ces motifs, qui auroient sans doute fait une deüe impression dans vos esprits, si quelque démon ennemi de la bonne union, qui a si long temps esté conservée entre nous, n'avoit tousjours destourné vos très puissantes et très illustres Seigneuries de les escouter et d'y réfléchir selon vos hautes prudences; mais, maintenant qu'après la tempeste d'une si longue guerre, vos provinces jouissent de l'agréable calme de la paix, nous espérons que cet heureux temps favorisera, d'autant plus, les justes demandes que nous vous faisons, d'estre par vous réintegrés dans nostre bailliage d'Utrecht, commanderies d'Haerlem et autres biens scitüez dans vostre estat, que nous en auons donné l'investiture à Monsieur le Prince landgrave, grand prieur d'Allemagne, dont les propres mérites et les hautes qualitez que lui attribüe sa très illustre naissance, ne sont pas inconnues à vos très puissantes et très illustres Seigneuries. Je vous conjure, Messieurs, au nom de tout mon Ordre, qui est bien digne d'estre écouté et aimé, de les avoir en égard, et de nous tesmoigner, par une juste et prompte restitution de ce qui nous appartient, que vous n'estes pas moins désireux que nous d'un bon maintien de nostre ancienne union et amitié, laquelle je ne saurois voir altérée sans en concevoir, en mon particullier, un sensible regret, parceque j'ay tousjours esté d'un véritable cœur et par une inclination spéciale,

Vostre très affectionné ami et serviteur,

Le grand Maistre,

LASCARIS.

159. LE GRAND MAITRE DE L'ORDRE DE MALTE (1) AUX ÉTATS GÉNÉRAUX DES PROVINCES UNIES DES PAYS-BAS.

Messieurs,

Encor que nos instances, si souvent réiterées pour réintegrer mon ordre dans ses biens, scituez dans vos pro-

---

(1) Paul Lascaris a régné depuis 1636 jusqu'au 14 août 1657, époque de sa mort. Le fait historique auquel se réfèrent ces deux lettres n'est pas mentionné dans les trois histoires modernes de l'Ordre. Elles sont certainement inédites. Les possessions de l'Ordre dans toutes les régions de l'ancienne Allemagne ont été en péril ou perdues depuis les progrès de la Réforme.

uinces, n'eussent pas esté si justement, comme elles sont, fondées en un droit tout manifeste, nous aurions pourtant dû espérer que vos très puissantes et très illustres Seigneuries eussent, pour le moins, eu égard au mérite de la longue persévérance et de nostre modération à n'employer durant si longues années que de très affectueuses prières, et toutes pleines de bons seruices très utiles aux marchands vos sujets, qui navigent ou trafiquent en ces mers ; nous aurions, dis-je, dû nous promettre, par ces deux seules raisons, d'obtenir de vos très puissantes et très illustres Seigneuries, une restitution de ce que, contre toute sorte de droit divin et humain, on usurpe dans vostre Estat, sans aucune légitime apparance de raison et par un pur effect de violence à un Ordre qui jusques ici n'a recognu d'ennemis que ceux qui le sont du nom chrestien, et lequel, par un institut aussi digne de louange et d'admiration, comme il est généreux dans ses emplois et illustres par ses belles actions, fait gratuitement et sans aucune récompense que celle que la vertu pratiquée donne aux braues courages, une continuelle infusion de tout son vaillant, des fatigues, du sang et de la vie de ses nobles enfans, pour le bien et le seruice de quiconque s'avoüe serviteur de Dieu, régénéré au sang de Jésus-Christ.

Ce n'est point par vanité, Messieurs, que nous nous attribuons ces louanges : toutes les nations de l'Europe publient à haute voix les obligations qu'elles ont aux faits héroïques de nos devanciers, de la vertu militaire desquels le monde voit grâces à Dieu que nous n'avons point dégé-

---

Le landgrave grand prieur d'Allemagne était de la maison de Hesse-Darmstadt. Il s'appelait Frédéric. Il est né en 1616, et s'est fait catholique en 1637. Son grand prieuré a commencé après 1640. Il a été évêque, cardinal, ambassadeur, amiral, général des galères de la religion. Il est mort en 1682. (Note due à l'obligeance de M. Gustave Bardy.)

néré. Les Roys et les monarques plus augustes ne le dénient pas, et nos ennemis sont forcéz de l'aduoüer.

Et que, si les forces temporelles de mon Ordre correspondoyent au courage de ses nobles enfans, l'infidélité du mahométisme seroit bientost réprimée et la puissance du Turc ne seroit si préjudiciable à la chrestienté.

Nous désirons, Messieurs, éternellement persister dans le dessein de n'employer que contre ces impies la valeur guerriere de nos cheualiers : cela est très certain.

Mais, aussi, faut il avoüer ingénument qu'après une longue patience, qui nous a fait durant tant d'années postposer nos intérests à la conseruation de vostre amitié, il est à craindre que des courages nourris dans les armes ne s'eschauffent enfin à se défendre de qui leur fait injure, et à vanger l'injuste mépris qu'on fait d'eux.

Et comme nos cheualiers sont accoustumés à affronter, sans craintes, les plus grands périls, et à brauer la mort, on ne doit douter que ceux qui se trouvent, sous autre prétexte, les armes en main, et sous autre estendart que le nostre, sans prendre ordre ni règle de ceux qui ont droit de leur commander, ne se prévalent d'eux-mesmes des occasions qui se rencontrent quelquefois à l'impourveu de faire des représailles.

Ci devant, nostre modestie a bien dû estre connüe par vos très puissantes et très illustres Seigneuries, qui ont veu qu'encor que maltraitez dans la détention de plus de quarante mille escus de revenu, qui unis ensemble monteroient maintenant à plusieurs millions, nous n'avons jamais voulu nous servir du droit naturel et des gens, de compenser nos pertes par les voyes que nous auons si souvent eües en main sans coup férir.

Mais, après tout, Messieurs, je suis obligé de vous dire

que mon Ordre se lasse enfin de la froideur dont vous recevés nos plus civiles demandes et du mépris que vous tesmoignez auoir pour tout ce qui vous est présenté de nostre part, sans rien dire du rebut injurieux, que quelques usurpateurs intéressez d'entre vos sujets vous ont persuadé de faire à un ambassadeur que nous députasmes vers vous, il n'y a pas longtemps, contre la pratique et l'usage des plus grands princes, non seullement chrestiens, lesquels ont en leurs cours nos résidens avec titre et poste d'ambassadeurs ordinaires, mais mesmes du Turc et du Persan, qui autres fois ont honorablement admis nos ambassadeurs et n'ont pas desdaigné d'en envoyer à nos devanciers, pour traiter amiablement avec eux, selon l'exigence du temps et des affaires. Pour moy, j'ay jugé, ainsi que les plus modérez d'entre nous, que ce n'est pas ni par auersion ni par mépris que vous ne respondés point à nos lettres, et que vous déniates, ces années dernières, l'audience à nostre ambassadeur, mais plustost nous persuadons nous que, vaincus par les importunes sollicitations des occupateurs de nostre bien, n'ayans encor pû vous résoudre à aucune restitution, et connoissans bien d'ailleurs le tort qu'on nous fait, vous aimez mieux supprimer vos responses, que de nous en donner qui ne soient fondées en raisons. Je ne puis trouver d'autre cause que celle là, pour servir d'espécieuse excuse à votre silence, ensuitte de la dernière lettre que Monsieur le Prince landgrave, grand prieur d'Allemagne, vous a fait présenter.

Mais comme mon Ordre ne s'en satisfait pas, on m'a chargé, Messieurs, de vous réitérer encore une fois, la prière que je vous faisois pour lors, de vous demander une finale résolution à nos instances, afin que nous cognoissions si véritablement l'occupation de nos biens est un effet de l'injuste avidité de quelques particulliers, ou si elle est déterminément authorisée par les voix communes de vostre sénat, lequel nous avons tousjours estimé trop juste, trop prudent et généreux, pour appuyer une si mauvaise action, qui, tost ou tard, attirera sur vostre Estat l'ire de Dieu, vangeur de l'injuste rupture des alliances, du tort qui se fait aux pauvres et aux oppressez, au soulagement desquels nous consacrons nostre substance, nos moyens, et nos vies. Je conjure de tout mon cœur vos très puissantes et très illustres Seigneuries de mettre, aux pieds de vostre équitable balance, les oppositions frivoles de nos adversaires et la justice de nos réclamations, et vous prie encor une fois, très affectueusement, que la prudence de vostre très sage sénat, qui s'est acquis tant d'éclat par ses généreuses actions, considère avec une düe refflection si un revenu de quarante à cinquante mille escus, dont peu de particulliers seulement s'esjouissent par une usurpation violente, doit vous estre plus cher que l'amitié d'un Ordre, qui, par le trauail continuel qu'il prend à tenir le commerce en cette mer libre, sauve tous les ans des millions à vostre Estat et à vos peuples.

Je scay, Messieurs, que je passe les termes d'une juste lettre, mais je n'allègue pas encor la moitié des motifs que j'aurois à vous dire et que j'alléguerois volontiers, si un véritable désir que j'ay de cimenter une éternelle union d'amitié entre vostre république et nostre Ordre, ne me faisoit supprimer beaucoup de choses qui pourroient, par des esprits mal intentionnés, estre expliquées d'un sens trop crud.

Je me contente de vous dire que Monsieur le Prince landgrave, immédiatement intéressé au recouurement des biens que nous répétons, mérite bien que vous ayez esgart à sa grande naissance, et au pouuoir de sa très illustre maison ; à quoy j'adjouste, pour conclusion, qu'après luy des gentilshommes nais dans vos provinces, qui, peut estre, durant la paix dont vous jouissez à present, auroyent désir de se faire receuoir chevaliers parmi nous, ou autres nobles Allemans que vous ne chérissés pas moins, à cause des bons seruices rendus à vostre Estat, que s'ils estoient vos sujets naturels, peuvent venir un jour au tour de leur ancienneté à la possession du bailliage d'Utrecht, commanderies et autres possessions occupées, que nostre Ordre redemande aujourd'huy avec tant de justice à vos très puissantes et illustres seigneuries; desquelles espérant en bref une favorable response, nous continuerons tousjours de rendre à vos compatriotes nos accoutumées marques de bienveillance et confédération ancienne, et, en mon particullier, je demeureray constament, s'il vous plaist,

Messieurs,

Vostre très affectionné ami et seruiteur,
Le grand Maistre,

LASCARIS.

---

160. URBAIN CHEVREAU AU DUC DE LA TRÉMOILLE.

On est en fort grande sureté, Monsieur, quand on est dans vostre mémoire ; et, quoy que vous ne deviés m'y trouver que parmy vos redeuables, il m'importe peu de quelle manière je m'y rencontre, par ce que j'y veux estre à quelque prix que ce soit, et qu'aussi bien vous ne vous souvenez des absens que pour les honorer des marques de vostre amitié. Ne doutez point que je ne sois tres sensible à la dernière que je viens de recevoir, et que la demande que vous me faites de quelqu'un de mes ouurages, pour le Térence que vous m'avez acheté, ne me tienne lieu d'une double debte. Il n'y a pas encore longtemps qu'on faisoit dans le nouveau monde un eschange presque pareil, et vous savez qu'on y donnoit de l'or et des diamants pour du fer et pour du verre. Comme vous connoissez parfaitement le prix des choses, il est croyable, Monsieur, que vous ne vous souciez pas beaucoup de perdre, et c'est par cette raison que je ne me sens point obligé en conscience de vous découvrir le profit que je tire de vostre commerce. Pour l'entretenir mesmes plus seurement, trouuez bon que je ne vous envoye rien de ce que vous me demandez, et soufrez que je vous proteste sincèrement que je n'ay plus de fausse monnoye dans mon cabinet, ou, pour parler sans figure, que je n'ay pas un livre de ma façon. Plust à Dieu que ceux que j'ay mis au jour eussent eu il y a longtemps la destinée de Popiel qui fut mangé par les rats (1) ! qu'on pust icy rencontrer de cette graine que prenoit tous les jours Sélim, fils de Bajazeth, qui oste, selon nos historiens, la mémoire des choses facheuses, ou qu'à tout le moins je pusse dire avec un de vos bons amis de l'antiquité

(2) *Et mihi dulcis*
. . . . *vultus amici.*

Mais il me semble qu'en quelque endroit de l'Odyssée, Homère ne met point de différence entre les jeunes gens et

---

(1) Popiel était un roi de Pologne qui vivait au IXe siècle. On dit qu'il fut mangé par les rats.
(2) Le relieur a coupé la moitié de la citation.

les fous, et je me souviens d'avoir oui dire à quelqu'un que pour estre sage il faloit avoir besoin de lunettes. Si vous estes pourtant d'humeur à me donner terme, je vous avertis qu'au premier jour on imprimera mes Remarques sur Malherbe avec un grand nombre d'additions qui n'ont pas depleu aux maistres, et pourveu que je n'en sois point la deupe je vous envoieray quelque chose de plus supportable que les emportemens de ma jeunesse. Je fais moins de chemin que je n'en faisois, mais je me trompe si mes pas ne sont plus réglez, et si mes desmarches d'aujourd'huy ne valent mieux que mes courçes du temps passé ; ayés donc, s'il vous plaist, Monsieur, la bonté d'attendre encore ce que vous me demandez d'une manière si obligeante, et n'expliquez mal ce retardement, puis que j'ai dessein de m'aquitter, et qu'il n'est point de moyen plus seur pour empescher d'estre insolvable.

---

161. URBAIN CHEVREAU A ALEXANDRE MORUS.

Viro clarissimo Alexandro Moro S. P. D. urbanus Cheureau.

Promiseras, More clarissime, te, si quando in urbem peruenisses, statim ad me scripturum, id que promiseras donec gratus eram tibi ; sed illud nimis, ah ! nimis verum experior

πάντων μὲν κόρος ἐστὶ καὶ ὕπνου καὶ φιλότητος.

Atque adeo pœne in eo fui, ut illud solenne exclamarem ubi fides? Sed graue muneris tui onus, sed studia acrius repetita, sed alternata officiorum necessitas, et sexcenta alia, queis modo adueniens obrueris, tempora, quorum uel particulam aliquam nobis seponere poteras, tibi subducunt et somnum faciunt fortasse breuiorem. Neque vero recusarim; quem isti, qui nunc te pernices partiuntur, tam diutinam absentiam, quæ te ipsis eripuerat, ne nos tuo modo ulciscantur, et acre tui desiderium uel malo etiam nostro expleant : otiose itaque, ac secure fruantur docto illo tuo congressu; pretiosas illas animæ atque ingenii opes, queis, ex abitu tuo caremus, colligant, condant. Sed istis tamen quibus bonæ felicitates adeo amicæ sunt et propitiæ, tam fausta ac lœta ideo precemur; quod et te amant, et illos propter te amamus. Si quid in iis certe æquitatis erit, hoc fortasse meminerint, si nobis ejus boni usum, quod publicum sit, invidere, qui et doctum illud et amabile litterarum tuum commercium nobis invideant. Ubi te sera tandem libertas respexerit intricatum que expedierit, tu fortasse et nostri recordabere, absentem que amiculum respicies. Si tamen erit, mihi ut ne rescribere possis, non ideo fiet ut meo in te studio quidquam decesserit, et qui te ante etiam amau... (1) quam ad me scripsisses, idem ego te silentem amabo, sed hoc parum est, More clarissime, silentem venerabo.

Vale. Lauduni nonis maii A. D. MDCLX.

(1) Mot coupé par le relieur.

162. LOUIS XIV AU ROI D'ESPAGNE.

Copie de la lettre du Roy, au Roy d'Espagne (1), *sur la mort du Cardinal Mazarin* (2).

Monsieur, frère, oncle et beaupère, le mesme jour que Dieu m'a visité par l'une des plus grandes afflictions que je fusse capable de ressentir, ayant appellé à soy mon cousin le Cardinal Mazarin, je prens la plume pour donner part à Vostre Majesté de la perte que je viens de faire d'un si digne et si fidelle ministre. J'ai pensé mesme trouuer quelque soulagement à l'excès de ma douleur en la déposant dans le sein de Vostre Majesté, que je say qui aura la bonté de compatir et de donner quelque regret à la mémoire d'une personne que Vostre Majesté a honoré de son estime et qui a d'ailleurs eu des sincères intentions et la bonne fortune de contribuer si notablement à la réunion de nos cœurs et de nos Estats, au repos de la chrestienté et au bonheur d'un mariage qui fait toute la douceur de ma vie. La seule consolation dont je suis présentement capable c'est que je puis dire à Vostre Majesté qu'il est mort dans de tels sentimens de religion, de piété et de repentance de ses fautes, que je puis espérer de la bonté divine qu'elle lui a desjà donné la récompence de ses trauaux. Je say que Vostre Majesté qui l'aymoit aura quelque satisfaction dans ce malheur d'estre informée de cette circonstance qui le peut adoucir, et je ne dois obmettre à la louange de mondit cousin qu'un des derniers conseils qu'il s'est le plus apliqué à me donner,

---

(1) Philippe IV.
(2) Mazarin est mort dans la nuit du 8 au 9 mars 1661.

mesme pendant la plus grande violence de son mal, a esté non seulement d'entretenir la paix, à quoy il savoit que je n'avois pas besoin d'estre incité, mais d'estendre de plus en plus, s'il est possible, les nœuds de nostre amitié et de nostre union, en sorte que le public soit très persuadé qu'elle est sincèrement indissoluble et que, par ce moyen, nos couronnes, outre leur propre force, ayent encore chacune la considération de l'autre par cette intime union de conseil et d'intérest, à quoy j'assure à Vostre Majesté que j'ay de ma part toute la disposition possible. Je laisse à la Reyne d'escrire à Vostre Majesté une nouvelle d'une nature bien différente au sujet de cette lettre, parce que je n'oze pas entièrement me flater d'un bien que je souhaitte infiniment (1). Si nos soupçons se trouvent à la fin véritables je le recognoistray comme un bien signalé de la bonté divine qui, voulant m'afliger sensiblement d'une manière, a eu soin dans la mesme conjoncture de m'accorder ce que je pouvois le plus ardamment désirer. J'escrirois plus souvent à Vostre Majesté si la Reyne n'y supléoit par les complimens qu'elle se charge de temps en temps de luy faire de ma part.

Je suis

Bon frère, nepveu, et gendre de Vostre Majesté.

A Paris ce 9ᵉ mars 1661.

(1) La grossesse de Marie-Thérèse, qui accoucha du grand Dauphin le 1ᵉʳ novembre suivant.

163. M. PELLOT A LA PRINCESSE DE TARENTE.

Copie de la lettre de M. Pellot, intendant des provinces de Poictou, A. et X., à Madame la Princesse.

A Poictiers, ce 23 auril.

Il faut, Madame, se contanter de ce que vous pouuez donner. Ce n'est pas qu'un jour qui a l'advantage de vostre présence ne soit bien précieux et ne soit un grand présent, mais il s'écoule bien vite et c'est avoir une vie bien belle et bien heureuse, mais qui est aussy bien courte; je croirai la mienne bien employée quand j'aurai pu faire paroistre le zelle et le respect avec lesquels je suis aquis entièrement à V. A.

---

164. LE DUC DE LA TRÉMOILLE A M. DE HAUCONTE.

(27 mai 1661.)

Prière d'accorder au sieur de Saint-Jean l'emploi de commis à cheval des aides en l'élection de Laval.

---

165. URBAIN CHEVREAU AU DUC DE LA TRÉMOILLE.

Lettre de M. Chevreau à Monseigneur.

Monseigneur,

Ce n'est que depuis trois ou quatre jours que j'ai appris en quel danger avoit esté V. A.; et j'auoüe que j'aurois de la peine à dire si j'ay esté plus affligé de sa maladie que resjouy de sa guérison. Il est vray pourtant que j'ayme assez mon repos pour ne réfléchir aujourd'huy que sur ce qui peut faire ma joye, et que, pour la gouster mesme toute pure, je ne dois plus songer qu'au restablissement de vostre santé. Il ne me suffit pas, Monseigneur, d'en jouir d'une parfaitte, pour estre heureux ; tant que celle de V. A. ne sera pas bien confirmée, en quelque estat que je sois, je seray tousjours à plaindre. Mais on vient de m'assurer que Dieu vous avoit rendu vos premières forces, pour nous tesmoigner sa miséricorde, et je me trouue d'autant plus obligé de la reconnoistre et de la bénir en mon particullier, que j'en ay tous les jours des marques visibles, et que je suis auec un respect extraordinaire.....

---

166. LE DUC DE LA TRÉMOILLE A URBAIN CHEVREAU.

Responce de Monseigneur à M. Chevreau.

Je ne saurois mieux vous tesmoigner le ressentiment que j'ay de vos soins qu'en vous assurant qu'ils soulagent mes maux et affermissent une santé fort esbranlée. J'espère que le temps plus que les remèdes la rétabliront, mais j'atends tout de la miséricorde de Dieu, qui m'a comme redonné une segonde vie ; je le prie que ce soit pour sa gloire et le seruice de mes amis. Je suis trop persuadé que vous en estes du nombre pour ne pas faire de scrupule de vous redire que je suis à vous de tout mon cœur, puisque vous n'en pouvés douter sans me faire injustice.

*Billet ajousté
à cette lettre.*

Vostre depesche au blanc accroit mes obligations ; je ne

saurois vous exprimer combien la lettre de *la lettre* m'a pleu. L'invention, la netteté, la force et la douceur me laissent en doute de ce qui la rend plus belle et plus achevée, mais elle a aussy pour auteur celuy que j'estime le plus.

---

167. LE DUC DE LA TRÉMOILLE AU CHAPITRE DE MAILLEZAIS.

Copie de la lettre de Monseigneur à MM. du chapitre de Maillezay, du 3ᵉ juillet 1661.

Messieurs,

Je ne préviendrois pas le choix que vous avés à faire d'un prédicateur pour prescher en ma ville de Mauléon (1) l'avant et le caresme prochain, si je n'estois bien persuadé que le P. Jouslain, que j'ay à vous proposer pour cella, est une personne fort capable de remplir dignement cette place, et qui je m'asseure ne vous sera pas désagréable ; la connoissance que j'ay de sa piété et de sa doctrine et la confiance particullière que je prens en luy, me convient à vous faire cette suplication en sa faveur ; sy vous luy en accordés l'effet, je vous en seray très obligé et je receuray auec beaucoup de joye les occasions qui se présenteront de vous en tesmoigner ma reconnoissance et combien je suis

Vostre plus humble

et très affectionné seruiteur.

(1) Mauléon est maintenant Châtillon-sur-Sèvre.

168. LETTRE DE CHEVREAU.

*C'est la lettre même qui est censée écrite et qui se plaint
d'être remplacée par le billet.*

Madame,

Souffrez, s'il vous plaist, que je vous escrive, après vous avoir fait si souvant escrire, et que je me plaigne à vous, comme à la personne du monde qui me traitte le plus délicatement et qui ne craint pas quelques fois de me confier son secret. Peu de gens ignorent de quel usage je suis dans le commerce de la vie civile ; et sans vanité je croy pouuoir dire qu'une lettre de noblesse, d'abolition, de crédit, d'avis ou de change, n'est pas une lettre à mépriser. Je scay mesmes qu'en d'autres occasions on me rend justice, quand on s'escrie que je suis belle, admirable ; qu'en certains temps il y en a qui m'attendent avec une impatience que je n'oserois vous exprimer, qui protestent sincèrement qu'ils donneroient tout pour m'avoir et qui aymeroient autant mourir que de me perdre après m'avoir veüe. Il est vray que mon pouvoir est plus borné de ce costé là qu'il ne l'estoit autres fois ; qu'en beaucoup de lieux, le Billet, qui s'est mis en règne, m'a osté jusques à mon nom, après auoir remontré que j'estois trop formaliste et trop dificille ; qu'il n'estoit rien de plus commode, de plus libre, ny de plus aisé que luy, et que, ne manquant point de tomber de haut en bas, j'auois tousjours besoin de Monsieur, de Mademoiselle, ou de Madame, pour commancer, et de seruiteur ou de seruante, pour conclure. Mais, comme ces reproches me sont glorieux, je ne me deffendray point d'estre concertée, civile et respectueuse, de rendre aux personnes de condition ce qui leur est deu, et de m'en tenir à la bienséance et à la coustume. Ce n'est donc, Madame, ny des reproches, ni de l'usurpation du Billet que je me plains, ce n'est que de la manière dont je me voy traittée aujourd'huy presque partout ou je me rencontre. On me trouve tantost trop longue et tantost trop courte. Les uns assurent que je suis sèche, ennuyeuse, ou que je n'ay pas le sens commun, (j'avoüe que je ne suis jamais plus sotte que quand je me mesle de consolation), et les autres, pour adjouster la cruauté au mépris, disent que je ne suis bonne qu'à déchirer ou à mettre au feu. Il me semble que c'est une chose assez estrange et assez bizarre, qu'estant faitte simplement pour estre l'interprète des pensées d'autruy, je devienne responsable de leur deffaut et de leur confusion, et que devant rendre en mesme nature ce que l'on me preste, on me demande ce que je n'ay point receu. Dans le malheur où je suis réduitte, c'est de vous, Madame, que j'attends mon restablissement et ma gloire, puisqu'il est non seulement en vostre pouvoir d'empescher les plus critiques de me trouver ridicule, mais que vous estes encore la seulle aujourdhuy qui puissiez faire de moy une lettre d'importance. Vous scavez par quel secret je suis capable de persuader ou de plaire, en quelle rencontre m'est nécessaire la délicatesse ou la force, de quelle façon je dois estre embellie, ou negligée, quand je dois faire l'enjouée ou la sérieuse. Ce qui me rend belle vous couste mesmes si peu que les plus grands maistres en sont estonnez; et, si je ne pouvois me faire valoir sans vous donner de la peine, j'aimerois encore mieux estre méprisée que de vous estre incommode. Mais en vous divertissant, vous m'avez des-ja mise en si haute estime, qu'il n'est point de gloire, qui ait egalé la mienne partout où vous m'avez presté vostre nom.

Continuez moy donc, s'il vous plaist, les grâces que vous m'avez faittes, et puis qu'il ne vous est rien de plus aisé que de me donner les choses dont j'ay besoin pour estre considérée, et qu'il ne vous a pas esté dés-avantageux de m'avoir rendue vostre redeuable, achevez d'honnorer de vos faveurs,

Madame,

Vostre très fidelle et très obligée servante, La Lettre.

---

169. LE DUC DE LA TRÉMOILLE A M. FILLEAU.

(1ᵉʳ *juillet* 1661.)

Il remercie M. Filleau de son approbation au sujet d'une résolution prise par lui dans l'intérêt de la religion.

---

170. M. DE SAVONNIÈRES, VICAIRE GÉNÉRAL DU CHAPITRE DE MAILLEZAIS, AU DUC DE LA TRÉMOILLE.

(29 *juin* 1661.)

Le chapitre nomme avec plaisir le P. Jouslain pour prêcher à Mauléon.

171. LE CHAPITRE DE MAILLEZAIS AU DUC DE LA TRÉMOILLE.

Responce de Messieurs du chapitre de Maillezais à Monseigneur.

Monseigneur,

Nous auons receu celle qu'il a plû à Vostre Altesse d'escrire à nostre compagnie, de laquelle nous la remercions très humblement, car, pour dire vray, nous escrire auec la bonté et la ciuilité dont cette lettre est remplie, ce n'est pas nous demander une grâce, c'est nous la faire. Nous joignons à celle-cy le mandement du père Jouslain pour la station de Mauléon, lequel quand il ne seroit point connu comme il est de plusieurs de nostre compagnie, nous le jugerions digne de cet employ, puisqu'il a l'honneur de vostre approbation ; nous souhaittons, Monseigneur, auec passion et respect celuy de vos bonnes grâces et moy particulièrement celuy de pouuoir auec vérité me dire,

Monseigneur, de Vostre Altesse,

<blockquote>
Le très humble et très obéissant serviteur,
DE SAUONNIÈRES LA TROCH, vicaire général du chapitre, le siège épiscopal vacant.
</blockquote>

A Maillezais ce 20° juin 1661.

172. LOUIS XIV AU DUC DE LA TRÉMOILLE.

Copie de la lettre du Roy à Monseigneur.

Mon cousin, ayant jugé à propos de convoquer et faire assembler en la forme ordinaire les Estatz de mon pays et duché de Bretagne, pour leur faire entendre plusieurs choses touchant le bien de cet Estat et particulièrement celuy dudit pays, j'en ay ordonné et assigné la tenüe en ma ville de Nantes, au quinziesme jour d'aoust prochain, et désirant que vous y assistiez, pour donner vostre advis sur ce qui y sera proposé, mesmes consentir à ce qu'on estimera y deuoir estre resolu et arresté à l'avantage de mes affaires ou de la province, je vous escris cette lettre pour vous en advertir et vous dire que vous ne manquiez pas de vous trouver à cet effect en madite ville de Nantes, au jour susdit, afin de vous employer et concourir auec les autres de l'assemblée à tout ce qui s'offrira pour l'utilité de mon service et le soulagement de mes sujets dudit Duché. La présente n'estant à autre fin, je prie Dieu qu'il vous ayt, mon cousin, en sa sainte et digne garde.

Escrit à Fontainebleau, le VIe jour de juillet 1661.

---

173. LE DUC DE LA MEILLERAYE AU DUC DE LA TRÉMOILLE.

Copie de la lettre de Monsieur de la Meillerais à Monseigneur, de Paris 12e de juillet 1661.

Monsieur,

La lettre du Roy vous aprendra ses intentions sur le sujet de la tenüe des Estats qu'il a convoqués au quinzième d'aoust prochain en la ville de Nantes, il ne me restera qu'à vous suplier d'y vouloir assister et de me donner lieu de vous faire connestre que je suis,

Monsieur,

Vostre très humble et très affectionné seruiteur.

174. LE GRAND VISIR AU COMTE FORGATS, GOUVERNEUR DE NEWHAUSEL.

Lettre du grand visir au comte Forgats, gouverneur de Newhausel.

A vous Adam Forgats, chef et colonel de la noblesse de Hongrie, etc. Je vous fais sauoir que, par le commandement de Sa Hautesse Monseigneur très clément, je me suis approché auec ses troupes de la forteresse de Newhausel pour m'en emparer. Si vous nous remettés la place, vous pourrés et tous ceux qui y sont en sortir, auec vos biens, pour vous retirer où il vous plaira, et ceux qui voudront y demeurer seront maintenus en la possession de ce qu'il leur appartiendra tant de dedans que de dehors. Mais, sy vous n'acceptés ces offres, nous saurons nous en rendre maistres par les armes, et vous périrés tous par le glaive, sans qu'aucun quelqu'il soit petit ou grand puisse espérer de salut. Sy les Hongrois connoissoient les bonnes intentions de nostre puissant Empereur, il n'y en auroit pas un qui ne voulut se mettre sous sa domination et qui ne rendist des grâces solemnelles d'y auoir esté rengé, ni qui mesme n'en deust attendre des bénédictions de ses descendants.

Paix soit à ceux qui obéiront.

---

175. LE DUC DE LA TRÉMOILLE A M. DE LA COUSSAYE.

(12 *juillet* 1661.)

Il sera enchanté de remettre de sa main l'ordre qui vient d'être conféré par le roi à M. de la Coussaye.

---

176. M. DE LA ROCHEGUION, GRAND VICAIRE A POITIERS, AU DUC DE LA TRÉMOILLE.

(9 *août* 1661.)

Selon le désir du duc, une procession générale sera faite à Thouars à l'ouverture du jubilé, à l'imitation de celle de Poitiers.

---

177. ORDONNANCE DES VICAIRES GÉNÉRAUX DE POITIERS POUR LA PROCESSION DU JUBILÉ A THOUARS.

(9 *août* 1661.)

L'abbé de Saint-Laon aura la présidence.

---

178. ORDONNANCE DES OFFICIERS DE THOUARS POUR LE JUBILÉ.

(12 *août* 1661.)

Défendant aux hôteliers et cabaretiers de donner à boire les dimanches et fêtes pendant le service divin, aux habitants, de jurer et blasphémer ; enjoignant aux personnes tenant jeux de paume et de boule de fermer leurs maisons dans le même moment, et prescrivant de tenir les rues propres ; le tout sous peine d'une amende de 100 livres.

---

179. LE DUC DE LA TRÉMOILLE A M. DE CHASTEAU-GUILLAUME.

(19 *août* 1661.)

Compliments de condoléance pour un décès.

---

180. LE DUC DE LA TRÉMOILLE A M. DE MARCONNAY.

Copie de la responce de Monseigneur à M. de Marconnay, du 27 *aoust* 1661.

Monsieur,

J'ay receu par vostre lettre l'advis de la querelle qui continue entre M. de Choupe et M. le chevalier de la Jaille, encore de celle qui est suruenue entre ledit sieur de la Jaille et M. Chabot. Je voudrois bien que ma santé me peust permettre de trauailler à leur accomodement, quoyque je doutasse d'y pouvoir réussir après que MM. les maréchaux de France en ont pris connoissance et y ont employé l'authorité du Roy, sans que cela ait esté capable de les arrester. Je croy que l'entremise de leurs amis particulliers seroit un moyen plus propre et plus prompt que tous les autres dont on se pouroit servir, pour prévenir le désordre que vous apréhendez, et qu'on pouroit leur représenter que leurs employs et leurs assemblées seront très désagréables au Roy, particullièrement en ce temps que Sa Majesté descend en Bretagne, et qu'elle voudra moins souffrir cette entreprise et cette infraction à ses édits qu'en une autre conjoncture. C'est le conseil que j'aurois à leur donner et que je souhaitte qu'ils prendront. Ce sont des personnes de considération et de meritte que je voudrois servir et vous tesmoigner en vostre particullier combien je suis.....

---

181. LE DUC DE LA TRÉMOILLE A M. LE SURINTENDANT (1).

(3 *septembre* 1661.)

La mauvaise santé du duc s'opposant à ce qu'il aille en personne rendre ses devoirs au roi, il charge des gentilshommes de sa maison d'une mission pour laquelle il demande l'appui du surintendant.

(1) Fouquet, arrêté à Nantes le 5 septembre, était encore surintendant des finances le 3, date de la lettre du duc.

182. LE DUC DE LA TRÉMOILLE A M. DE RIPARFOND.

(28 *octobre* 1661.)

Prière d'appuyer le sieur Le Blanc, secrétaire du duc, délégué pour exposer une affaire contre M. de Chausserais, et de terminer cette affaire à la satisfaction du duc.

---

183. M. DE BRILLAC AU DUC DE LA TRÉMOILLE.

(27 *octobre* 1661.)

M. de Chausserais avait demandé que son affaire fût renvoyée à la Toussaint. M. de Brillac, obligé de partir pour Paris, ne peut s'en occuper.

---

184. L'ÉVÊQUE D'ANGERS (HENRI ARNAUD) A LOUIS XIV.

(27 *octobre* 1661.)

L'évêque n'aurait pas manqué d'obéir à la lettre du roi en date du 20 avril; mais, comme il ne connaît pas d'hérétiques dans son diocèse, il n'y a pas lieu de s'occuper de cet ordre. (Il s'agit du formulaire antijanséniste envoyé par Louis XIV aux évêques.)

185. M. PELLOT A M. MARIN, INTENDANT DES FINANCES.

(*16 novembre* 1661.)

Invitation à choisir pour élu de Thouars le sieur Leblanc, dont le fils est secrétaire du prince de Tarente, au lieu du sieur Allard, qui est incapable de rendre des services.

---

186. LE DUC DE LA TRÉMOILLE A LOUIS XIV.

Copie de la lettre de Monseigneur au Roy, du 23 novembre 1661.

Sire,

Si ma mauvaise santé me laissoit assez de force pour me rendre auprès de Vostre Majesté, j'aurois exécuté le commandement qu'elle m'a fait l'honneur de me donner, à l'instant que je l'ay receu, avec autant de joye que j'auray tousjours de respect, d'obéissance et de zelle pour les ordres et pour le seruice de Vostre Majesté. Je la supplie très humblement d'en estre persuadée et d'agréer une excuse aussy véritable que malheureuse. Elle est accompagnée de mille vœux pour la gloire de son règne et pour la prospérité de sa personne.

Je suis et seray toute ma vie,

Sire,

De Vostre Majesté,

Le très, etc.

187. LE DUC DE LA TRÉMOILLE A M. JEANNIN DE CASTILLE.

(23 *novembre* 1661.)

Prière de présenter au roi la lettre ci-dessus. Excuses tirées de la mauvaise santé du duc. Protestation de fidélité.

---

188. LE DUC DE LA TRÉMOILLE A LA DUCHESSE SA FEMME.

(29 *novembre* 1661.)

Il se plaint que la duchesse ait transigé moyennant 2,000 livres avec M. de Brillac, pour l'affaire Chausserais.

---

189. M. DE LA ROCHE-POSAY AU COMTE DE LAVAL.

(19 *novembre* 1661.)

Prière de tirer M. du Mas-Pommeri de sa fâcheuse affaire avec le sieur Doridan, médecin à Charroux.

---

190. LE DUC DE LA TRÉMOILLE A.....

(6 *décembre* 1661.)

Le duc a appris l'entretien et la faveur du personnage à qui il s'adresse, avec plus de plaisir que son secret.

191. LE DUC DE LA TRÉMOILLE A LA DUCHESSE SA FEMME.

Copie d'une lettre de Monseigneur à Madame, escritte de Thouars le 6 décembre 1661.

J'ay receu vostre lettre du 30 du passé et je ne say à quoy atribuer le retardement de mes lettres mises dans vostre paquet. Mon fils ne m'a point escrit à ce voyage, mais le précédent il m'a mandé les raisons de celluy de sa femme et de son fils. Je souhaite que la despence en soit récompencée par des effets solides et honorables à la maison. Je ne puis que loüer le désir d'une femme de voir son mary et de concourir auec luy à l'avancement des siens, mais je tiens aussy tout autre motif un crime, dont je prierois Dieu d'estre le vengeur, si je l'en croyois coupable. Je ne me flate pas aussy de l'espérance de voir la porte ouverte aux faveurs, qui ne l'a esté jusqu'icy qu'aux mauvais raports, qui ont servy de prétexte aux ennemis de nuire, et aux foibles amis de nous abandonner. Le surintendant (1) a passé par Saumur auec grand'escorte dans un carrosse fermé. Je ne souhaite point la mort de ce captif, mais que sa rançon et sa vie conseruent celle des vefves et des orphelins. Je remets le surplus au mémoire, et prie Dieu vous conseruer puisque je suis tout à vous.

---

192. LE DUC DE LA TRÉMOILLE A L'ÉVÊQUE DE RENNES.

(*20 décembre 1661.*)

Les bruits que l'on a fait courir sur le duc sont bien faux. Malgré de puissantes recommandations, il a positivement

(1) Fouquet.

refusé au sieur de Pesnel d'admettre son fils comme sénéchal de Vitré, parce qu'il n'est pas catholique.

---

193. LE DUC DE LA TRÉMOILLE A ALEXANDRE MORUS.

(20 *décembre* 1661.)

La princesse de Tarente part pour Paris. Elle craint de n'y plus trouver M. Morus.

---

194. LE DUC DE LA TRÉMOILLE A LA COMTESSE DE DERBY.

Lettre de Monseigneur à Madame la comtesse de Derby,
20 *décembre* 1661.

Madame ma chère sœur,

Celuy que je vous supplie d'assister en toutes les rencontres où vostre entremise luy poura estre avantageuse, est M. Morus, plus digne d'estre considéré par luy mesme que par aucune recommandation. Ses dons très grands et extraordinaires, sa plume et ses louanges n'ont point esté seullement retenues et restrintes dans les limites de sa patrie, mais ont volé partout auec un aplaudissement universel. Je vous diray donc que l'ayant tousjours aimé, chéry et honoré, je tiendray tous les bons offices qu'il receura de vous, toutes les grâces qu'il méritera de vostre incomparable monarque, comme si je les avois moy mesme receues. Je vous conjure d'estre très persuadée de cette vérité et de la garentir vers tous ceux qui ne la voudroient receuoir, vous protestant d'estre toute ma vie.....

195. LE DUC DE LA TRÉMOILLE AU MARQUIS D'AIRVAULT.

(26 *janvier* 1662.)

Il remercie le marquis du soin qu'il prend de ses intérêts dans une affaire.

---

196. LE DUC DE LA TRÉMOILLE A LA DUCHESSE SA FEMME.

Copie d'une lettre de Monseigneur à Madame, du 14 *février* 1662.

J'ay receu vostre lettre du 8. Je ne puis comprendre comme un traité si important que celui de la Lorraine pour la Touraine et l'Anjou, avec la dignité de prince du sang, le droit de succéder à la couronne et de précéder, après M. le Prince, les autres de son nom, bien que tous les pairs ayent droit de le précéder, a peu estre conclu en un instant, signé à la foire, prest d'estre enregistré au Parlement, sans que les Pairs, les estats généraux du Royaume, et tous les Princes, parents et intéressés de part et d'autre ayent esté ouïs, appellez et consultez. Je croy que la substitution et l'oposition rendent ce traité également injuste et impossible, et je croy de plus qu'il ne s'en peut faire de plus préjudiciable au Roy, à l'Estat et à tous ceux de grande qualité qui aiment l'un et l'autre et en apréhendent la dissipation et la division. Il n'est pas imaginable que ce traité n'ait esté mesnagé par plusieurs, qu'on n'ait fait joüer plusieurs ressorts, employé divers instruments pour eslever cette machine plus à craindre que celle du balet, et cependant on void un monstre baptisé et presque canonisé dès sa naissance, sans parrains ni tesmoins de part ni d'autre ; mais on eut désiré d'aprendre et les noms et les raisons de ceux qui se sont meslez d'une si mauvaise affaire, ou pour la ruiner ou pour l'establir. Il faut encore remarquer qu'aucun, après les princes de sang, n'a tant d'intérest à s'oposer à ce prétendu traité que ceux de la maison de la Trémoille, puisque, sans opposition ni constestation, elle est descendue et héritière d'Yolande, fille de Charles VII et de Marie d'Anjou, et a tous les droits, noms, raisons et actions de l'un et de l'autre (1).

---

197. CHARLES IV, DUC DE LORRAINE, A LOUIS XIV.

Lettre du duc de Lorraine au Roy.

Monseigneur,

Ayant su la résolution que V. M. a prise, j'ay cru que je ne deuois pas me présenter à elle pour luy dire mes sentimens, mais qu'elle me donneroit bien la liberté de luy réitérer la suplication que je lui ay faite ce matin par M. de Lionne, puis que j'ay esté assez malheureux qu'une affaire dans laquelle je ne suis entré que pour plaire à V. M. luy ait donné tant de peyne et d'embaras depuis qu'elle est faite. Je luy seray infiniment obligé de remettre les choses

---

(1) Le traité de la Lorraine fut signé le 6 février 1662. Le vieux duc Charles IV cédait à Louis XIV ses duchés de Lorraine et de Bar, moyennant un million de rente viagère et à la charge de payer ses dettes. Les princes de sa maison devaient prendre rang après les princes du sang et jouir des mêmes droits et prérogatives.—Charlotte, fille de Frédéric d'Aragon, roi de Naples, épousa en 1500 Guy XVI, comte de Laval. Une de ses filles, nommée Anne, épousa François de la Trémoille. Les descendants de cette dernière ont hérité de ses droits à la couronne de Naples, par suite de la mort de Guy de Laval, XXe du nom.

en état qu'elle y trouve sa satisfaction par des moyens qui ne blessent ny sa bonté ny sa justice. Mais je luy demande cette grâce et mes ennemis ne se servent pas d'un prétexte aussi léger que celuy d'un escrit qu'on met en avant pour diminuer le mérite d'un service que j'ay cru rendre à V. M. et ruiner l'avantage qu'elle a eu la bonté d'accorder aux princes de ma maison. Il ne se trouvera rien dans cet escrit qui affoiblisse le traité que j'ay fait auec V. M. et j'espère que, si elle en désire l'exécution de ma part, elle satisfera de la sienne aux conditions ausquelles elle a bien voulu s'obliger, et au préjudice desquelles elle ne voudroit pas user de son auctorité pour tirer avantage de la ruine de ma maison et donner force à un traicté qui demeure nul dans son exécution. Après quoy il ne me reste plus rien à demander à V. M. sinon qu'estant venu icy sur trois lettres qu'elle m'a fait l'honneur de m'envoyer, elle ait aussy la bonté de me permettre de m'en retourner dans mon pays auec ce déplaisir de voir sans effect une occasion qui m'avoit paru sy agréable pour V. M., mais avec plus de passion que jamais de demeurer toujours,

Monseigneur,

Vostre très humble et très obéissant cousin et seruiteur,

(1) Ch. de Lorraine.

---

198. LE DUC DE LA TRÉMOILLE AU PRÉSIDENT CHEVREAU.

(6 mai 1662.)

Le duc a congédie le sieur Le Blanc, coupable d'avoir

(1) La Lorraine ne fut pas réunie à la France, le duc Charles étant revenu sur les clauses du traité. Louis XIV se contenta de la remise de Marsal, seule forteresse du duc.

recherché des bénéfices et des bienfaits en dehors de chez son maître.

---

199. URBAIN CHEVREAU A LA PRINCESSE DE TARENTE.

Copie de la lettre de M. Chevreau à Madame la princesse de Tarente, du 3ᵉ de may 1662.

Il n'a pas esté en mon pouuoir de répondre plutost à V. A. J'ay passé dix-huict jours à Thouars, où j'auois porté ce qui me restoit de fièvre, et je ne l'ay point sentie depuis ce temps là. Il est vray, Madame, que pour me guérir vous avez choisi un remède extraordinaire, et si je ne suis pas tout à fait heureux je puis dire au moins que je ne suis plus malade. Pour acheuer ma bonne fortune, il falloit que ce M. de la Chalotais mourut, et l'homme que j'ay chargé en Bretagne, pour ne point commettre S. A., a rapporté que celuy qui estoit prest d'expirer en ce temps là se porte aujourd'huy fort bien. Mais quand j'aurois pris possession, à juste titre, de la chapelle de Beaumont, je n'en serois pas plus reconnoissant que je le suis de la manière dont vous avez agi pour mes intérêts, et je vous proteste que j'en auray une reconnoissance éternelle. Je ne puis rien adjouter à ces deux mots et c'est à vous, s'il vous plaist, Madame, à juger de ce qui se passe dans mon cœur du costé de la gratitude. Monseigneur le duc en usa pour moy d'une manière si obligente quand il me donna les lettres de nomination, qu'il n'y a rien dans le monde que je ne sois obligé de faire pour respondre à la générosité de S. A. par tous les services dont je suis capable, et si je meurs sans luy en rendre quelqu'un, je pense que je ne mourray pas chrétien. J'escris à Madame, qui a eu la bonté de se souvenir de moy, et j'avoüe que je me trouve dans une confusion que je ne saurois vous exprimer. Tout ce que je puis faire, après les graces que j'ay receues de l'illustre maison de la Trémoille, c'est de me sacrifier pour elle, de renoncer à toutes les autres et de publier que je seray éternellement son redevable. C'est peu, Madame, et je l'avoue de fort bonne foy ; mais si les malheureux pouvoient reconnoistre dignement le bien qu'on leur fait, ils ne seroient pas malheureux, et il me semble qu'ils ne sont point ingrats quand ils demandent au ciel le moyen de payer leurs dettes, et qu'ils n'ont point de plus sensible regret que celuy de ne s'en pouvoir acquitter. J'escris encore deux mots à Mademoiselle et à Monseigneur le Prince, et je vous supplie très humblement, Madame, d'adjouter ce qui manque à mes parolles. De la manière que mon cœur est faict, V. A. ne se repentira jamais d'avoir respondu pour moy, et je luy proteste qu'elle ne trouvera jamais de plus soumis, de plus reconnoissant, ni de plus fidelle serviteur que Cheureau.

---

200. ALEXANDRE MORUS AU DUC DE LA TRÉMOILLE.

Lettre de M. Morus à Monseigneur, du 4º may 1662.

Monseigneur,

Je serois le plus ingrat de tous les hommes et par conséquent le plus indigne de vivre, si j'eusse receu plustost vostre obligeante lettre, et si je lui eusse faict si tard la responce que je luy debvois. Mais il n'y a pas longtemps que je l'ay receüe et je ne sçai par quel malheur elle a demeuré durant un si long espace en d'autres mains. On me faisoit espérer de jour à autre le retour de Madame la comtesse de Derby votre sœur, mais je me voi frustré de ce bonheur, et je seray contraint de luy envoyer la lettre que Vostre Altesse a daigné luy écrire en ma faveur. J'eusse bien souhaité de luy rendre en main propre cette merveilleuse lettre si digne de son autheur et qui n'eust pu manquer de produire de grands effects. Mais la copie qu'il vous a plu m'en envoyer n'a pas laissé de me donner lieu d'en faire ma cour et d'en tirer beaucoup d'advantage. Je l'ay monstrée dans les plus hauts lieux où elle a esté jugée la mieux conceüe et la mieux dictée qu'on puisse voir et la plus favorable pour moy. Ce qui m'a donné subjet de parler de vostre présidence et de vos harangues aux Estats, de votre stéliteutique (1) contre Cromwell, de vos éloges, entre autres de celuy de Monsieur le Prince, de vos pièces de dévotion et de tous les nobles ouvrages de vostre esprit et de vostre plume, qui, estant si dignes du jour, gardent encore vostre cabinet. Sur tout je n'ay pas laissé ignorer à ce Roy une chose dont j'ay esté témoin oculaire, ce sont les transports de joye que témoigne Vostre Altesse et toute la maison sur l'heureuse nouvelle de son miraculeux rétablissement. Je l'appelle ainsy non seulement par ce que tout le monde en sçait, mais parce qu'il m'a fait l'honneur de m'en dire luy mesme plus d'une fois, en des termes dignes d'éternelle mémoire, qu'il n'avoit jamais creu ses affaires en pire estat ni moins disposées à son retour, que lorsque Dieu le rétablit. J'ay fait à ce propos ces deux vers pour servir à une inscription :

At non humanis opibus, sed numine magno,
Redditus est regnis Carolus fracti que rebelles.

Et voici des extraits d'une plus grande pièce (2) : Je ha-

(1) Discours diffamatoire.
(2) Ces citations manquent.

zarde ces matériaux soubs les yeux de Vostre Altesse par ce que je suis persuadé que la matière de cet ouvrage, si je l'achève, luy en plaira tousjours mieux que la façon. Et je ne sçai, Monseigneur, si pour vous faire valoir ce régale, je doibs vous dire que ces vers n'ont esté ni ouïs ni veus de personne encore et que c'est la première fois que je les escris. J'en ferois possible de moins mauvais si j'avois l'esprit plus serein et plus tranquille, mais les démons de Lodun (1) ont passé à Londres, et Thouars n'est pas si proche de l'un que de l'autre. Il n'y a que l'honneur de votre bienveillance qui me console de tous mes malheurs : et ces malheurs ne sauroient empescher que je ne fasse éclater partout la recognoissance que je doibs à Vostre Altesse et que je ne tasche tousjours de contribuer de toute ma force à sa gloire personnellement, aussi bien qu'aux intérests de tous les siens ; je n'en perderai jamais le désir ni l'occasion, et serai toute ma vie, avec toute la passion et tout le respect possible,

De Vostre Altesse.....

Semper honos, nomen que tuum, laudes que manebunt
Quæ me cumque vocant terræ.....

---

201. LE DUC DE LA TRÉMOILLE A ALEXANDRE MORUS.

Copie de la lettre de Monseigneur à M. Morus,
le 30ᵉ may 1662.

J'ay receu vostre lettre du 4ᵉ. Les ressentimens que vous me tesmoignés des petits offices que j'ay tâché de vous rendre, sont des effets de vostre générosité, et les louanges que vous me donnés sont des preuves d'autant plus grandes

(1) Allusion au procès d'Urbain Grandier, qui eut lieu en 1634.

de vostre affection qu'elles diminuent quelque peu en ma faveur cette grande lumière de vostre jugement pour donner de l'esclat à une personne qui en recherche moins que la satisfaction de ses amis. Le désir que j'ay de la vostre me feroit sortir de l'obscurité de mon cabinet pour faire rentrer dans l'abîme ces démons de Lodun venus à Londres affin d'y esteindre la plus grande lumière de nos jours, pour y faire de nouvelles mines infernalles, et pour y rallumer un feu capable de réduire en cendre tout un royaume. C'est vostre plume qui les a descouvertes quand ces serpens estoient cachés sous les fleurs et que celuy qui avoit le plus de venin estoit prest de piquer de mort le sein qui l'avoit réchauffé. C'est cette plume plus perçante que les espées qui luy a donné plusieurs coups mortels mesmes devant sa mort, et qui a méritté cette devise, *hac itur ad astra*, et de vous faire revivre avec esclat dans la mémoire de la postérité, dans le souvenir et dans l'estime de tous les roys, puisque vous avés deffendu avec tant de générosité, de force et d'éloquence les coronnes et les testes des princes et des roys. Je souhaitte passionnément que mes vœux et ma voix puissent passer de Thouars jusqu'à Londres et dans toute l'Angleterre, pour toucher les oreilles et le cœur de son Roy et pour vous faire recevoir de ses mains royalles les récompenses que vous avés méritées devant son restablissement.

---

202. BERNARD, DUC DE SAXE, AU DUC DE LA TRÉMOILLE.

Lettre de M. le Duc de Saxe, du 19ᵉ juin 1662, de Paris, à M. le Duc de la Trémoille.

Monsieur,

Sans l'estat auquel je me voy je n'aurois pas recours à ma

mauvaise plume pour tesmoigner à Vostre Altesse le respect et l'estime que j'ay pour son mérite et avec lesquels j'ay receu la faveur que vous m'avés faitte en m'accordant si généreusement Mademoiselle votre fille (1); j'aurois esté moi même vous rendre mes devoirs avec Monsieur le Prince de Tarente; mais, comme je voulois partir pour en accomplir le dessein, j'ay receu la triste nouvelle de la mort de Monsieur mon père, qui m'en a osté le moyen et plongé dedans la douleur. Je tascheray d'en recouvrer l'occasion dans un temps plus commode, et cependant je vous diray, Monsieur, que la cognoissance que j'ay de la haute vertu et très parfait mérite de Mademoiselle votre fille, fait que je me répute heureux de pouvoir posséder ce précieux trésor, que je chéris avec beaucoup de passion sincère et que je prétends conserver avec son amitié par tous les soins imaginables, en la traittant de telle sorte quand nous serons en nos Estats qu'elle aura tout suject d'en estre satisfaite et de m'avoir receu à la servir. Je chercheray aussi, Monsieur, avec empressement tous les moyens qui vous pouront faire cognoistre que, comme je vous tiens pour père, je veux demeurer à jamais fort véritablement,

  Monsieur,

    De Votre Altesse,

     le très humble et très obeissant serviteur,

      BERNHARD, duc de Saxe.

---

(1) Le mariage de Marie-Charlotte de la Trémoille, fille de Henry, avec Bernard, duc de Saxe-Weimar, fut célébré à Paris.

203. LE DUC DE LA TRÉMOILLE AU DUC DE SAXE, BERNARD.

*Copie de la response de Monseigneur à M. le duc de Saxe,
du 23 juin 1662.*

Monsieur,

Je ne saurois assés dignement et à mon gré tesmoigner à V. A. l'estime que je fais de son alliance, de sa maison et de sa personne, non plus que la part que je prends en la juste douleur de la perte qu'elle a faite de Monsieur son père, dont je prie l'arbitre souverain de tout et de tous de la vouloir consoler et de départir à V. A. toutes les prospérités qu'elle mérite et que je luy souhaite passionnément. J'espère, Monsieur, que ma fille se rendra digne de cette parfaite et cordialle amitié que vous luy avez promise et qu'elle et toute sa maison en recevront des effets; ce qui accroîtra les obligations que j'ay d'estre toute ma vie,

Monsieur,

de V. A.

le très humble et très obéissant.

---

204. LE DUC DE LA TRÉMOILLE A LA DUCHESSE DOUAIRIÈRE
DE SAXE-WEIMAR.

(23 juin 1662.)

Il témoigne sa joie pour le mariage projeté et sa douleur pour la perte du duc de Saxe-Weimar.

205. LE DUC DE LA TRÉMOILLE AU COMTE DE LAVAL, SON FILS.

(24 *juin* 1662.)

Au lieu d'une lettre, le duc aurait préféré recevoir le comte de Laval lui-même, pendant que le prince de Tarente est à Thouars.

---

206. BERNARD, DUC DE SAXE, AU COMTE DE LAVAL.

Copie de la lettre de M. le duc de Saxe à Monseigneur le comte, du 19 juin 1662.

Monsieur,

Ainsy que je pensois partir pour aller à Thouars rendre mes devoirs à S. A. Monsieur le duc de la Trémoille, j'ay receu la triste nouvelle de la mort de Monsieur mon père qui me rompit toutes mes mesures et remplit mon cœur de tristesse. Je m'estois bien aussy promis de vous y voir, Monsieur, et de vous demander l'amitié d'un frère, puisque je suis receu par la grâce de Leurs Altesses à l'honneur d'espouser Mademoiselle vostre très-digne sœur que je chéris de tout mon cœur, cognoissant son parfait mérite. Le vostre avec nostre alliance fait que je veux aussy mesnageant vos bonnes grâces, embrasser les occasions qui vous pourront plus fortement persuader que je suis avec passion fort véritablement,

Monsieur,

Vostre très humble et très obéissant serviteur.

BERNARD, duc de Saxe.

207. ALEXANDRE MORUS AU DUC DE LA TRÉMOILLE.

Copie de la lettre de M. Morus, du 30ᵉ juin 1662, à Monseigneur.

Monseigneur,

Je viens de recevoir à Paris l'honneur de votre dernière qui s'adressoit à Londres, et pleut à Dieu l'y avoir receue, car je pouvois me prévaloir advantageusement de l'obligeante manière dont elle est conceue et de ce noble tour qu'on n'admire pas moins en vos escrits qu'en vos discours. J'estois venu icy avec M. le comte de Saint-Albans chargé de demander ma démission de la part du Roy de la Grande-Bretagne, mais j'ay affaire à des rustres qui m'accrochent et m'embarrassent dans des incidents très fâcheux et qui se couvrent d'une maison qui, pour avoir l'honneur d'estre alliée de la vostre, ne laisse pas de luy estre trop souvent opposée. Ce m'est une parfaite consolation de voir que V. A. me continue ses généreuses bontés et qu'elle fait ce que les autres devraient faire. Je suis

de V. A.

Le très humble, très obeissant et très obligé serviteur.

MORUS.

---

208. ÉLÉONORE-DOROTHÉE, DUCHESSE DOUAIRIÈRE DE SAXE-WEIMAR, AU DUC DE LA TRÉMOILLE.

Lettre de Madame la duchesse de Saxe, du $\frac{6}{16}$ juillet 1662.

Monsieur,

Il est bien vray que la satisfaction que nous avons eüe de deux costés par l'accomplissement du mariage entre nos deux enfants a esté suivie trop tost par la triste et inopinée perte de feu mon mary. J'advoue que j'ay esté surprise sans mesure si fort aussy que je n'estois plus en moy, et sans l'assistance de Dieu je n'eusse seu endurer un si grand coup. Grâce à sa divine clémence que je me suis un peu remise et munie de patience contre un mal sans remède. Ce m'est toujours une grande consolation que V. A. S. m'en ait voulu tesmoigner son ressentiment et m'asseurer que ce mariage lui est fort agréable, en façon qu'elle me prie de vouloir favoriser Mademoiselle sa fille de ma bienveillance ; à quoy je suis obligée et n'y manqueray aucunement. Ainsi feray je voir qu'elle m'est bien chère et que je suis,

  Monsieur,
   de V. A. S.
    la très humble servante,
     Eléonore Dorothée, duchesse douairière de Saxe.

---

209. LE DUC DE LA TRÉMOILLE A L'ÉVÊQUE DU MANS.

(16 *juillet* 1662.)

Assurances d'estime.

---

210. LE DUC DE LA TRÉMOILLE A MADAME.....

(21 *août* 1662.)

Il lui demande à emprunter une litière pour quelques jours.

---

211. LE DUC DE LA TRÉMOILLE A M. DU BELLAY.

(20 *septembre* 1662.)

Prière de donner au sieur de Lafont, porteur de la lettre, les titres et papiers concernant les terres de Riblère, Missé et le Châtelier, et la dîme de Sainte-Verge, acquises, par le duc, de feu le marquis du Bellay.

---

212. LE DUC DE LA TRÉMOILLE A M. DE LA BÉDOYÈRE.

(20 *septembre* 1662.)

Les propositions faites par le sieur Legras n'ont pu être acceptées par le duc, malgré la recommandation de M. de la Bédoyère.

---

213. LOUIS XIV AU PAPE ALEXANDRE VII.

Copie de la lettre du Roy au Pape, du 30 aoust 1662.

Très saint Père,

Nostre très cher et bien amé cousin le duc de Créqui, nostre Ambassadeur extraordinaire, nous ayant faict sçavoir l'assassinat commis en sa personne et celle de l'ambassadrice et de tous les François qui se sont trouvés, le 20 du courant, dans les rues de Rome à la rencontre de la milice corse de Vostre Sainteté (1), nous avons aussitost envoyé

---

(1) Le 20 août 1662, les soldats de la garde corse du pape, après une querelle avec les gens du duc de Créqui, ambassadeur de France, se jetèrent sur eux dans la rue et les poursuivirent jusqu'au palais Farnèse, où logeait

ordre à nostre cousin de sortir hors de l'Estat ecclésiastique, afin que sa personne et nostre dignité ne demeurent pas plus longtemps exposées à des attentats dont il n'y a point jusqu'icy d'exemple chez les barbares mesmes, et nous avons en mesme temps ordonné au sieur de Bourlemont, auditeur de la Rotte, de savoir de Vostre Sainteté si elle veut approuver ce que la soldatesque a faict et si elle a dessein ou non de faire une satisfaction proportionnée à la grandeur de l'offense, qui a non seulement violé mais renversé indignement le droit des gens. Nous ne demandons rien à Vostre Sainteté en ce rencontre. Elle a fait une si longue habitude de nous refuser toutes choses et a témoigné jusqu'icy tant d'aversion pour ce qui regarde nostre personne et nostre couronne, que nous croions qu'il vaut mieux remettre à sa prudence propre les résolutions sur lesquelles les nostres se régleront, souhaittant seulement que celle de Vostre Sainteté soit telle qu'elle nous oblige à prier Dieu qu'il conserve Vostre Sainteté, très saint père, au régime de nostre Mère sainte Eglise.

Escrit à Saint Germain en Laye le 30ᵉ aoust 1662.

---

214. LE PÈRE GÉNÉRAL DES JACOBINS A L'AUMÔNIER DU DUC DE LA TRÉMOILLE.

Au révérend Père... le Père général de l'ordre des frères prescheurs.

Mon révérend Père,

J'apprends, par vostre dernière, que Monseigneur le duc

---

le duc de Créqui. La duchesse rentrait en carrosse au palais au moment de ces événements. Elle eut à essuyer plusieurs coups de feu, ainsi que l'ambassadeur, qui s'était montré au balcon.

de la Trémoille vous faict l'honneur de vous retenir pour son aumosnier. J'y consens, mais souvenés vous que vostre condition est environnée d'écueils. Vous n'avez point veü la cour et vous y demeurerés peu si vous n'observés ce qui suit : 1° la crainte de Dieu, 2° l'abstinence presque de vin, 3° de parler peu si vous n'estes interrogé, 4° de ne point redire ce que vous entendrés, s'il n'y alloit du service de vostre maistre. Relisés deux fois la sepmaine ces susdits avis, et vous en recevrés le profit. Adieu, priés pour celuy qui est et sera tousjours,

  Mon révérend Père,

    Vostre très acquis et très affectionné confrère,

      F. Bernard Guyard.

215. LE DUC DE LA TRÉMOILLE A M. PELLOT, INTENDANT DU POITOU.

(10 *octobre* 1662.)

Envoi du sieur Leblanc, secrétaire du duc, avec prière de traiter favorablement Thouars et quelques paroisses dans la distribution de la remise obtenue pour l'élection de Thouars.

216. LE DUC DE LA TRÉMOILLE AU COMTE DE LAVAL, SON FILS.

Copie de la lettre de Monseigneur, du 12 décembre, à Monsieur le comte (1), *respondante à la sienne du 8, de Talmont.*

J'ay receu vostre lettre du 8 par un païsan de Charroux, sur le sujet de laquelle je vous diray que vostre mère et moy avons trouvé estrange qu'après son retour icy vous ne vous y soyés rendu aussytost l'avoir apris ; plus encore que vous ayant mandé de vous y trouver quand vostre frère m'y aporta le contract de mariage de vostre sœur, vous n'ayés mesme prévenu mes ordres, et que, pour ne les suivre pas, vous m'ayés donné une excuse peu recevable fondée sur vostre mauvais équipage, qui ne vous empescha pas de faire un voyage de cent lieues et de passer près d'icy sans me voir. De plus je m'estonne que vous vouliés donner des leçons et aprendre à ceux de qui vous devez dépendre, puisque après le service de Dieu, le nostre et celuy de la famille doit estre vostre principal object et vostre employ indispensable. Et cependant, au lieu de nous consulter sur des choses à faire, vous nous employés à réparer les choses faites. Considérez que tenant de nous la vie, l'honneur et les biens, vous ne pouvez rien nous donner, vous ne sauriés rien nous rendre qui ne soit infiniment au dessous de vos obligations. Je souhaitte que des sérieuses reflections sur cela vous fassent changer de conduitte et nous donnent plus de

---

(1) Louis-Maurice de la Trémoille, comte de Laval, abbé de Charroux et de Talmond, fils du duc Henry.

satisfaction que nous n'en avons reçeu et toute la famille jusques à présent.

---

217. LE DUC DE LA TRÉMOILLE AUX OFFICIERS ET HABITANTS DE MAULÉON.

Copie de la lettre de Monseigneur à M^{rs} les officiers et habitans de Mauléon, du 27 novembre 1662.

Chers et bien aymez,

Les conditions sous lesquelles j'ay délaissé au sieur de Mauléon la jouissance du revenu ordinaire de ma baronnie dudit lieu, sont si publiques qu'aucun de vous ne les peut ignorer. C'est pourquoy j'ay grand sujet de m'estonner de ce que jusqu'à présent vous avez non seulement soufert qu'il se soit attribué l'authorité et les droits qui ne peuvent apartenir qu'à vostre vray et légitime seigneur, mais encore qu'abusant de cette authorité il se soit porté à commettre des excès, des violences et des injustices qui seroient autant de crimes, si vous en aviés demandé et poursuivy la réparation. Je say qu'il n'a pas espargné les personnes sacrées et que, perdant tout respect, il s'est attaqué à mon Procureur fiscal et l'a maltraicté de parolles, d'injures et de menaces. Je ne puis plus dissimuler le mescontentement que j'ay d'une telle conduitte et je vous fais cette lettre pour vous tesmoigner que je l'improuve totalement et que je désavoue toutes les choses qu'il pouroit avoir dites ou faites de ma part sous prétexte du traicté qu'il a fait avec moy pour s'asseurer ladite jouissance, afin que, si à l'advenir il entreprenoit encore quelque chose contre vous, vous ayés recours à ma protection. Je vous asseure qu'elle ne vous manquera pas et que, comme je ne doutte point que vous ne conserviés pour moy beaucoup de fidellité et d'affection, je me porteray aussy toujours de bon cœur à toutes les choses qui pouront procurer vostre repos, vostre seureté et vostre satisfaction et vous faire cognoistre que je suis.....

218. LE DUC DE LA TRÉMOILLE A ALEXANDRE MORUS.

(12 *décembre* 1662.)

Le duc est heureux de la guérison de Morus.

219. LE DUC DE LA TRÉMOILLE AU PRINCE DE SAXE-WEIMAR.

Copie de la response de Monseigneur à Monseigneur le prince de Weimar, escrite à Thouars le 15*ᵉ décembre* 1662.

M.,

J'ay reçu la lettre de Vostre Altesse du 22ᵉ du passé avec beaucoup de satisfaction et de joye de celle qu Vostre Altesse me tesmoigne d'avoir près d'elle celle que Dieu lui a donnée pour compagne. Elle ne se peut assez louer du bon traitement qu'on lui a fait dans vos Estats et surtout de l'amitié cordiale que vous luy tesmoignés. Ce qui m'oblige à de nouveaux ressentiments et à luy réitérer les asseurances de mes services. J'espère qu'elles luy seront bien agréables, puis qu'elles ne sauroient estre plus sincères et qu'elles partent d'un cœur qui vous est entièrement acquis et qui s'intéresse en tout ce qui vous touche. Honorés moy donc de vos bonnes graces et de la créance que je suis,

M.,
De V. A.,
Le très humble et très obéissant serviteur.

---

220. LE DUC DE LA TRÉMOILLE AU COMTE DE LAVAL, SON FILS.

Responce de Monseigneur du 23 décembre à la lettre du comte de Laval.

(*Voir* la copie de cette lettre dans la biographie du duc Henry de la Trémoille, page 53).

---

221. LE DUC DE LA TRÉMOILLE AU BAILLI DE LOUDUN.

Copie de la lettre de Monseigneur à M. le baillif de Lodun, du 1er décembre 1662.

J'ay chargé le sieur Thévenot, mon procureur fiscal de Berrye, de se rendre demain à Lodun pour faire comparoistre de ma part aux assignations que m'a fait donner Mme de Frontevaux (Fontevrault), en suitte d'une saisie injurieuse qu'elle a fait aposer sur ma baronnie de Berrye, pour des causes que vous trouverez, je m'asseure, fort injustes, lorsque vous en serez informé. J'espère que la cour m'en deschargera. L'arrest que j'ai depuis peu obtenu pour le droit de fromentage estant un préjugé en ma faveur. Je n'ay besoin pour cela que d'un peu de temps et j'espère que, pour me le donner, vous déférerez à l'appel que j'ay interjetté de la saisie, et qui sera réitéré par devant vous. Ce sera un effet de vostre bonne justice, dont je ne laisseray pas de vous estre bien obligé, et qui me fera recevoir avec beaucoup de joye les occasions qui se présenteront de vous donner des marques de mon affection et de l'estime toute particulière que j'ay pour vostre personne.

222. LE DUC DE LA TRÉMOILLE A ALEXANDRE MORUS.

(15 *janvier* 1663.)

Accusé de réception de deux livres, du *Traité de Dunkerque* et du *Traité de Lorraine*.

223. LE DUC DE LA TRÉMOILLE A ALEXANDRE MORUS.

(15 *février* 1663.)

Accusé de réception d'une lettre et d'une pièce de vers.

224. LE DUC DE LA TRÉMOILLE A M. AMIRAULT, MINISTRE PROTESTANT.

(10 *mai* 1663.)

Remercîments pour l'envoi de quelques ouvrages.

225. LE DUC DE LA TRÉMOILLE A M. AMIRAULT (1).

Response de Monseigneur à M. Amirault, du 22 juin 1663.

J'ay receu vostre lettre et vostre livre dédié à ma petite fille comme un nouveau tesmoignage de vostre bonne volonté. Je ne saurois assés dignement et à mon gré vous remercier de l'un et de l'autre. La modération singulière, l'esprit pénétrant et la profonde science que chacun sans aucune controverse remarque en tous vós discours et escrits, me fait souhaitter que, comme vous les avez employés à la réunion des vostres, vous contribuiés aussy à ce qui semble défaillir à la gloire et au bonheur de l'église et de celuy de tous les princes et de tous les peuples.

Je suis et seray toute ma vie.....

226. LE DUC DE LA TRÉMOILLE A MADAME DE LA MOUSSAYE.

(21 *août* 1663.)

Regrets de ne pouvoir accorder le bénéfice de Beaumont à la personne recommandée par madame de la Moussaye.

(1) Moyse Amirault, ministre à Saumur, né à Bourgueil en Anjou, mort en 1664. (Dreux du Radier, t. IV, p. 108; Bayle.)

227. LE DUC DE LA TRÉMOILLE AU COMTE D'ESTRADES, AMBASSADEUR EN HOLLANDE.

Responce de Monseigneur à M. le comte d'Estrades, ambassadeur du Roy en Hollande, du 24 aoust 1663.

Monsieur,

Je suis trop persuadé de vostre générosité et de vostre bonté pour avoir eu la moindre pensée que vous eussiés rien contribué aux petits mescontentements qui peuvent avoir donné lieu aux plaintes de mon fils (le prince de Tarente). J'ay toute la joye possible d'aprendre qu'il soit dans les mesmes sentimens de vous rendre tous les services dont il sera capable. Je vous ay les dernières obligations des aydes que vous lui avez donnés pour cela et de tant de marques et d'asseurances que j'ay receues de l'honneur de vostre bienveillance. Je vous en rends mille graces très humbles et et vous en demande la continuation et celle de vos bons offices pour mon fils, s'il s'en rend digne, vous asseurant, Monsieur, qu'il n'y a personne en France qui vous honore plus que moy et qui soit plus véritablement et sincèrement que je suis,

M.....

228. LE DUC DE LA TRÉMOILLE A LA DUCHESSE DE LA MEILLERAYE.

(24 août 1663.)

Regrets d'être engagé pour donner le bénéfice vacant dans la chapelle du château de Thouars.

229. LE DUC DE LA TRÉMOILLE AU PÈRE PROVINCIAL DES CAPUCINS.

(29 août 1663.)

Remercîments pour l'envoi à Thouars *d'un très digne gardien qui a un applaudissement universel.*

---

230. LA REINE MÈRE ANNE D'AUTRICHE AU DUC DE LA TRÉMOILLE.

Copie de la lettre de la Reyne à Monseigneur, du 30ᵉ d'aoust 1663.

Mon cousin,

Ayant apris qu'on avoit fait cy devant avec vostre participation des projets pour establir dans la ville de Rennes ung hopital général au lieu du prieuré de Beaumont, dont la collation vous appartient, et sçachant que ledit prieuré est à présent vaccant par le decèdz du dernier titulaire, j'ay creu que, l'occasion estant plus favorable qu'auparavant, je devois vous tesmoigner que vous me ferez plaisir bien agréable de vouloir favoriser les habitans de ladite ville de Rennes de ce bénéfice qui donneroit lieu à ung establissement bien agréable à Dieu et bien advantageux au public par le soulagement que les pauvres en recevroient. Je veux croire de vostre piété et charité que vous voudrez bien contribuer à une si bonne œuvre et donner mesme en cela quelque chose à la prière de celle qui est

Vostre bonne cousine,

ANNE.

231. LE DUC DE LA TRÉMOILLE A MADAME LA MARÉCHALE FOUCAULT.

(27 *septembre* 1663.)

Regrets de ne pouvoir envoyer une déclaration, qui ne pourrait dans tous les cas détruire un acte notarié.

---

232. LA REINE MÈRE ANNE D'AUTRICHE A LA DUCHESSE DE LA TRÉMOILLE.

Copie de la lettre de la Reyne à Madame, du 2ᵉ octobre 1663.

Ma cousine,

L'amitié que j'ay tousjours eüe pour vous m'a fait sentir le desplaisir de la nouvelle de vostre maladie que j'ay apprise par un bon père Jésuite. Elle m'oblige aussy de vous advertir de vostre salut dans la conjoncture présente et de vous dire que je souhaiterois avec passion que vous prissiez occasion de vostre maladie quoyque peu considérable, pour jetter les yeux sur vous mesme et sur l'erreur qui vous retient sy long temps dans une religion si pernicieuse à vostre âme et à vostre repos éternel. Je vous prie, ma cousine, d'y vouloir penser sérieusement et d'escouter favorablement ceux qui sont dans la voye de Jésus-Christ et de ses successeurs et de ceux qui n'ont rien innové dans leurs maximes et dans leurs preceptes, afin qu'après avoir satisfait au monde par toutes les bonnes qualitez qui vous y font tant estimer, vous satisfaisiez aussy à Dieu par une soumission entière à la foy et à la religion qu'il nous a enseignée. Vous croyez bien sans doute que je ne vous souhaite un si heureux changement que par ce que je suis

> Vostre bonne cousine,
>
> ANNE.

A Vincennes.

---

233. ANNE D'AUTRICHE AU DUC DE LA TRÉMOILLE.

Copie de la lettre de la Reyne à Monseigneur, du 2ᵉ octobre 1663.

Mon cousin,

La nouvelle de la maladie de ma cousine la duchesse de la Trémoille, vostre femme, m'oblige de luy escrire pour l'advertir de penser sérieusement à elle et d'escouter les personnes qui peuvent l'ayder à se convertir et prendre un meilleur party que celui qu'elle a tenu jusques icy à l'esgard de la religion. Je vous convie de vouloir seconder en cela mes bonnes intentions et contribuer par vos soins à lui procurer un repos qu'elle ne peut plus se promettre tandis qu'elle sera dans l'erreur où elle est. Vous voyés bien que je n'ay d'autre motif en cela que la gloire de Dieu et son advantage particulier et la croyance que j'ay qu'un changement de cette nature vous tourneroit bien à plaisir.

Je suis.....

234. LE DUC DE LA TRÉMOILLE A LA REINE MÈRE.

Copie de la responce de Monseigneur à la Reyne, du 22ᵉ octobre 1663.

Madáme,

J'ay receu avec non moins de joye que de respect les lettres qu'il a pleu à Vostre Majesté d'escrire à ma femme et à moy, puisque ce sont des marques d'une insigne piété et d'une bonté très grande vers nous, qui ne la pouvons mieux mériter que par mille louanges et par des vœux continuels pour la conservation de sa personne sacrée et la prospérité de son règne. Je souhaiterois passionnément que les sentimens de ma femme touchant la religion se peussent convertir en ceux que Vostre Majesté luy souhaite pour son salut, et que la santé du corps et de l'âme, que je tasche par toutes sortes de soins de lui procurer, nous rendist plus capables de recognoistre les extrêmes bontés de Vostre Majesté. Je la supplie très humblement, Madame, d'avoir agréables mes très humbles soumissions et recognoissance et la protestation que je lui fais de conserver jusques au dernier moment de ma vie la passion qui me fait estre,

Madame,

De Vostre Majesté.....

---

235. LE DUC DE LA TRÉMOILLE A M. FILLEAU.

(28 *octobre* 1663.)

Accusé de réception d'un paquet. Le duc remercie la reine mère et M. Filleau.

---

236. LE DUC DE LA TRÉMOILLE A LA REINE MÈRE.

Copie de la responce de Monseigneur à la Reine.

J'ay tousjours receu avec tant de joye et exécuté avec tant de zèle et de fidélité tous les ordres dont j'ay esté honoré de la part de Vostre Majesté, que je ne sçaurois luy exprimer le desplaisir extrême que j'ay de ne pouvoir satisfaire au désir qu'elle auroit que je disposasse de la chapelle de Beaumont en faveur de la communauté de la ville de Rennes, pour y faire l'establissement d'un hospital général. Mais, Madame, je supplie très humblement Vostre Majesté de trouver bon que je lui représente qu'ayant uni ladite chapelle à mon chapitre de ce lieu, où sont les tombeaux de mes ancestres, les actes autentiques que j'ay faits pour cela ne pourroient plus en conscience souffrir de changement ni de révocation. Il ne faloit pas, Madame, de moindres difficultés pour m'empescher de donner en ce rencontre à Vostre Majesté une marque de l'obéissance que je dois à ses commandements. Je tascheray en toutes autres de les prévenir par mes fidèles services, et en attendant que les occasions s'en présentent je feray des vœux très ardents pour la gloire du Roy, et pour la prospérité de Vostre Majesté et de toute la maison royale. Je suis.....

---

237. LA REINE MÈRE AU DUC DE LA TRÉMOILLE.

*Copie de la lettre de la Reyne mère à Monseigneur,
du 20ᵉ novembre 1663.*

Mon cousin, le désir que j'ay de voir ma cousine la duchesse de la Trémoille, vostre femme, hors de l'erreur où elle est, par l'amitié que j'ay pour vous et pour elle, m'a fait résoudre de luy envoyer le sieur abbé de Moissy, l'un de mes aumosniers ordinaires servans, qui a l'honneur d'estre cogneu de vous, la personne duquel je me promets vous estre agréable et qui a toutes les parties qu'il faut avoir pour conduire une âme à la voye du salut. Je vous prie d'ajouster créance à tout ce qu'il vous dira de ma part sur cette matière, et de luy ayder à parvenir à une si bonne et si sainte œuvre, à quoy je vous croire que vous employerés vos soins puisqu'il s'agist du salut d'une personne qui vous est aussy chère que proche. Je suplie Dieu de bénir le tout et vous prie de me croire toujours.

Vostre bonne cousine,
ANNE.

238. LE DUC DE LA TRÉMOILLE A LA REINE MÈRE.

Responce de Monseigneur à la lettre de la Reyne,
novembre 1663.

Madame,

J'ay receu avec toute sorte de respect et de recognoissance l'envoy de Monsieur l'abbé de Moissy et la lettre que Vostre Majesté a eu la bonté de m'escrire sur le sujet de la maladie et de la conversion de ma femme. Ce sont des effets Madame, d'une si rare piété qu'il n'y a que le ciel qui la puisse assés dignement recognoistre, et que mes vœux et mes prières qui soient capables d'en exprimer les ressentiments. Je puis aussy asseurer Vostre Majesté que celle dont elle souhaitte la guérison et le salut ne respire que le service et la satisfaction de Vostre Majesté. Je la suplie très humblement, de crainte que j'ay de l'importuner par une liberté trop grande, de me permettre que je remette à Monsieur de Moissy les particularitez de son voyage, que Dieu seul par sa toute-puissance peut faire réussir. Je la requiers pour l'affermissement de la vostre, autant que pour le salut de moy et des miens, puis que je seray jusques au dernier moment de ma vie, avec un profond respect et une inviolable fidellité et recognoissance,

  Madame,

    De Vostre Majesté.....

---

239. LE DUC DE LA TRÉMOILLE AUX OFFICIERS DE LA TRÉMOILLE.

(28 *novembre* 1663.)

Ses lettres restant sans effet, le duc envoie un exprès à ses officiers, pour leur donner l'ordre formel de faire rentrer l'argent dû par ses fermiers.

---

240. LE PRINCE DE CONDÉ AU DUC DE LA TRÉMOILLE.

Lettre de M. le Prince à Monseigneur,
datée du 5 décembre 1663.

  Monsieur,

Je ne vous ay pas escrit jusques à présent sur le mariage de mon fils avec Mademoiselle la Princesse Anne, fille de

Madame la Princesse Palatine, car, quoiqu'il y ait desjà assez longtemps que la proposition en a esté faite, la chose n'a pourtant esté résolue de deçà que depuis peu après que les conditions en ont esté trouvées en Pologne au nom du Roy, avec le Roy et la Reyne de Pologne. Je m'asseure que c'est un mariage que vous approuverés non seulement à cause de l'alliance qui ne peut estre plus grande, mais encore à cause des qualités personnelles de Mademoiselle la princesse Anne, qui asseurément donne à toute la cour des sujets d'estime pour elle qui ne sont pas ordinaires. Je n'ay pas voulu passer outre sans vous en escrire et sans vous rendre en ce rencontre la civilité qui vous est deüe. C'est à quoy je ne manqueray jamais à vostre esgard, ni de considération pour vostre personne et d'attachement à tous vos intérêts, vous asseurant que je suis, Monsieur.....

241. LE DUC DE LA TRÉMOILLE AU PRINCE DE CONDÉ.

(10 *décembre* 1663.)

Félicitations sur le mariage du duc d'Enghien.

242. LE DUC DE LA TRÉMOILLE AU MARQUIS DE SOURDIS.

(19 *décembre* 1663.)

Recommandations en faveur de Desmarais, écuyer du duc, qui se rend à Paris pour représenter ses titres comme chevalier de l'ordre de Saint-Michel.

243. LE DUC DE LA TRÉMOILLE A M. H.....

(23 *janvier* 1664.)

Compliments de condoléance pour la mort de son père.

---

244. LE DUC DE LA TRÉMOILLE AU PREMIER PRÉSIDENT.

(27 *janvier* 1664.)

Prière d'appuyer de sa protection l'affaire dont le chevalier de Besançon a mission de l'entretenir.

---

245. LE DUC DE LA TRÉMOILLE A LA REINE MÈRE.

*Copie de la lettre de Monseigneur à la Reyne mère,
du 5 febvrier 1664.*

Madame,

J'ay receu celle qu'il a pleu à Vostre Majesté me faire l'honneur de m'escrire comme une marque nouvelle de sa bonté, qui se relève en s'abaissant jusqu'aux moindres personnes du monde pour leur procurer le repos et le salut. On a donc suivi et mesme prévenu ses ordres en retirant celle dont Vostre Majesté m'a daigné escrire, d'un lieu suspect pour la mettre en pleine liberté dans une maison catholique trèz zèlée pour l'avancement de la religion. Mais c'est avec un extrême regret que je fais sçavoir à Vostre Majesté que les meilleurs moyens qu'elle a proposés pour cette conversion tant désirée (1) de tous les gens de bien, n'ont pas eu tout le succès que méritoient les soins extraordinaires et très pieux de Vostre Majesté. Mais il faut espérer de la bonté de Dieu, qui est le maistre des cœurs et l'arbitre de toutes choses, qu'il donnera à la piété incomparable de Vostre Majesté des succès qui ont manqué jusqu'icy à la gloire des plus grands empereurs et au bonheur des papes les plus saints, qui faisant cesser cette division desplorable et cognoistre à ceux qui l'ont causée que, comme il n'y a qu'une foy et une église, il doit aussy y avoir une parfaite conformité en la façon de traiter les mistères et d'enseigner aux peuples les devoirs de la religion. C'est à quoy M. de Moissy s'est employé avec beaucoup de zèle et de suffisance et y a esté secondé par plusieurs bons et scavants religieux et prédicateurs qui sont icy et qui sont assistez de moy selon le peu de bien et de pouvoir qu'il a plu à Dieu de me donner. Je supplie très humblement Vostre Majesté d'estre très persuadée qu'en ce lieu, autant qu'en aucun autre du monde, le nom de Vostre Majesté est dans la dernière vénération et n'est nommé sans mille louanges et mille vœux et prières pour la conservation et prospérité de son règne et de Vos Majestés, dont je seray toute ma vie avec un profond respect et une inviolable fidélité,

 Madame,

  De Vostre Majesté,

   Le très humble, très obéissant et
   très fidèle sujet et serviteur.

Depuis cette lettre escrite le sieur de Geay, advocat en ce siège, en la maison duquel cette fille avoit esté mise, m'est

(1) Celle de sa femme.

venu donner advis qu'elle lui avoit tesmoigné qu'elle vouloit se rendre catholique. Elle en fera demain, Dieu aydant, sa déclaration devant mes officiers (1).

---

246. LE DUC DE LA TRÉMOILLE A L'ABBÉ DE MOISSY, AUMONIER DE LA REINE MÈRE.

Copie de la lettre de Monseigneur à M. l'abbé de Moissy, du 5 feburier 1664.

J'ay trouvé, Monsieur, dans vostre paquet une lettre que la Reyne m'a fait l'honneur de m'escrire. Je joins dans celluy-cy ma responce que je vous prie de luy présenter et y adjouster toutes les protestations et les offres qu'une personne dévouée à son service luy peut faire avec toute sorte de sincérité, de passion et de recognoissance. J'ay prévenu les ordres de Sa Majesté qui ne pouvoient estre plus justes et plus raisonnables, et je vous avoue que c'est une félicité pour moy que d'obéir à des ordres accompagnés de tant de douceur et de sagesse. On a donc sans délay donné et exécuté la sentence de mes officiers d'icy et retiré cette fille d'une maison suspecte pour la mettre en celle du sieur de Geay, advocat en ce siège, que vous cognoissés estre fort honneste homme, pieux et zellé en la religion catholique. Pour ce que vous me dites de Madame de la Trémoille, sa maladie ne luy permet d'estre entretenue ny convertie. Ainsy il faut, après tous les soins de la nature et de la piété, se remettre et soumettre à ce que Dieu permet dans le temps et l'éter-

---

(1) Je n'ai pu découvrir le nom de cette fille dont la conversion intéressait la reine mère. Les baptêmes des années 1664, 65 et suivantes, manquent sur les registres conservés à la mairie de Thouars.

nité, sans murmurer contre les ordres de son éternelle providence, puisqu'il n'est loisible ny possible d'y résister. Mais je ne m'aperçois pas que j'escris à un docteur très savant et très éloquent. Il ne peut toutes fois le trouver mauvais, puis que c'est pour me confirmer dans les sentimens qu'il m'a imprimés dans l'âme, et qu'il est très persuadé que je luy suis très fidellement acquis.

Depuis cette lettre escrite, le sieur de Geay m'est venu trouver pour me donner advis que la fille dont vous m'avez escrit se vouloit rendre catholique et que demain elle en feroit sa déclaration en présence de mes officiers. Ce sont des fruits de vos soins et des récompenses que Dieu donne à la piété incomparable de la meilleure et plus sage Princesse du monde. Je vous suplie de m'escrire si vous aurez receu le paquet que j'ay donné charge à Rozemont de vous porter.

247. LE DUC DE LA TRÉMOILLE AU CARDINAL PICCOLOMINI.

(12 *février* 1664.)

Félicitations sur son élévation au cardinalat.

248. LE DUC DE LA TRÉMOILLE AU DUC DE SAINT-SIMON.

(12 *février* 1664.)

Remercîments pour son cadeau d'orangers et de jasmins.

249. LE DUC DE LA TRÉMOILLE AU CHANOINE LEBLANC.

Copie de la lettre de Monseigneur à M. le Blanc, chanoine, du 7ᵉ mars 1664.

J'ay receu vostre lettre du 3ᵉ sur le sujet de laquelle je vous diray que mes doulleurs ayant cessé, l'usage de la main sera employé à vous assurer des ressentimens que j'ay des bontés de Monsieur le duc de Guise vers moy, qui m'en sens d'autant plus obligé que je me connois moins propre à luy rendre des services esgaux à mon affection. Je crois sa cause très juste et mon intérest en quelque sorte joint avec le sien, et de plus les qualités excellentes que j'ay tousjours reconnues en ce Prince me donnent de la passion pour son service et beaucoup d'attache aux intérests de sa maison. Pour M. l'abbé de Moissy je le crois esclaircy et satisfait, et sa lettre ne contenant que des plaintes d'un mal imaginaire, je n'y dois non plus de responce que de remède. Seullement je m'estonne et me plains qu'il ait adjousté foy à une imposture qu'il pouvoit vérifier, comme il m'escrit, par titres et par tesmoins. Il falloit estouffer ce monstre en naissant et non le fortifier par une légère créance pour détruire des amis anciens et des amitiés bien establies, qui ont de grands priviléges mais qui ont aussy des respects et des bornes qu'on ne peut outrepasser sans sacrilège. Pour les propositions que vous me faittes, je ne m'en esloigne pas et les feray savoir au sieur Desmées et mes intentions sur cela, afin que, s'il y consent, il vienne icy pour les exécuter. Je vous remercie de tout mon cœur du soin que vous avez pris de me mander des nouvelles. Je vous seray fort obligé, s'il vous plaist de le continuer, mais pour le traitté je vous avoue que je doute qu'on puisse assujettir une souveraineté sans guerre.

250. LE DUC DE SAINT-SIMON AU DUC DE LA TRÉMOILLE.

Copie de la lettre de M. le duc de Saint-Simon (1) à Monseigneur, le 6 avril 1664.

Monsieur,

J'ay eu beaucoup de joye en apprenant par vostre lettre que mon petit présent d'orangers et jassemins vous ayt esté agréable, souhaitant de bon cœur que les petits arbres prospèrent et qu'ils contribuent à vos divertissements de Thouars. J'ai différé de vous escrire pour vous mander quelque chose d'asseuré de notre différend avec MM. les présidents (2). Il est sur le point d'estre jugé, Sa Majesté ayant les mémoires de part et d'autre disant en forme les raisons des deux costés. Vous sçavés bien, Monsieur, que les nostres sont bonnes et fortes. Je vous asseure aussy que nos mémoires en sont bien remplis, que le Roy les a trouvés si bien faits qu'il les a leüs jusqu'à trois fois, dont il a tesmoigné beaucoup de satisfaction. Le tout sera imprimé dès ce que l'affaire aura esté jugée et je vous promets que vous aurés les premières impressions, me chargeant avec plaisir de ce soing. On est persuadé que le Roy ira au parlement soudain après les festes. Je vous supplie de l'estre

---

(1) C'est le père de l'auteur des Mémoires.
(2) Pour une question de préséance entre les ducs et pairs et les présidents du parlement.

bien fort que je vous honore parfaitement et que je suis avec des sentiments tout particuliers d'estime et de respect,

Monsieur,

Vostre très humble et très obéissant serviteur,

Le duc DE SAINT SIMON.

Il faut vous dire encore que MM. les présidents ont esté fort longtemps à présenter leurs mémoires.

---

251. LE DUC DE LA TRÉMOILLE AU DUC DE SAINT-SIMON.

(10 *avril* 1664.)

Il attend avec impatience l'issue de l'affaire des ducs et pairs.

---

252. LE DUC DE LA TRÉMOILLE A L'ABBÉ DE LA ROCHE-GUION, GRAND VICAIRE A POITIERS.

Copie de la lettre de Monseigneur à M. l'abbé de la Roche-Guyon, du 15 *juin* 1664.

Vous m'avez accordé d'une manière si obligeante le mandement que je vous avois demandé pour le P. Couraud pour prescher icy l'advent et le caresme prochain, que je ne puis moins faire que de vous en tesmoigner ma reconnoissance par mes remercîments, en attendant que je le puisse faire par des services effectifs. Je m'assure, Monsieur, que vous ne serez pas marry de savoir que la Procession du saint sacrement s'est faitte icy avec beaucoup de solemnité et de dévotion. Elle auroit encore esté plus grande si M. l'abbé de Saint-Laon eust voullu signer le concordat du Triennal et en conséquence y assister; mais il s'en est abstenu par les mesmes raisons et considérations qui jusqu'à présent ont traversé l'exécution d'un si pieux et louable dessein. J'avois aussy fait convier M. le Doyen de s'y trouver, et pour cela je lui avois envoyé mon aumosnier, avec charge de luy faire entendre que ledit sieur abbé s'absenteroit et que, cela estant, il ne pouvoit y avoir aucune difficulté à son esgard; mais au lieu de recevoir cette proposition avec la douceur et la modération que j'attendois de luy et de contribuer de sa part à l'édification publique et à ma satisfaction particullière, sa responce fut injurieuse, meslée de blasphèmes et tellement emportée que tous ceux qui en ont eu connoissance en ont esté scandalisez. Je ne doutte point, Monsieur, que, si Monsieur de Poitiers en estait informé, il ne jugeast que son action est non seullement indigne d'une personne de son caractère, mais qu'elle mérite repréhension. Je ne recherche point la vengeance de l'offence que je puis avoir receue en cette occasion ; je la laisse à Dieu et à ses supérieurs; mais je suis obligé de vous en donner avis. Vous en userez selon vostre prudence et vous me ferez beaucoup de justice si vous estes fortement persuadé que vous estes une des personnes du monde que j'honore et que j'estime le plus.

253. NOTE DU DUC DE LA TRÉMOILLE.

Response à la lettre de M. L. P. T. D. à M. T. L. D. A T. (1).
(28 *juin.*)

Sur la proposition de la nourriture de Mlle de la Trémoille à la cour de Hesse, M. le duc de la Trémoille ne void aucune raison de préférer une belle-tante à une grand-mère, ny une maison alliée à une maison paternelle, puisqu'elle est assés ancienne et illustre pour y attendre la recherche, par les plus grands princes, des filles qui y sont nourries et qui ne leur doivent estre envoyées qu'après leurs nopces et avec un train convenable à leur naissance et qualité. Ce qu'alors il ne leur plaindroit nullement. Mais toute autre nourriture et tout autre voyage n'apporteroit que de la honte et de la despense sans aucun fruict. M. le Prince, grand-père de celluy-cy, rechercha trois ans Mlle de la Trémoille, sœur de feu M. son père, et après l'espousa à Taillebourg. Sur cela il est à remarquer qu'il ne voulut jamais consentir que le mariage de sa sœur se fit ailleurs que chés luy, et, bien que M. le Prince fut premier prince du sang, cousin germain de Henry IV, et héritier présomptif de la couronne de France, ils ne purent tous deux, par plusieurs instances et plusieurs fois réitérées, obtenir que les nopces se fissent à la cour ; mais, au contraire, M. de la Trémoille voulut absolument que ce fut chés luy, en la maison paternelle de sa sœur. Le Roy vint donc à Taillebourg et honora le mariage de sa présence, en signa le contract de sa main, et les autres princes

---

(1) Cette note doit se rapporter au mariage de Marie-Charlotte de la Trémoille avec Bernard, duc de Saxe-Weimar. Elle n'est pas à son ordre de date, car cette union eut lieu en 1662.

du sang et tous les parens paternels et maternels (qui estoient sans doubte les plus considérables du royaume) reconnurent M. le Prince pour héritier présomptif de la couronne. Si le contract de mariage de Mlle de la Trémoille, avec le fils et héritier de M. l'Électeur Palatin ou avec M. le landgrave de Hesse, estoit, comme l'autre, signé sur peine de cent mille escus de desdit, il seroit encore à consulter si le mariage se devroit plustost faire à Thouars (ce que M. de la Trémoille trouveroit plus à propos et honorable) qu'à Heidelberg ou à Cassel, mais d'y envoyer Mlle de la Trémoille pour y mendier une recherche ou un mariage incertain, çe seroit à son advis errer en fait et en droit et ravaller abjectement une maison, qui depuis plusieurs siècles a eu dans le monde beaucoup d'esclat et de splendeur.

254. LE DUC DE LA TRÉMOILLE AU DUC DE SAXE-WEIMAR.

(20 *juin* 1664.)

Il désire apprendre bientôt la naissance d'un petit-fils.

255. LE DUC DE LA TRÉMOILLE AU PÈRE LÉON.

(27 *juin* 1664.)

Prière de s'intéresser au P. Boband, religieux de l'ordre de Saint-Dominique, qui désire passer dans l'ordre de Saint-Benoît.

256. LE DUC DE LA TRÉMOILLE AU PÈRE HOUBREAU, DOCTEUR DE SORBONNE, EX-PROVINCIAL DES CORDELIERS.

(3 août 1664.)

Demande du P. Autruy pour gardien du couvent des Cordeliers de Thouars, le père Latouche ne pouvant continuer ses fonctions.

---

257. M. BOUSSEAU AUX NOTAIRES DE THOUARS.

Invitation de se conformer aux intentions du roi et à l'arrêt du 14 juin 1663 pour leurs extraits.

---

258. ALEXANDRE MORUS AU DUC DE LA TRÉMOILLE.

Copie de la lettre de M. Morus à Monseigneur, du 7ᵉ août 1664.

Monseigneur,

Je recommence à rendre mes devoirs à Votre Altesse après une longue éclipse, et j'espère que la délivrance des embarras où j'estois me donnera désormais plus de loisir de vous tesmoigner ma reconnoissance de la part que vostre incomparable bonté vous a fait prendre dans tous mes intérêts. Ce n'est pas qu'il ne reste à notre mer encore quelque agitation après un orage si furieux, mais j'espère que celui à qui la mer et les vents obéissent, après avoir appaisé la tempeste de nos combats, ne manquera pas de calmer les flots de nos passions indignes de chrestiens et dignes des seuls Turcs. Puissions nous tourner toutes nos haines contre cet ennemi commun qu'on mesprise trop ce me semble. S'il est vray qu'il ait dessein de passer dans la Carinthie, d'où il descouvrira si aisément le pays du Frioul, il est pour faire une terrible inondation. Mais nous nous resjouissons et nous endormons comme du temps de Noë (1). Vous aurés appris ce que M. le légat a dit à M. de Turenne, qui l'a visité, que dans Rome on parloit de lui comme devant estre à la teste de l'armée contre les infidèles. Cependant nos prisonniers de la Bastille passent mal leur temps dans la longueur de la prison, et leurs amis s'amusent à faire les vers que je vous envoye. Je prie Dieu qu'il conserve longtemps Vostre Altesse sous sa protection dans cette haute tranquillité qui la met au dessus des tumultes de notre région et des illusions du monde, et je suis dans un très profond et très inviolable respect,

> Monseigneur,
>
> De Vostre Altesse,
>
> Le très humble et très obéissant serviteur,
>
> Morus.

(1) Le 26 juillet 1664, les Turcs avaient été battus à Saint-Gothard par l'armée confédérée, dans les rangs de laquelle les Français firent des prodiges de valeur; mais, au 7 août, date de sa lettre, Morus n'en avait pas encore connaissance.

259. LE DUC DE LA TRÉMOILLE A ALEXANDRE MORUS.

Copie de la responce de Monseigneur à M. Morus, du 12 aoust 1664.

J'ay receu vostre lettre du 7 comme une marque et de vostre souvenir et de vostre bonne volonté vers moy, qui ne cède aussy à aucun à vous souhaiter non seulement la délivrance de vos persécutions, mais tous les avantages que vous méritès. J'ay trouvé les vers (1) que vous m'avés envoyés très beaux, mais si l'absolution ou condemnation des prisonniers fait faire quelqu'autre pièce, j'espère que vous aurés bien agréable de m'en faire part. On est en attente de la rupture ou conclusion du traité d'accommodement d'entre l'Angleterre et la Hollande et comment et avec quel succès y auront agi les entremeteurs. Il est à craindre que l'ennemi le plus redoutable des chrestiens ne fomente nos divisions et n'en profite, ensorte qu'après nous estre deschirés, toutes nos forces réunies ne lui puissent resister. Croyés je vous supplie, Monsieur, que je vous suis plus que personne du monde très fidèlement acquis.

---

260. LE P. BATIDE, JÉSUITE, AU DUC DE LA TRÉMOILLE.

(11 août 1664.)

Demande d'annexion de la cure de Chadenac, près Pons, au collége des jésuites de Saintes.

(1) Ces vers manquent dans le registre du duc.

261. LE P. BATIDE, JÉSUITE, AU COMTE DE LAVAL.

(11 août 1664.)

Demande de la cure de Chadenac pour les jésuites de Saintes.

---

262. LE DUC DE LA TRÉMOILLE AU P. BATIDE, JÉSUITE.

(11 août 1664.)

Promesse de se prêter au désir du P. Batide pour la cure de Chadenac.

---

263. LE DUC DE LA TRÉMOILLE A M. DE VILLARNOU.

(28 août 1664.)

Faire-part de la naissance d'un petit-fils, fruit du mariage de la duchesse de Saxe-Weimar.

---

264. LE DUC DE SAXE-WEIMAR AU DUC DE LA TRÉMOILLE.

Copie de la lettre M. le duc de Saxe-Weimar à Monseigneur, de Iena, du 27 juillet 1664.

Monsieur,

Le devoir m'oblige de faire part à Vostre Altesse de la joye que nous ressentons ma femme et moy pour la naissance d'un fils dont il a pleu au bon Dieu de bénir nostre mariage, de quoy nous avons bien sujet d'en louer sa divine bonté et lui rendre grâces infinies pour une si heureuse délivrance. Je ne doute point, Monsieur, que cette nouvelle ne vous donne de la joye et de la tendresse, puisque le nombre de vos serviteurs et de vos enfants s'augmente. Nous n'aurons rien tant à cœur, si Dieu lui fait la grâce de vivre, que de le bien instruire et eslever dans le respect et obéissance qu'il vous doit et de vous rendre autant de service que vous en a voués,

Monsieur,

De Vostre Altesse,

Son très humble et très obéissant fils et serviteur.

---

265. LE DUC DE LA TRÉMOILLE AU DUC DE SAXE-WEIMAR.

(29 *août* 1664.)

Le duc est très-joyeux de la naissance de son petit-fils. On a fêté cet événement à Thouars par des démonstrations publiques et particulières.

---

266. LE DUC DE LA TRÉMOILLE A LA DUCHESSE DOUAIRIÈRE DE SAXE-WEIMAR.

Copie de la lettre de Monseigneur à Madame la duchesse de Weimar, du 29 aoust 1664.

Je ne puis m'empescher de vous tesmoigner ma joye de la naissance d'un fils que nous avons tant désiré et de la délivrance de la mère que j'ay tousjours chèrement aymée. Ses douleurs m'ont esté très sensibles, bien que le récit de ce qui les a suivies m'en ait fort consolé et donné sujet d'espérer que les premières lettres m'apprendront l'affermissement de sa santé. Je prie Dieu de bénir ce cher enfant et de lui donner un jour une vertu qui responde à sa naissance et un bonheur digne de l'un et de l'autre. Je ne vous mande rien de la santé de Madame, puisqu'elle vous escrit et les siens. Je me contenteray de vous asseurer de celle de vostre neveu et de vos niepces et que je suis tout à vous.

267. ALEXANDRE MORUS AU DUC DE LA TRÉMOILLE.

(30 *août* 1664.)

Félicitations sur la naissance du petit prince de Saxe.

268. LE DUC DE LA TRÉMOILLE AU COMTE DE CARAVAS.

(9 *septembre* 1664.)

Remercîments pour ses félicitations sur la naissance du prince de Saxe.

269. LE DUC DE LA TRÉMOILLE A ALEXANDRE MORUS.

(9 *août* 1664.)

Remercîments pour ses félicitations à l'occasion de la naissance du prince de Saxe.

270. M. M..... A LA DUCHESSE DE LA TRÉMOILLE.
(30 *août* 1664.)

Félicitations à l'occasion de la naissance du prince de Saxe.

---

271. LE DUC DE LA TRÉMOILLE AU CHAPITRE DE SAINT-THUYAL DE LAVAL.

Copie de la lettre de Monseigneur à MM. du chapitre de Saint-Tuyal de Laval, du 7ᵉ octobre 1664.

Très chers et bien aymés,

Nous avons chargé le sieur Allard de vous porter et présenter cette lettre pour vous tesmoigner combien nous avons esté surpris d'apprendre que celuy que nous vous avions donné pour doyen, mescognoissant les grâces et bienfaits qu'il a receus de nous, a bien esté assés insollent pour nous faire donner un exploict afin de luy payer les arrérages de plusieurs années de rentes que nostre Duché doit à son abbaye, qui est de la fondation de nos prédecesseurs ; et ce qui rend cette procédure plus infame, c'est que lesdites rentes ont esté acquittées jusques à présent et qu'il n'en est deu aucune ; mais il a voulu que cette supposition manifeste fut joincte à son ingratitude pour la rendre plus extraordinaire et plus signalée envers celuy de qui il tient et ce qu'il est et ce qu'il a de biens, d'honneur et de bénéfices. Je n'ay voulu vous informer de plusieurs de ses actions et des effets qu'il m'a donnés, en d'autres rencontres, de sa mauvaise volonté et de sa conduite ; mais maintenant qu'il a excédé toutes les bornes de justice et de honte nous avons creu devoir contenir les autres par les tesmoignages de nostre indignation contre luy ; et afin de leur faire davantage détester des actions si indignes de gens d'honneur et de conscience, nous désirons que cette lettre soit registrée dans votre greffe et leue publiquement dans tous les chapitres que vous tenés, pour empescher le relaschement de la bonne et exacte discipline que vous observés dans vostre compagnie et qui est d'édification et d'exemple à toutes les autres. Nous nous assurons que vous satisferés fort exattement à nostre intention, pour ce que ce sera comme un nouveau serment de tout vostre corps après la faute irréparable d'un de vos membres et un effet de vostre bonne volonté, après un acte de mescognoissance et de félonie. Ce qui réchauffera nostre affection et accroittra le désir d'en donner des effets à vostre compagnie et à ceux qui la composent, que nous prions Dieu de tenir en sa sainte et digne garde.

---

272. LE DUC DE LA TRÉMOILLE A L'ABBÉ DE LA ROCHE-GUION, VICAIRE GÉNÉRAL A POITIERS.

Copie de la lettre de Monseigneur à M. l'abbé de la Rocheguion, du 10ᵉ octobre 1664.

Je ne viens que de recevoir la lettre du 28 du passé, que vous avez pris la peine de m'escrire, sur le sujet de laquelle j'ay creu qu'une personne capable de vous mieux informer de ce qui s'est passé et de mes intentions pour l'advenir, devoit vous estre despêchée. Je vous supplie donc, Monsieur, d'ajouster entière créance à ce que vous dira de ma part M. Le François, ne doutant point que les asseurances qu'il porte de ma part à M. de Poictiers ne luy fassent changer de résolution, pour peu qu'il veuille correspondre à la bonne intelligence que je souhaite pouvoir entretenir avec luy (1). Je m'asseure que vous y contribuerez ce qui dépendra de vous et que vous demeurerez persuadé que personne ne vous est plus acquis que

H.

273. MÉMOIRE DONNÉ PAR LE DUC DE LA TRÉMOILLE A M. LE FRANÇOIS.

M. Le François verra M. de la Rocheguion, luy rendra la lettre de Monseigneur et luy dira la charge qu'il a de voir M. de Poictiers de sa part, pour luy dire que, sur l'advis qu'il a eu qu'il avoit quelque pensée d'envoyer icy quelques ordres sur le sujet du *Te Deum* chanté pour la naissance du prince de Saxe-Weimar, il luy envoye M. Le François pour luy représenter, sans entrer dans la question de savoir si en conscience on a peu chanter ledit *Te Deum*, on l'a fait chanter suivant les exemples du passé en semblables occasions, sans penser que cela intéressast en rien M. de Poictiers. Mais, puis qu'il estime qu'on ne l'a peu faire sans blesser ses droits et son authorité, Monseigneur luy fait porter parolle et asseurance, par M. Le François que, si doresnavant il se présente des occasions pour lesquelles le *Te Deum* deust estre chanté ou le clergé assemblé, on ne le fera qu'avec la participation et par les ordres de M. de

---

(1) Gilbert de Clérambault, évêque de Poitiers de 1657 à 1680, paraît avoir été d'un caractère assez difficile ; à en juger par ses démêlés avec le chapitre de sa cathédrale.
Voir *Mémoires de la Société des antiquaires de l'Ouest*, t. XVII, p. 356, 358 (*Histoire de la cathédrale de Poitiers*, par l'abbé Auber).

Poictiers, mondit seigneur se promettant aussy qu'après cette asseurance M. de Poictiers ne fera point paroistre icy les ordres qu'il avoit résolu d'y envoyer.

274. M. DE LA ROCHEGUION, GRAND VICAIRE A POITIERS, AU DUC DE LA TRÉMOILLE.

Copie de la responce de M. l'abbé de la Rocheguion à Monseigneur, du 12ᵉ octobre 1664.

Monseigneur,

M. Le François vous dira la responce de Monseigneur de Poictiers à la proposition qu'il luy a faite de vostre part, ce qui me dispensera, s'il vous plaist, Monseigneur, d'en faire le récit à Vostre Altesse crainte de luy estre ennuieux. Je vous asseureray seulement, Monseigneur, que je feray tout mon possible afin que tout se passe à vostre satisfaction et comme vous le desirez, estant avec tout le respect imaginable,

Monseigneur,

De Vostre Altesse,

Très humble et très obéissant serviteur,

L'abbé DE LA ROCHEGUION,
vicaire général.

275. LE DUC DE LA TRÉMOILLE A M. DE LA VIGNOLE.

(15 *octobre* 1664.)

En reconnaissance des services de M. de la Vignole, le duc lui envoie l'expédition d'un canonicat vacant.

---

276. EXTRAIT D'UN ACTE DU CHAPITRE DE SAINT-THUYAL DE LAVAL.

Extrait de l'acte du chapitre de Laval et de sa résolution sur la lettre et ordre de Monseigneur touchant l'abbé de Chambon.

Le mercredy 15ᵉ jour d'octobre 1664, le chapitre extraordinairement assemblé au son de la cloche, au lieu et manière accoutumés, ès personnes de M. le chantre, y présidant, et MM. J. Arnoul, N. Bertrand, N. Piau, J. Boulliault, P. Sorin et J. Touchard, tous prêtres et chanoines de cette église ; M. le chantre ayant présenté au chapitre une lettre de Monseigneur ; après l'ouverture d'icelle et la lecture qui en a esté faitte, le chapitre a ordonné qu'on y obéiroit en la manière prescrite par icelle, et qu'elle sera mise au trésor de cette église pour y avoir recours et y tenir estat. Cependant le chapitre a chargé M. le chantre et Arnoul de faire voir ladite lettre à M. de Chambon, et, suivant sa responce, le chapitre se donnera l'honneur de respondre à la lettre de Son Altesse par la main et le soing de M. Piau, scribe du chapitre.

277. LE DUC DE LA TRÉMOILLE AU CHAPITRE DE
SAINT-THUYAL DE LAVAL.

Copie de la responce de Monseigneur à M. le chantre et au chapitre de Saint-Thugal de Laval, du 23 octobre 1664.

J'ay receu vostre lettre du 18e, celle du chapitre et l'acte qui y est joint. Je luy sçay beaucoup de gré et à vous d'avoir satisfait à mon intention et pris part à mon juste ressentiment, lequel ne peut cesser par les compliments de l'abbé de Chambon, qui, au lieu de recognoistre sa faute et de la réparer par des services effectifs, la veut deffendre par de nouvelles suppositions, me demandant permission de me faire cinquante procès, c'est-à-dire de ruiner et tuer son bienfaiteur avec beaucoup de civilité. C'est ce que j'ay désiré vous faire sçavoir comme à mon ami particulier, afin que vos confrères recognoissent ledit abbé pour l'ennemi de ma personne et de ma maison, qui employe le bien qu'il en a receu pour me nuire, qui s'aigrist contre les justes reproches et prétend se justifier en faisant pis que jamais. Il a donné à son nepveu des conseils et de l'argent, non pour me payer mais pour me chicaner, après s'estre offert à Monsieur de Rohan contre moy. On peut dire après cela qu'on ne peut blesser qu'un ennemi ni punir qu'un criminel perfide et ingrat. Je souhaite néantmoins que Dieu lui touche le cœur pour recognoistre sa faute et prévenir ses jugements par une prompte et sérieuse repentence. Je remercie Monsieur Piau des tesmoignages qu'il me donne de son affection en la lettre qu'il m'escrit. Celle cy y servira de responce et à tous ses confrères. Je me recommande à ses saintes prières et aux vostres particulièrement pour moy et toute ma famille. Je vous prie que Monsieur de Surmeine ayt part à cellecy et aux asseurances de mon entière affection.

---

278. LE DUC DE SAXE-WEIMAR AU DUC DE LA TRÉMOILLE.

Copie de la lettre de M. le duc de Saxe à Monseigneur, du 1ᵉʳ octobre 1664.

Je suis si persuadé de la bonté de Vostre Altesse que je ne doute point que la nouvelle de l'heureux accouchement de ma femme ne lui aye causé une extrême joye. Elle l'a tesmoigné avec tant d'excès que j'ay tous les sujets du monde, non seulement de l'en remercier, mais aussy de prier Dieu qu'il vous veuille envoyer au double tout le bonheur que vous souhaités à ce pauvre enfant. Je vous asseure que je ne désire rien tant sinon qu'il se rende un jour capable de pouvoir mériter quelque part dans les bonnes grâces de Vostre Altesse, lesquelles je vous supplie très humblement de me vouloir continuer, puis que personne n'est plus passionnément que moy.....

---

279. LE DUC DE LA TRÉMOILLE A L'ABBÉ DE LA ROCHE-GUION, GRAND-VICAIRE A POITIERS.

Copie de la lettre de Monseigneur à M. l'abbé de La Rocheguion, du 4ᵉ novembre 1664.

J'ay creu vous devoir donner advis d'un petit dessein de piété que j'ay pour l'édification de ma famille, mais que je n'ay voulu exécuter sans vostre advis, l'approbation et permission de Monsieur de Poictiers, dont le caractère et le mérite particulier me seront toujours dans la dernière considération, que je recognois luy estre deue et dont je tâcheray de donner l'exemple à tous. C'est donc, Monsieur, d'employer un lieu qui est vouté, fort décent et fort propre, à y faire une chapelle, afin que les prières du soir et autres exercices de piété s'y puissent faire commodément, pour ce que ma grand chapelle est trop esloignée et incommode pour y assembler mes domestiques. Ce qui me fait vous despescher ce valet de pied pour vous supplier d'en obtenir la permission de mondit sieur de Poictiers et vous conjurer de me continuer, en vos bonnes graces et mesmes aux siennes, la part que je tâcheray toujours d'y mériter par les services dont vous jugerés capable

H.

280. L'ÉVÊQUE DE LA ROCHELLE AU PRINCE DE TARENTE.

Lettre de M. l'évesque de la Rochelle à Monseigneur le Prince, du 13 novembre 1664.

Monsieur,

J'ay esté au désespoir d'apprendre, par la lettre que vous m'avez fait l'honneur de m'escrire, que vous avez esté à Benon. Je n'aurois pas manqué, si je l'avois seu, de vous y aller offrir tout ce qui dépend de moy et vous asseurer de mes très humbles services. Il y a longtemps que je savois bien la mauvaise manière dont Messieurs de Nuaillé vivoient avec vos officiers. Je leur avois mesme escrit une fois en leur faveur, mais, puis qu'ils manquoient de respect pour une personne comme vous, je ne devois pas espérer qu'ils en eussent pour la prière que je leur faisois. Cependant, Monsieur, je ne désespérerois pas que, s'ils se mettoient en leur devoir, vous n'eusâssiez en leur endroit de vostre générosité ordinaire. Je ne say pas leurs sentimens, mais je say bien ce que je leur devrois conseiller, s'ils me demandoient mon advis. Je n'auray jamais cependant d'autres sentimens que les vostres; en cette rencontre comme en toute autre, je vous tesmoigneray que j'auray pour vous tout le respect que je dois. Je vous supplie très humblement de croire que je suis,

  Monsieur,

   Vostre très humble et très obéissant serviteur,

    De Laval E. de la R.

---

281. LE DUC DE LA TRÉMOILLE AU PRINCE DE TARENTE.

Copie de la lettre de Monseigneur à Monseigneur le Prince, du 21 novembre 1664.

J'ay appris par Berte que vous aviés veu Monsieur Colbert et qu'il vous avoit fort bien traicté et que depuis vostre départ de Saumur fort matin il y estoit arrivé force gentilshommes et le corps de ville pour vous saluer; mais j'ay esté un peu surpris de la lettre que Grandchamp a escrite à vostre frère touchant une chapelle où l'on n'a fait que la prière du soir et non dit la messe. Comme il estoit très inutile de rien escrire sur ce sujet, il estoit absolument nécessaire de m'informer de vostre conférence avec Monsieur Colbert, car vous me laissés en doute de ce que j'auray à espérer de luy sur la signification de l'arrest du conseil faite à Laval par son ordre, et s'ils veulent apporter quelque remède à un mal que son frère et luy ont causé, et vous savez que Berte n'est pas un rapporteur propre pour une affaire de cette conséquence et que de plus c'est un sot parfait. J'ay escrit à Rozemont touchant Monsieur Morus, dont le sejour à mon logis fait murmurer les catholiques et me rendroit suspect avec raison, s'il y faisoit un plus long séjour. Je croy que vous serés de mon sentiment sur cela. Monsieur l'abbé du Mur continue à prescher avec un applaudissement non pareil ; ses excellentes prédications le méritent et font un très grand fruit. Il se loue fort de vostre entretien et je luy ay tesmoigné que vous estiez aussy satisfait du sien. Il a receu une lettre de la Reyne pour vostre mère, qui ne la voulut ouvrir que deux jours après que Monsieur du Meur la luy eut présentée. Elle en impute l'aigreur (1) aux plaintes dudit sieur abbé du Meur, contre lequel et les autres missionnaires qui sont avec luy, quelques uns de vostre R. publient toutes les calomnies qu'on sauroit imputer aux plus scélérats qui ayent jamais paru dans le monde, et néanmoins ils apportent tous les soins possibles et avec une douceur extrême accompagnée de beaucoup de prudence pour arracher des cœurs et des esprits et le vice et l'erreur et y planter la vertu et la piété. Cette ville, ce Duché et leur seigneur leur sont également redevables, et je ne saurois sans lascheté et ingratitude m'abstenir de leur en rendre ces tesmoignages. Il faut vous dire, après le sérieux, une plaisante histoire. Ceux de la Religion sont venus trouver vostre mère fort esmus et envoyés, dit-on, de Monsieur Chabrolle, leur

---

(1) Aigreur expliquée par la lettre n° 282. — La reine supposait que Marie de la Tour avait pris des mesures hostiles aux prédications catholiques.

ministre, pour dire à vostre mère que Monsieur Bancelin, leur second ministre, estoit retenu dans mes prisons, c'étoit à dire par mon ordre. Comme ce menteur pathétique eut fort esmeu tout le petit troupeau et fait députer vers moy pour me porter leurs plaintes avec beaucoup de chaleur, et que j'eus envoyé aux prisons et mandé le geolier, le sieur Bancelin comparut pour dire qu'il estoit demeuré très satisfait de la conférence qu'il avoit eue dans les prisons avec le prédicateur de la controverse. Ce qui fit disparoistre tous ces menteurs démentis par leur ministre, avec beaucoup de confusion. Ce qui vous doit faire remarquer qu'ils se plaignent souvent sans aucun sujet et en donnent beaucoup de se plaindre d'eux. Vostre frère a accordé tout le clergé d'icy et m'en fit apporter la transaction à dix heures du soir, signée de tous les corps du clergé. Il fit paroistre en sa conduite, pour ramener des esprits fort aygris et intéressés, toute la patience et dextérité possible, et je ne saurois jamais assés à mon gré et l'en louer et vous tesmoigner la satisfaction que j'ay de luy. Mesdemoiselles de la Moussaye, leurs hommes, femmes et chevaux sont icy à mes dépens. Vos enfans sont en parfaite santé. Je prie Dieu qu'il vous conserve, illumine et bénisse, et toute vostre belle famille, selon le désir le plus intime de mon âme. Je vous prie de communiquer celle-cy à Grandchamp.

282. LE DUC DE LA TRÉMOILLE A M. LE BLANC.

Copie de la lettre de Monseigneur à M. Le Blanc, du 25 novembre 1664.

J'ay receu vos deux lettres l'une du 17 et l'autre sans datte. Je prends l'avis que vous me donnez pour un tesmoignage de vostre bonne volonté, qui me fera prendre plus garde aux actions des miens. Ceux de la R. P. (religion prétendue réformée) m'ont fait défenses d'assister aux prédications, leur pouvoir est trop restreint pour en outrepasser les bornes jusques là ; mais pour leur malheur ils se sont privés des instructions, exhortations et consolations qui leur estoient fort nécessaires. On a appris la maladie de la Reyne et on a aussytost fait icy par mon ordre des prières publiques en toutes nos églises pour sa guérison. Je seray bien ayse que cette vérité soit seue et nostre zelle pour la prospérité de L. M. plus cognu qu'il n'est. Mon fils avoit appris, par plusieurs lettres de Hollande, la blessure et la mort du prince Guillaume de Nassau (1). Je ne laisse de vous estre obligé de vostre advis et vous en remercie comme des autres particularités de vos lettres. Ma femme a respondu à la Reyne. Elle déclare qu'elle n'a peu ni deu faire aucunes défenses, moins en ce qui touche la liberté de conscience ; et ainsy les advis qu'on a donnés sur cela ne sont ny vrays ny vraysemblables, et vous savez qu'on prend quelques fois des prétextes pour des sujets de nuire. Ce qui paroit en l'affaire de Laval où mes services non seulement sont mescogneus, mais mon bien ravy par l'authorité sans aucune forme, nonobstant tous les arrêts, vérifications et quittances. Peut estre que le Roy mieux informé me fera justice ; mon fils est sur les lieux pour la requérir. Continués moy vos

---

(1) « J'étois encore à Thouars, lorsque j'appris la nouvelle de l'accident
» funeste arrivé au prince Guillaume de Nassau. Il regardoit dans un pis-
» tolet, sans savoir ou faire réflexion qu'il étoit chargé ; le coup partit et
» lui perça la langue et les machoires ; il vécut encore huit jours sans
» pouvoir parler, et mourut avec une constance admirable, consolant sa
» femme et ceux qui l'assistoient, dont il ne pouvoit se faire entendre que
» par écrit ; c'étoit un prince de grand mérite..... » (*Mémoires du prince de Tarente*, p. 264.)

bons offices et vostre affection, et soyés très persuadé de la mienne.

---

283. LE DUC DE LA TRÉMOILLE A M. DE HAUMONT, AVOCAT DU ROI A SAUMUR.

(9 décembre 1664.)

Recommandations pour MM. du Vignan, dont l'affaire est sur le point de se terminer.

---

284. LE DUC DE LA TRÉMOILLE A ALEXANDRE MORUS.

(16 décembre 1664.)

Compliments sur des ouvrages de Morus, particulièrement à propos d'un poëme sur la naissance de Jésus-Christ.

---

285. LE DUC DE LA TRÉMOILLE A M. LE BLANC.

Copie de la lettre de Monseigneur à M. Le Blanc, du 16 décembre 1664.

J'ai receu vostre lettre de l'XI et respondu à celle du 4. Il est vray que le suisse dont on s'est plaint s'estant ennyvré avec un autre qui le mena au cabaret, il fit après de telles insolences dont il fut chastié aussitost que je l'appris, et ses plaintes ayant esté étouffées, elles ne doivent plus ce semble revivre pour me nuire et servir de prétexte à l'injure ou au refus de la justice que je tasche de rendre à un chacun en ce qui dépend de moy. Je vous prie de continuer à m'escrire des nouvelles et principalement de celles de L. M. et sans affectation les assurer que nos églises retentissent de leurs louanges et de nos vœux pour leur prospérité, quelque mauvais traitement qu'on nous fasse.

286. LE DUC DE LA TRÉMOILLE A M. DE LA ROCHEGUION, GRAND VICAIRE A POITIERS.

Copie de la lettre de Monseigneur à M. de la Rocheguion, du 4 janvier 1665.

J'ay creu que vostre piété n'auroit pas désagréable la supplication que je vous fais de m'envoyer un ordre d'exposer le Saint Sacrement dans toutes les églises d'icy et d'y faire des prières pour la guérison et conversion de madame de la Trémoille. Ce me sera un surcroit d'obligation de vous estimer et chérir toute ma vie. Dieu veuille rendre la vostre longue, heureuse et contente, selon le souhait qu'à ce commencement d'année je fais pour vous.

287. ALEXANDRE MORUS AU DUC DE LA TRÉMOILLE.

Copie de la response de M. Morus à Monseigneur, du 11ᵉ janvier 1665.

Bien que le froid soit fort aspre aujourd'huy, Monseigneur, je ne scaurois retarder plus longtemps les vœux que je dois à V. A. au commencement de cette nouvelle année, que je lui souhaite très heureuse et suivie d'un grand nombre d'autres, *etiam de nostris*, comme disoient les anciens. Que nostre ciel s'adoucisse et ne soit plus un ciel d'airain, et que nostre terre ne produise plus que des fleurs et des fruits et qu'on ne la voye plus hérissée d'espines et de chardons. Que nostre siècle ne soit ni de fer, ni d'or, ni d'argent (*irritamenta malorum*), car l'or est souvent pire que le fer, mais un siècle de grâce et de bénédiction. Que la comète que nous voyons ne soit présage d'aucun malheur et fasse mentir ceux qui ont dit autrefois *nunquam visos impune cometas*.

Qu'on die de la nostre qu'elle est du mesme ordre que celle qui guida trois Mages de Perse à l'adoration d'un Roy de Paix descendu du ciel pour le bonheur de la terre. Les grands et les Rois sont les astres de qui les bénignes ou sinistres influences font les félicités ou les calamités des peuples. Qu'enfin, si nous sommes menacés de quelque funeste accident, il ne tombe que sur la teste des tyrans et des petits tyrans, coupables de tous nos malheurs. Qu'il espargne le Roy et les véritables grands du Royaume, et V. A. et vostre très illustre Maison que Dieu veuille combler de vie, de joye et de prospérité. J'envoye enfin à V. A., pour estrenne, s'il lui plaist, la traduction de mon poëme (1) par M. Perachen, l'un de nos beaux esprits. Il est vray qu'il prend un tour beaucoup plus grand que je n'avois fait et qu'il semble qu'il amplifie quelque fois trop. Mais c'est se plaindre de trop de bien et ce défaut ne vient que de l'abondance et de la richesse de son génie. Pour la dédicace et la préface, je n'y ay nulle part en n'en ay *(eu)* nulle communication qu'après que l'une et l'autre ont esté imprimées, et j'espère que vous jugerez aisément, Monseigneur par la manière dont il s'y prend, qu'il n'a pas suivi en cela mes mouvements.

Pictoribus atque poetis
Quidlibet audendi semper fuit æqua potestas

(1) Poëme sur la naissance de Jésus-Christ.

Je finiray cette lettre comme je finiray ma vie dans les asseurances de mes profonds, inviolables et perpétuels respects envers V. A.

---

288. M. DE HARLAY, PROCUREUR GÉNÉRAL DU PARLEMENT DE PARIS, A M. MOUSSAULT, PROCUREUR DU ROI A LOUDUN.

Copie de la lettre de M. le Procureur général du parlement de Paris à M. Moussault, Procureur du Roi au bailliage et siége royal de Loudun, du 12ᵉ may 1664.

Monsieur le Procureur,

Je vous envoye un arrest rendu contre les bohémiens et gens qui s'attroupent avec eux, vous aurez soin de le faire lire, publier et registrer au plustost et tiendrez la main à ce qu'il soit ponctuellement exécuté et m'en escrirez. Vous trouverez aussy dans ce paquet deux arrêts de règlement touchant l'incompatibilité des cures avec les canonicats, que vous ferez pareillement lire et publier à l'audience et registrer, et aurez soin de m'en envoyer l'acte, et suis Monsieur le Procureur,

Vostre frère et bon amy,

DE HARLAY.

289. LE DUC DE LA TRÉMOILLE AU COMTE DE LAVAL, SON FILS.

Copie de la lettre de Monseigneur à Monseigneur le Comte, du 23 janvier 1665.

J'ay receu vostre lettre du 7 par le retour de Desrosiers. Je souhaitte d'apprendre, par la responce à celle cy, que vos douleurs de dents soient cessées et vostre santé affermie. Celle de Madame est meilleure qu'elle n'a esté, et la mienne et de toute la famille fort bonne, Dieu mercy. Je vous envoye la copie de la lettre de M. Melliand et ma responce. Un exprès vous l'eust portée, s'y le messager n'eust party ce jour. Le père Boband n'est pas encore icy. M. Colbert est à Poictiers ; les députés des Religionnaires y sont fort allarmés et empressés ; M. de la Noue est leur commissaire. L'arrest du parlement de Rennes a ordonné la démolition du Temple de Belin ; le Roy l'a confirmé sans avoir esgard à la requeste de Madame de Rohan, qui en demandoit la subsistance durant sa vie. Le général des Hollandois a deffait dans les Indes celuy des Anglois et repris toutes leurs places. Vostre frère me l'escrit et cette nouvelle est confirmée ; l'armée de l'Empereur est attendue en Flandre, la ligue proposée entre l'Empire, l'Espagne et la Hollande. Les officiers royaux de Laval y sont de retour avec un arrest qui confirme mon droit, M. le chancelier l'a fortement opposé, M. Colbert l'a maintenu, et je leur ay envoyé mes expéditions. M. de Poictiers tesmoigne grande animosité contre toute la maison et point du tout de charité ny de justice. Je suis tout à vous. J'envoye ce jour mon intervention à M. Melliand. Il mérite d'estre fortement appuié contre l'ingratitude et perfidie de M. Barrain.

290. LE PÈRE GÉNÉRAL DES CAPUCINS AU DUC DE LA TRÉMOILLE.

(26 janvier 1665.)

Il accorde au duc deux missionnaires.

---

291. LE DUC DE LA TRÉMOILLE A COLBERT.

Copie de la lettre de Monseigneur à M. Colbert, du 11 février 1665.

Monsieur,

Je suis bien marry de me trouver si souvent obligé à vous renouveller mes importunités, mais, quoy que je sache que vous avez beaucoup de bonté pour mon fils et quelque considération pour ses intérêts, je ne puis m'empescher de vous les recommander avec autant ou plus d'affection que les miens propres. C'est, Monsieur, sur le sujet du trouble qu'on luy fait à Taillebourg pour le péage du sel et d'autres droits qui sont aussy anciens que la terre, et dont le droit et la possession sont justifiés par de bons titres. Peut estre, Monsieur, que, dans le désordre et le malheur de ce lieu là, il s'en peut estre escarté quelques uns, mais j'espère que ceux qui vous seront représentés seront suffisans pour vous faire connoistre la justice de nostre cause et que vous ne permettrez pas que mon fils et toute sa maison demeurent plus longtemps exposés aux insultes et aux ressentimens de ses ennemis. C'est, Monsieur, de quoy je vous supplie instamment, vous assurant que les effets que nous recevrons en ce rencontre de vostre bonne justice nous attacherons si fortement à vostre service et à tous vos intérests que nous n'aurons jamais rien plus à cœur que de vous les faire paroistre, moy particulièrement qui ay tant d'autres obligations à vous honorer et qui suis plus que personne du monde.....

---

292. LE DUC DE LA TRÉMOILLE A LA PRINCESSE DE TARENTE, SA BELLE-FILLE.

Copie de la lettre de Monseigneur à Madame la princesse, du 6º febvrier 1665.

J'ay receu vostre lettre du 22 du passé, qui m'apprend avec beaucoup de joye la santé de toute la famille de la Haye; celle de Thouars est Dieu mercy en mesme estat sans excepter personne. Je joincts mes prières aux publiques, pour la prospérité de cette généreuse et équitable république, à qui tous ceux qui la cognoissent la devroient procurer. Je souhaitterois qu'elle fut paisible, mais, s'il ne se peut, victorieuse des infracteurs de la paix et des envieux de sa gloire et de son accroissement. Je me réjouis de la justice qu'on rend, à Madame la princesse d'Orange, du mariage que fait et de la maison que M. l'Electeur lui bastit à Clèves, ainsy de tous costés on voit des marques de sa vertu et de sa gloire. J'ay fait part de ces nouvelles à Madame, qui s'en réjouit comme moy. L'affaire avec le baron de Nuaillé ne s'avance point par un mal-entendu. C'est un mauvais vassal et qui fait pis que jamais. J'ay escrit amplement à mon fils le voyage précédent; le sien luy escrit, à qui je souhaiterois une aussy bonne éscriture que la vostre. Aymés toujours un peu H... qui est tout à vous.

293. LE DUC DE LA TRÉMOILLE AU PÈRE BATIDE, RECTEUR DES JÉSUITES.

(14 *février* 1665.)

Le sieur Sauvé, porteur de la lettre, est chargé de communiquer au père Batide une pensée du duc.

---

294. LE DUC DE LA TRÉMOILLE AU PRINCE DE TARENTE.

(20 *mars* 1665.)

Remercîments à MM. des états, qui viennent d'accorder le gouvernement de Bois-le-Duc au prince de Tarente.

---

295. DISCOURS DU DUC HENRY DE LA TRÉMOILLE EN FAVEUR DE LA RELIGION PROTESTANTE.

Discours sur le sujet des commissions données pour le razement des Temples de ceux de la R. P. R. par T. L. E. D. D. H.

Quand Dieu permit que le schisme divisât et deschirast l'Eglise et les Estats, il semble que les Princes estoient obligés de joindre leur espée et leur autorité aux anathèmes de l'Eglise afin ou de ramener les auteurs et complices de tels attentats à leur devoir, ou de les réduire en poudre par les foudres de la puissance ecclésiastique et séculière. A quoy s'employèrent avec telle vigueur le Pape Léon X et le Roy François Ier que leurs projets eussent esté convertis en des effets salutaires sans la mort inopinée de l'un et de l'autre;

mais la jeunesse et le peu d'expérience du Roy Henri II, son fils, permit que le feu caché sous les cendres de son père se rallumast avec plus de violence qu'auparavant et se réunist aux flammes de cette détestable ligue, qui réduisit presque tout le royaume en cendre sous les règnes de ses enfants pupilles. Dans ces conjonctures et ces extrémités, Dieu suscita ce grand et incomparable monarque, le Roy Henry IVe, pour estouffer le feu de ces divisions, réconcilier les esprits, arracher le désir de vengeance et réunir sous la parfaite obéissance de leur souverain tant d'esprits ulcérés, tant de soldats excités au sang et au pillage, tant de généreuse noblesse altérée de la soif du sang les uns des autres. Le moyen que ce grand Roy jugea le plus nécessaire pour establir une succession asseurée à ses enfans et une paix inébranlable à son Estat, fut premièrement de renoncer à l'hérésie, et d'embrasser la religion catholique, apostolique et romaine, sans quoy une sureté et confiance réciproque ne se pouvoit establir ; et secondement d'assurer le repos et la religion de ceux dont il ne pouvoit refuser d'entériner les requestes, après les avoir luy mesme présentées, et desquels il avoit esté le général et le protecteur, avant que d'estre leur roy ; plus obligé par conséquent de les garantir de toute oppression, en attendant que Dieu touchast leurs cœurs par les exemples, les prières et les prédications de ceux dont la vocation et la fonction les oblige plus particulièrement à procurer la conversion et le salut des ames. A ces sentimens très pieux et très sages concoururent tous les advis des plus grands hommes de son conseil et de son siècle, qui ne trouvèrent point d'autres expédiens que de permettre à ceux de la R. P. R. l'exercice extérieur et public de leur religion, aussy libre que le sentiment intérieur, et pour cet effet de bastir des temples en plusieurs endroits convenus par des commissaires de l'une et de l'autre religion, et approuvés par Sa Majesté par un édit public et solemnel, vérifié dans les cours souveraines, qui passoit à l'advenir pour une loy fondamentale de l'Estat, qui ne pouvoit estre esbranlée sans en saper les fondemens, establir le désordre et la confusion partout, causer toutes sortes de malheurs et mettre la dernière main à la ruine et désolation de cette monarchie. Ce n'est donc plus une populace ramassée, qu'il estoit facile de dissiper et de destruire dans son commencement; c'est maintenant un membre considérable dans l'Estat, formé d'un très grand nombre de familles espendues dans toutes les provinces. Ce n'est plus une hérésie naissante qu'il falloit estouffer dans le berceau; c'est un party formé de plusieurs Roys, Electeurs, Princes et Républiques très puissantes. C'est donc errer en fait et en droit que de penser seulement à le destruire, puis que, réunis ensemble par les liens indissolubles de la religion et de l'intérest, ils se croiront tous obligez de se maintenir contre leurs ennemis, et se sentiront percez et transpercez par le flanc de leurs frères, qui l'ont si souvent exposé et opposé aux ennemis de leur foy et de leur party. Les exemples ou plustost les leçons de ce grand et incomparable monarque doivent convier son petit fils, comme très digne héritier de ses vertus et de ses couronnes, à maintenir, comme il a fait jusques icy, l'observation inviolable des édits qu'il a confirmés, et de n'esbranler jamais une paix qu'il a establie par sa valeur et par sa prudence, de n'ordonner point à un corps afoibly par des guerres estrangères et civiles, au lieu d'un bon régime, des excèz violents et capables de le faire retomber dans une rechute plus funeste et plus malheureuse que la première. Dieu destourne de la personne et du reigne de Sa Majesté les funestes présages qui peuvent se tirer de semblables conseils, que les mauvais François lui insinuent, pour accroistre plustost ses peines que son Estat et pour réduire de fidelles sujets dans la nécessité de mourir plustost en gens de bien qu'en bestes et en victimes des ennemis de sa personne et de son Estat. Après donc que ces désolez et fidelles sujets, percez de regret et d'amour pour leur religion, leur patrie et leur Roy, ont dépeint à ses pieds l'image de leurs maux, ils attendent de cette excellente et souveraine main d'en recevoir l'adoucissement par une solemnelle et publique révocation de ces commissions extorquées, qui ne tendent qu'à respandre le sang et rallumer les feux. Il n'en est pas de mesme de ceux qui depuis peu de temps ont refusé l'obéissance qu'ils doivent au Saint-Siège et au Roy, puis qu'un très petit nombre de gens (1), sans traicté public, sans légitime sujet ny prétexte apparent, au préjudice et au mespris de l'Eglise et de l'Estat, a voulu troubler l'un et l'autre. Ils ne peuvent pas soustenir, comme ceux de la R. P. R., qu'il leur ait esté rien promis ou permis, approuvé et consenti par l'Eglise et par le Roy, qui sont esgalement obligés de procurer le repos qu'on a troublé et le salut de ceux qui se veulent perdre par un schisme, que leur opiniatreté a converty en hérésie et que l'autorité ecclésiastique et séculière doit réduire à néant, sans crainte d'estre accusée de violence, puis que ce sont eux qui causent les violences quand ils viennent à les recevoir, et que, comme criminels et rebelles, ils peuvent beaucoup souffrir, mais non pas des injures, non persécution pour justice, mais une juste punition par toutes les règles et les formes de la justice. Ainsy la bonté et la justice du Roy s'exerçant avec un esgal tempérament sur les

---

(1) Jansénistes.—Formulaires.

uns et sur les autres, ils seront esgallement obligés à prier Dieu, comme faisoient les anciens chrestiens pour les Empereurs, qu'il donne à Sa Majesté très chrestienne un conseil fidelle, un peuple obéissant, des armes victorieuses et une gloire sans fin.

296. LE DUC DE LA TRÉMOILLE AU P. LEBRETON, COMMISSAIRE GÉNÉRAL DES CORDELIERS.

(24 avril 1665.)

Il demande la nomination du P. Autruy comme gardien du couvent de Thouars.

297. LE DUC DE LA TRÉMOILLE A M. DE TURENNE.

(juin 1665.)

298. LE DUC DE LA TRÉMOILLE A MADAME DE TURENNE.

(juin 1665.)

299. LE DUC DE LA TRÉMOILLE A M. DE BOUILLON.

(juin 1665.)

300. LE DUC DE LA TRÉMOILLE A MADAME DE BOUILLON.

(*juin* 1665.)

---

301. LE DUC DE LA TRÉMOILLE A MADAME D'ELBEUF.

(12 *juin* 1665.)

---

302. LE DUC DE LA TRÉMOILLE A MADAME DE LONGUEVILLE.

(12 *juin* 1665.)

---

303. LE DUC DE LA TRÉMOILLE A MADEMOISELLE D'ORLÉANS.

(12 *juin* 1665.)

Ces sept lettres contiennent des remercîments pour les compliments de condoléance adressés à l'occasion de la mort de Marie de la Tour-d'Auvergne.

---

304. MADEMOISELLE D'ORLÉANS AU DUC DE LA TRÉMOILLE.

*Copie de la lettre de Mademoiselle d'Orléans à Monseigneur,
du 4ᵉ juin 1665.*

Monsieur mon cousin,

J'ay appris avec un extrême desplaisir la perte que vous

avez faite (1). Je ne doute pas que vous n'en soyés bien persuadé, sachant l'estime et l'amitié que j'avois pour madame vostre femme et la part que je prends à vos intérêts, estant plus que personne du monde,

Monsieur mon cousin,

Vostre très affectionnée cousine,

ANNE-MARIE-LOUISE D'ORLÉANS.

---

305. MADAME DE LONGUEVILLE AU DUC DE LA TRÉMOILLE.

Copie de la lettre de Madame de Longueville à Monseigneur, du 4 juin 1665.

Monsieur,

Je suis obligée de prendre part à tout ce qui vous touche, et j'honorois si fort madame vostre femme que sa perte m'est sensible au dernier point. Je vous escris cette lettre pour vous en asseurer et qu'on ne peut estre plus que je la suis,

Monsieur,

Vostre très humble nièpce et servante,

...... DE BOURBON.

Mes enfans vous asseurent par moy de la part qu'ils prennent à votre douleur (2).

---

(1) Marie de la Tour-d'Auvergne, duchesse de la Trémoille, décédée à Thouars le 24 mai 1665.
(2) Copie de cette lettre a été adressée à M. Victor Cousin le 26 mars 1861.

306. LE DUC DE LA TRÉMOILLE A MADEMOISELLE DE LA MOUSSAYE.

Copie de la lettre de Monseigneur à Mademoiselle de la Moussaye, du 19 juin 1665.

Mademoiselle,

J'ay toujours bien creu que vostre bon naturel vous obligeroit à vous souvenir de moy en ce funeste sujet dont les parolles n'expriment les ressentimens, et qui ont esté renouvellés par la perte d'un enfant que j'aimois tendrement et qui m'eut servy de consolation; mais il n'est ny loisible ny possible de résister aux décrets de cette éternelle providence. Je l'adore en l'amertume de mon ame et la supplie d'appaiser son ire et destourner de dessus vous et les vostres et particulièrement de madame vostre mère les coups de la rigueur qu'elle m'a fait ressentir au delà de toute expression..............

307. L'ABBÉ PONCET AU DUC DE LA TRÉMOILLE.

(1er *juin* 1665.)

Compliments de condoléance pour la mort de Marie de la Tour.

308. LE DUC DE LA TRÉMOILLE AU DUC MAZARINI.

(27 *juin* 1665.)

L'envoyé du duc Mazarini est chargé de faire connaître la réponse du duc de la Trémoille.

309. LE DUC DE LA TRÉMOILLE A LOUIS XIV (1).

(3 juillet 1665.)

La petite cloche qui servait à appeler les domestiques de Marie de la Tour, pour faire des prières dans sa chambre, a été enlevée peu de temps après son décès. L'ordre du roi est donc exécuté.

---

310. LE DUC DE LA TRÉMOILLE A LOUVOIS.

(3 juillet 1665.)

Envoi de la lettre précédente.

---

311. LOUIS XIV AU DUC DE LA TRÉMOILLE.

Copie de la lettre du Roy à Monseigneur, du 21 juin 1665.

Mon cousin,

J'ay esté averty que, depuis le deceds de feu ma cousine la Duchesse de la Trémoille, vostre femme, deux ministres de la R. P. R. de Thouars ont esté faire l'exercice public de ladite religion dans le château dudit Thouars, en la chambre de la fille de mon cousin le Prince de Tarente, vostre fils, que mesme ils ont fait sonner la cloche pour advertir le peuple de s'y trouver, et d'autant que mondit cousin, vostre fils, n'auroit pas droit, suivant ce qui est

---

(1) Les lettres 309 et 310 sont postérieures à la lettre 311.

porté par l'édit de Nantes, de faire faire l'exercice de ladite religion dans ledit château, quand bien mesme il y seroit présent, à cause que vous, qui estes seigneur dudit château en plein fief d'haubert, estes catholique, je vous escris cette lettre pour vous dire que, ne voulant pas souffrir une contravention si manifeste audit édit, mon intention est que vous empeschiés que doresnavant aucun ministre ne fasse dans vostredit château l'exercice de la R. P. R. soubs quelque prétexte que ce soit, et m'assurant que vous satisferez en ce qui est en cela de ma volonté, je ne vous en diray pas davantage que pour prier Dieu qu'il vous ayt, mon cousin, en sa sainte et digne garde.

Escrit à Saint Germain en Laye, le 21ᵉ juin 1665.

Signé Louis, et plus bas Le Tellier.

312. LOUVOIS AU DUC DE LA TRÉMOILLE.

Copie de la lettre de M. de Louvois, secrétaire d'Estat,

du 28ᵉ juin 1665.

Monsieur,

L'advis qui a esté donné au Roy que des ministres de la R. P. R. ont esté faire l'exercice public de leur religion dans la chambre de Mademoiselle de Tarente, en vostre château de Thouars, a donné lieu à l'expédition de la despèche de Sa Majesté que je me donne l'honneur de vous adresser. Elle contient si particulièrement ce qu'elle désire de vos soins, pour empescher la continuation d'une contravention si manifeste à l'édit de Nantes, qu'il ne me reste qu'à vous supplier très humblement de croire que je suis avec beaucoup de sincérité et de respect...

---

313. LE DUC DE LA TRÉMOILLE A LOUIS XIV.

Copie de la lettre de Monseigneur au Roy, du 3ᵉ juillet 1665.

Sire,

J'ay receu la lettre qu'il a plu à Votre Majesté me faire l'honneur de m'escrire, qui fait paroistre ses soins et sa piété en toutes choses. Il est vray, Sire, que la perte que j'ay faite de ma femme m'ayant osté toute autre pensée, j'ay différé quelques jours à faire oster une petite cloche qui estoit proche de sa chambre, pour appeller ses domestiques aux prières qu'elle y faisoit faire ; mais, peu après son deceds je la fis oster, il y a plus d'un mois, afin qu'elle ne fut plus employée à cet usage.

Ayant donc satisfait en cela à mon devoir et aux intentions de Vostre Majesté, il ne me reste plus qu'à l'assurer que ses volontés me seront toujours des lois inviolables et que je seray toute ma vie,

Sire....

---

314. LE DUC DE LA TRÉMOILLE AU DUC DE SAXE-WEIMAR.

(17 *juillet* 1665.)

Remercîments pour ses compliments de condoléance.

315. LE DUC DE LA TRÉMOILLE A UN DE SES ENFANTS.

(17 *juillet* 1665.)

Protestations d'affection et de tendresse.

---

346. LOUIS XIV AU DUC DE LA TRÉMOILLE.

Copie de la lettre du Roy à Monseigneur, du 24 *juillet* 1665.

Mon cousin,

J'ay esté adverty que les enfants de mon cousin le prince de Tarente, vostre fils, doivent estre conduits en Hollande au premier jour pour y estre eslevez, et, comme s'ils demeuroient près de vous, j'aurois tout sujet d'espérer qu'ils y recevroient de meilleures impressions pour ce qui regarde la religion et mon service, je vous escrits cette lettre pour vous dire que j'auray à plaisir que vous vous emploiés auprès de mondit cousin le prince de Tarente vostre fils, pour faire qu'il laisse sesdits enfants auprès de vous et qu'il ne les fasse point sortir de mon royaume, vous asseurant que vous ne sauriés rien faire qui me soit plus agréable. Je vous diray aussi qu'ayant veu, par la lettre que vous m'avez escrite le 4e de ce mois, que vous avez fait oster la clochette qui, du vivant de ma cousine vostre femme, servoit à advertir ses domestiques de se rendre dans le lieu de vostre château destiné pour y faire les exercices de la religion, j'en ay reçu beaucoup de satisfaction, et que mon intention est que vous continuiés à ne pas souffrir qu'il se fasse aucun exercice de la religion P. R. en public ny en particulier dans vostredit château. A quoy ne doutant pas que vous vous conformiés selon vostre zelle pour la religion et votre affection accoustumée pour toutes les choses que je désire, je ne vous feray la présente plus longue que pour prier Dieu qu'il vous ait, mon cousin, en sainte et digne garde.

Escrit à St Germain en Laye, le 24ᵉ jour de juillet 1665.

---

317. LE DUC DE LA TRÉMOILLE A LOUIS XIV.

Copie de la lettre de Monseigneur au Roy, du 7ᵉ d'aoust 1665.

Sire,

J'ay receu avec tout le respect que je dois aux ordres de Vostre Majesté la lettre du 24 juillet dont elle m'a honoré. Il est vray, Sire, que depuis deux mois j'ay esté prié et pressé, par les lettres de mon fils et par les gens qu'il m'a despeschés, de luy envoyer ses enfans en Hollande; mais, outre que je les aime avec beaucoup de tendresse et que leur présence m'est en grande consolation, j'avoue que les considérations qui feroient désirer à Vostre Majesté qu'ils fussent nourris et eslevés auprès de moy, ont fait que jusques à présent j'y ai apporté beaucoup de résistance. Mais ma belle-fille estant arrivée icy presque en mesme temps que la lettre de Vostre Majesté, pour me faire de nouvelles instances sur ce sujet, et m'ayant asseuré que mon fils n'a résolu le voyage de ses enfans qu'après en avoir obtenu la permission de Vostre Majesté, dès auparavant la mort de ma femme, je ne say si, après tout ce que j'ay fait pour l'obliger à me les laisser, je pourray les retenir plus longtemps, et si je ne seray pas obligé de me faire violence à moy mesme pour leur donner la satisfaction qu'ils souhaittent, estant d'ailleurs persuadé qu'en quelque lieu et en quelque estat que se trouve mon fils, son devoir, son inclination et son intérest le convieront puissament à employer tous ses soins pour eslever le sien dans les sentimens de respect, de fidellité et d'obéissance que nous sommes obligé d'avoir pour le service de Vostre Majesté. Cependant, Sire, ceux que Vostre Majesté daigne prendre pour ces petits enfans sont des marques de sa piété et de sa bonté que je ne saurois jamais assés recognoistre. Je luy en rends mille grâces très humbles et je la supplie très humblement de croire que, si je ne suis pas assés heureux pour luy en pouvoir tesmoigner mon ressentiment par la fidellité de mes services, je feray au moins toute ma vie des vœux pour la conservation de sa personne sacrée et pour la gloire et la prospérité de son reigne avéc toute l'ardeur et le zelle dont peut estre capable,

Sire.....

348. LE DUC DE LA TRÉMOILLE A LOUVOIS.

(7 août 1665.)

Prière de présenter au roi la lettre ci-dessus.

349. LE DUC DE LA TRÉMOILLE AU DUC DE NOIRMOUTIERS, SON PARENT.

Copie de la lettre de Monseigneur à M. le duc de Noirmoutiers, du 17ᵉ d'aoust 1665.

J'ay receu, le 14, celles que vous avez pris la peine de m'escrire du 29 juillet, 2ᵉ et 11ᵉ d'aoust avec des marques de vostre bonne volonté et du souvenir de madame vostre femme, qui me sont si sensibles que je ne saurois assés à mon gré vous en remercier l'un et l'autre, et vous protester qu'il n'y a personne au monde qui vous estime, honore et chérisse plus que moi. J'ay leu le livret manuscrit de M. de la R. F. (Roche Foucauld) et la relation des particularitez de la bataille de Villa Viciosa (1); mais préférant ce qui met hors de peine à ce qui donne du plaisir, je me suis plus attaché à l'histoire qu'à la morale et appris avec joye Messieurs vostre fils et gendre sortis de très grands périls avec beaucoup d'honneur. Madame vostre fille mande à ma belle-fille qu'elle s'en va trouver Monsieur son mary en Espagne, qui semble ne se signaler plus que par ses pertes et par ses desroutes, ce qui fait croire à plusieurs que, sans le mariage et la paix, elle serait entièrement despouillée. J'espère que Madame vostre fille trouvera M. son mary entièrement guéry et qu'elle oubliera ses malheurs par de nouveaux contentemens. On m'a dit tant de bien de Monsieur son frère pour sa beauté, science et esprit, que m'intéressant à tout ce qui vous touche et qui porte mon nom à si juste titre, je vous en demande des nouvelles et luy vou-

---

(1) 17 juin 1665.

drois procurer, comme à mes propres enfans, tous les avantages qu'il mérite, souhaittant qu'il soit de la partie quand vous et Madame vostre femme me ferez la grâce de me venir voir. J'avois consenty aux instances de mon fils pour le voyage de ses enfans et de ma belle-fille, et le jour estoit pris pour leur départ, quand la petite vérolle a pris au duc de Thouars, qui, Dieu mercy, est creu des médecins hors de danger, mais ils n'ostent pas à sa mère une double crainte et pour luy et pour elle. J'en adjoute une troisième pour l'estat où se trouvent les affaires d'Hollande, dont les efforts estrangers et les divisions et cabales de la maison d'Orange la rendent également et suspecte à l'Estat et en obstacle continuel à l'establissement de mon fils, de sorte que depuis le fondement de cette république, elle ne fut jamais si proche de sa ruine, si le Roy ne s'y oppose par un puissant secours et avec la diligence convenable au pressant besoin qui le fait requérir. Je vous en escrits plus librement qu'à personne, et, comme au meilleur et plus intime de tous mes parens et amis, ce qui me fait vous supplier de m'escrire librement et par mémoire et de croire que je vous seray toute ma vie très fidellement acquis. Je vous demande permission d'asseurer icy Madame vostre femme et Messieurs vos enfans de mon très humble service. Ma belle fille me veut persuader que vous et Madame vostre femme n'aurez pas moins agréables les mesmes asseurances de sa part que de la mienne; elle se ramentoit avec joye la bonne réception de Montmirail comme une des meilleures et plus agréables qu'elle vit jamais.

320. LE DUC DE LA TRÉMOILLE A M. DE GENEBAT, GENTILHOMME DE SA MAISON.

(21 août 1665.)

Le duc a vu par une lettre de Genebat que la république de Hollande est plus en péril que jamais. Il craint que le prince de Tarente ne soit jamais pourvu *du grand et bel emploi que la Hollande voulait lui procurer.*

---

321. LE DUC DE LA TRÉMOILLE AU COMTE DE LAVAL, SON FILS.

Copie de la lettre de Monseigneur à Monseigneur le Comte, du 3ᵉ septembre 1665.

J'ay receu vostre lettre par Mauguy, vostre secrétaire, sur le sujet de laquelle je vous diray que j'eusse fort désiré que le duc de Thouars et sa sœur fussent demeurés près de moy et que c'eut esté ma principale joye et consolation, outre une infinité de raisons qui ont esté alléguées et que les moins esclairés peuvent facilement apercevoir; mais je n'ay jamais dit ni pensé que je peusse ny deusse contre le gré des père et mère retenir des enfans de mesme religion qu'eux, estant indifférend et esgal qu'ils aillent au presche à Bois le Duc ou à Thouars. J'ay appris les particularitez de vostre voyage par ce porteur qui vous dira celles d'icy. Je prie Dieu qu'il vous ait en sa sainte garde et qu'il vous conserve en parfaite santé.

322. LE DUC DE LA TRÉMOILLE AU PRINCE DE TARENTE.

*Copie de la lettre de Monseigneur à Monseigneur le Prince,
du 11ᵉ septembre 1665.*

J'ay receu vostre lettre du 27 d'aoust. Je suis bien ayse que vous ayés trouvé ma réponse au Roy à vostre gré. Je croy que celle à vostre frère ne le sera pas moins. Ma belle fille est partie d'icy le 8 et alla disner à Lodun et coucher à Chinon, le lendemain à Tours, pour continuer sa route sans aucun destour ny séjour, si son équipage le permet. Vos enfans sont en parfaite santé, Dieu mercy; puis qu'ils sont entre les mains d'une bonne mère, soigneuse de leur santé, et qu'ils vont trouver un bon père qui les aymera autant que moy; je me console de leur absence et leur souhaitte toutes les bénédictions du ciel et de la terre. J'ay mandé à Genebat de les rencontrer par le chemin et m'en rapporter des nouvelles très particulières et de son voyage. Je suis très ayse de la déclaration du Roy. J'espère que les succès desja remportez seront suivis de plus grands et du glorieux retour de Monsieur le pensionnaire (1) en bonne santé, que ses oyseaux renfermés changeront de langage et que l'on n'ouira plus de faux sons, mais un bon concert de voix et de vœux pour le salut et la gloire de l'Estat, auquel j'envoye des ostages et des gages pour confirmer la confiance qu'il vous tesmoigne.

(1) Jean de Witt.

323. LOUIS XIV AU DUC DE LA TRÉMOILLE.

Copie de la lettre du Roy à Monseigneur,
du 13 septembre 1665.

Mon cousin, ayant veu par la lettre que vous m'avez escrite le 8ᵉ d'aoust dernier, en conséquence de celle que je vous avois faite le 24ᵉ juillet aussy dernier, la disposition en laquelle vous estes de faire tout ce qui poura dépendre de vous pour obliger mon cousin le Prince de Tarente, vostre fils, à laisser ses enfans auprès de vous et à ne les point envoyer en Hollande suivant le dessein qu'il en avoit fait, je vous escrits celle-cy pour vous tesmoigner l'entière satisfaction que j'ay de la defférence que vous avez pour tout ce que je désire, et pour vous dire que, comme il est expressément porté par les ordonnances du Royaume que les enfans de mes sujets ne pouront estre eslevez en des païs estrangers sans ma permission particulière, je ne puis soufrir que mondit cousin, vostre fils, fasse sortir ses enfants du Royaume pour les faire mener à Bois le Duc, suivant qu'il l'avait projeté ; et la présente n'estant pour autre fin, je ne vous en diray pas davantage que pour prier Dieu qu'il vous ait, mon cousin, en sa sainte et digne garde.

Escrit à Paris le 13ᵉ jour de septembre 1665.

324. LOUVOIS AU DUC DE LA TRÉMOILLE.

Copie de la lettre de M. le comte de Louvoy à Monseigneur, du 13ᵉ septembre 1665.

Monsieur,

La despesche du Roy qui est cy jointe vous aprendra très particulièrement les intentions de Sa Majesté sur le séjour en France de Messieurs vos petits enfans, et c'est ce qui m'empesche d'avoir l'honneur de vous en entretenir. Je me contenteray seulement de vous asseurer que je m'estimerois extrèmement heureux si par mes très humbles services je pouvois vous tesmoigner que je suis.....

---

325. LE DUC DE LA TRÉMOILLE A LOUIS XIV.

Copie de la lettre de Monseigneur au Roy, du 22ᵉ septembre 1665.

Sire,

J'ay receu la lettre du 13 de ce mois dont il a plu à Vostre Majesté de m'honorer. J'avois pris la liberté de lui représenter par la mienne du 8ᵉ d'aoust, dont elle accuse la réception, les raisons qui me pressoient de consentir à ce que ma belle fille emmenast ses enfans auprès de leur père, et j'espérois que, si Vostre Majesté avoit quelque chose à m'ordonner sur cela, elle auroit la bonté de me le faire savoir plustost, s'estant passé un mois tout entier depuis ma lettre jusqu'à leur partement qui fut le 8ᵉ du courant. J'ay un extrème desplaisir de ne m'estre plus trouvé en estat d'exécuter les bonnes intentions de Vostre Majesté. Mais, Sire, ce qui me consolle en ce rencontre, c'est que, dans le mesme temps que j'ay receu la lettre de Vostre Majesté, ma belle fille et ses enfans devoient estre fort près de Paris, où ils auront peu recevoir les commandemens et les ordres de Vostre Majesté. Je n'auray jamais plus de joye et de satisfaction que dans l'entière obéissance que j'y rendray toute ma vie, ne souhaittant rien tant au monde que de lui pouvoir tesmoigner par toutes mes actions avec combien de respect et de fidellité, je suis,

  Sire,

   De Vostre Majesté.....

---

326. LE DUC DE LA TRÉMOILLE A LOUVOIS.

Copie de la lettre de Monseigneur à M. le comte de Louvois, du 22 septembre 1665.

Monsieur,

Vous aprendrés, par la copie que je vous envoye de la lettre que je me donne l'honneur d'escrire au Roy, comme la sienne ne m'a pas plus trouvé en estat de satisfaire à ce que Sa Majesté désiroit de moy touchant le séjour de mes petits enfans en France. Ils sont partis d'icy avec leur mère le 8ᵉ de ce mois et pouvoient estre au delà de Paris dès le temps que la lettre de Sa Majesté me fut rendue. Je suis bien fâché, Monsieur, de ce que l'estat des affaires de ma maison oblige mon fils à chercher chés des estrangers le moyen de subsister selon sa condition, et c'est un mal que Sa Majesté peut guérir quand il luy plaira. Cependant nous avons tout sujet de croire qu'elle n'a pas désagréable son séjour en Hollande, puisque c'est un Estat si estroittement allié de la France qu'il ne peut jamais avoir d'autres intérests que ceux du service du Roy. La puissante protection que Sa Majesté lui donne dans les conjonctures présentes est une marque certaine qu'elle en est bien persuadée. Je vous demande, Monsieur, la continuation de vos bons offices et de l'honneur de vos bonnes grâces, vous supliant de croire que vous n'en pouvez faire part à personne qui soit avec plus de passion que moy,

Monsieur,

Vostre très humble et très affectionné serviteur.

327. LE DUC DE LA TRÉMOILLE A ALEXANDRE MORUS.

(25 *septembre* 1665.)

Il lui rend mille grâces des marques de son souvenir et de son affection.

328. LE DUC DE LA TRÉMOILLE A LOUIS XIV.

(6 *octobre* 1665.)

Compliment de condoléance à l'occasion de la mort du roi d'Espagne, Philippe IV, père de Marie-Thérèse, femme de Louis XIV, et frère d'Anne d'Autriche.

329. LE DUC DE LA TRÉMOILLE A LA REINE.

(6 *octobre* 1665.)

Même sujet.

330. LE DUC DE LA TRÉMOILLE A LA REINE MÈRE.

Copie de la lettre de Monseigneur à la reine mère sur la mort du Roy d'Espagne, du 6ᵉ octobre 1665.

Madame,

Je ne puis penser à la perte que Vostre Majesté vient de faire du Roy, son frère, et à la doulleur que cette funeste nouvelle luy aura causée, sans la regretter et la plaindre autant que mon devoir et vos bontés m'y obligent. C'est pour en assurer Vostre Majesté que je depesche ce gentilhomme et pour la suplier très humblement de croire que les prières que je fais à Dieu pour sa consolation sont accompagnées de mille vœux pour l'affermissement de sa santé. Elle est bien prétieuse et bien chère à tous les gens de bien, mais elle ne peut estre désirée de personne qui soit plus véritablement que je suis,

Madame,

De Vostre Majesté.....

---

331. LE DUC DE MAZARINI AU DUC DE LA TRÉMOILLE.

Copie de la lettre de M. le duc de Mazarini (1), reçue le 13 d'octobre 1665.

Monsieur,

Jamais homme ne peut estre plus remply pour vous de respect que je suis ni d'une plus grande reconnoissance de

---

(1) Armand de la Porte, fils du maréchal de la Meilleraye, devint duc de Mazarini après la mort de Mazarin, par suite de son mariage avec Hortense Mancini.

la manière dont vous avés bien voulu que j'aye esté receu et régalé dans vostre belle et grande maison. Je vous avoue que je suis sensible à toutes ces grâces au dernier point et que j'ay la dernière passion de trouver bientost les occasions de vous faire parroistre par des effets que je suis plus qu'homme de France,

Monsieur,

Vostre très humble et très obéissant.

J'ay tasché de faire ce que vous avés désiré de mon obéissance sur le sujet des députations de vos deux principaux officiers de Vitré.

---

332. LE DUC DE LA TRÉMOILLE A MADAME LA LANDGRAVE DE HESSE.

Lettre de Monseigneur à Madame la Landgrave, du 16 octobre 1665.

Madame,

L'affection que vous conservés pour ma maison est accompagnée de tant de bonté et de générosité que j'ay tout sujet d'espérer que Vostre Altesse Sérénissime n'aura pas désagréable que dans l'exécution des conventions du mariage de ma fille, madame la duchesse de Saxe-Weimar, nous ayons résolu, pour nos suretez réciproques, de vous suplier très humblement de vouloir accepter le dépost d'une somme de 160 m. (1) et que je lui devois de reste de sa dot, laquelle doit estre remise à Cassel, pour estre dellivrée par les ordres de Vostre Altesse Sérénissime au vendeur de la terre que ma fille doit aquérir. Elle ne manquera pas, Ma-

---

(1) On voit par la lettre 336 que cette abréviation signifie 160 mille livres.

dame, de vous en escrire (si desja elle ne l'a fait), pour vous faire les mesmes suplications. Toute la famille sera sensiblement obligée à Vostre Altesse Sérénissime de cette nouvelle faveur, et en mon particulier je rechercheray toute ma vie avec beaucoup de soin les occasions de m'en revancher par mes très humbles services et de vous tesmoigner avec combien de respect et de passion je suis,

Madame,

Vostre très humble et très obeissant cousin et serviteur.

333. LE DUC DE LA TRÉMOILLE A M. DE SAINTE-CROIX.

(20 *octobre* 1665.)

Remercîments pour son bon souvenir.

334. LAFONT, GENTILHOMME DE LA MAISON DU DUC DE LA TRÉMOILLE, A M. DE VIEUX.

(*Octobre* 1665.)

L'empressement que M. de Vieux a mis à partir de Thouars, pendant la maladie du duc, fait penser à ce dernier que des affaires importantes ont nécessité ce départ. M. de Vieux peut rester absent tout le temps nécessaire.

335. LA REINE MÈRE, ANNE D'AUTRICHE, AU DUC DE LA TRÉMOILLE.

*Copie de la lettre de la reine mère à Monseigneur,
du 20 octobre 1665.*

Mon cousin,

Je croy que vous prenés beaucoup de part au desplaisir que j'ay eu de la mort de mon frère, le Roy d'Espagne, et le soin que vous avés eu de me le tesmoigner m'a esté une marque très agréable de vostre affection. Je vous prie de croire que je serois bien aise de pouvoir faire parroistre la mienne et que je n'en laisseray jamais passer l'occasion quand elle se présentera ou que je la pourray prévenir. Cependant je demeure

Vostre bonne cousine,

ANNE.

336. LA LANDGRAVE DE HESSE AU DUC DE LA TRÉMOILLE.

*Réponse de madame la Landgrave de Cassel,
le 1er novembre 1665.*

Monsieur,

J'ay receu la lettre dont il vous a plû m'honorer, de Thouars du 16e du courant, dans laquelle vous désirez que j'accepte le dépost d'une somme de cent soixante mille livres, qui doit estre remise en dépôt pour ma cousine, madame la duchesse de Saxe, vostre fille, afin d'estre employée à l'achapt d'une terre qu'elle doit acquérir en Allemagne.

Comme elle m'en a desja donné avis elle mesme en ces termes, sçavoir, que pour espargner les frais de la remise, elle avoit convenu avec le s^r Ochs, marchand à Francforth, de la sorte qu'il ne seroit obligé de fournir de la somme de cent cinquante deux mille six cent soixante six livres la moitié qu'à Noël et l'autre moitié à Pasque prochain, et que la lettre que M. le prince de Tarente m'en a escrit tend à mesme fin, je ne manqueray pas, Monsieur, dès que les deniers me seront icy délivrés, de les garder avec autant de soin que mon propre bien, pour tesmoigner par là à Vostre Altesse combien je désire de respondre à l'honneur de la confiance que vous prenés et vostre maison en ma personne dans cette occurrence. Ce que je feray aussy en toutes les autres qui se présenteront pour vous faire paroistre que je suis véritablement,

 Monsieur,

  Vostre très humble cousine et servante,

   HEDWIG SOPHIE, *L. de Hesse.*

---

337. LE DUC DE LA TRÉMOILLE A TURENNE.

(27 *décembre* 1665.)

Recommandations pour M. de Vernelle, conseiller au présidial de Poitiers, qui craint d'être compris dans la suppression d'une portion du présidial.

338. LE DUC DE LA TRÉMOILLE AU PRINCE DE TARENTE.

Copie de la lettre de Monseigneur à Monseigneur le Prince, du 1ᵉʳ janvier 1666.

J'ay receu vostre lettre du 15 décembre sur le sujet de laquelle je vous diray que, comme M. le comte de Roucy n'a nulle cognoissance de l'estat et détail particulier des affaires de ma maison, nous n'en avons parlé qu'en passant, mais bien au long de l'establissement de son fils et du mauvais traictement qu'il prétend avoir receu dans les rencontres présentes dont vous ne m'avez rien escrit. Je n'ay point souhaitté que vos enfans accrussent vostre despence, puis que je les voulois bien retenir et défrayer ; vous savés les soins que j'en ay eus, et en partant les gratifications que j'ay faites au delà de ce qu'on pourroit croire, et contre l'advis mesme de nos domestiques, de Gebert surtout, qui eut désiré que la chaine que je donnay à ma belle fille eust esté envoyée à madame de Weimar. Vous saurez aussy que les criées de Berrye se pressent sans relasche aucun par madame de Fontevrault, et que, si dans un mois on ne la paye, cette terre sera adjugée au plus offrant; elle a receu quelque argent pour l'empescher. Ainsy cette despence est préférable à toute autre, et il faut plustost engager pierreries, vaisselle d'argent et meubles, que de soufrir la perte honteuse d'une terre si considérable, utile et nécessaire à nostre maison et à ce duché. Le château d'icy est tout ouvert, dont on doit au moins réparer les bresches et par une muraille de clôture empescher qu'on entre que par la porte et non par une douzaine de bresches, comme l'on fait. Ce qui donne de justes apréhensions de se voir voler, comme on a fait les hardes et la bourse mesme de vostre fille, que je luy avois donnée assés bien remplie, dont plusieurs domestiques ont esté soupçonnez et accusés. Maintenant on croit que Franc est l'auteur de ce larcin par de grands indices et non par des preuves tout à fait convaincantes. Maintenant il faut tascher par une grande espargne et économie de réparer les brèches que les despences inutilles et prodigalités ont faites ; et puisque les bienfaits excessifs n'ont servy qu'à faire des ingrats et des ennemis, comme le doyen de Laval, les d'Anché, Farcis, Boisgefroy, Grimaudet et beaucoup d'autres, il n'y a point d'autre expédient pour empescher l'ingratitude que de ne leur faire et à leurs semblables jamais aucun bien, et de ne perdre d'occasion de faire dégorger ces sang-sues enflées de nostre substance et de nostre sang. Le Roy nous donne sur cela des exemples, se faisant adjuger les biens de ceux qui l'ont volé mesme au préjudice de leurs créanciers. J'ay remarqué qu'outre nos larrons domestiques, les conseillers, qu'on a rendus voisins, vassaux et riches des biens de la maison, n'ont tâché (comme fait à présent M. d'Anprous), que d'usurper ses fiefs, diminuer son revenu et payer du bien de la maison leurs espions, leurs larrons et leurs traitres, ausquels je ne puis penser qu'en leur souhaittant ce qu'ils méritent. Mais, pour revenir à ce qui vous touche, je vous diray qu'il me semble que MM. les Estats ne sauroient mieux faire que de recognoistre les travaux, les périls et despences de ceux qui, pour leur service et leurs intérêts, ont négligé les leurs, sans regarder ny devant ny après eux, et que de donner à leur mérite et qualité des emplois qui leur soient convenables, asseurés qu'ils feront litière de toutes choses et se porteront à tout et contre tous. Si j'avois esté servi de mesme sorte, j'aurois des millions à donner et non des debtes à payer, à quoy je pense principallement et à passer plustost ma vie en repos qu'à me remettre dans le dernier accablement. Si toutes fois quelque chose de bien pressé et pressant vous porte dans une extrême nécessité et obligation d'une despence extraordinaire, j'aprouve que vous engagiés les pierreries que je vous ay envoyées, avec faculté de les pouvoir desgager quand nous aurons moyen de le faire.

339. LE DUC DE LA TRÉMOILLE A M. BARENTIN, INTENDANT DU POITOU.

Copie de la lettre de Monseigneur à M. Barentin, du 6ᵉ (janvier) de l'an 1666.

Monsieur,

L'ordre que vous avés donné, aux officiers de cette eslection, de se rendre auprès de vous pour le département des tailles, m'ostant toute espérance de vous pouvoir posséder si tost en ce lieu, je vous envoye mon secrétaire pour vous tesmoigner le desplaisir que j'en ay, et pour vous suplier, comme je fais de toutes mes affections, de vouloir considérer et favoriser les paroisses de ma chastelenie, et particulièrement celles dont je prens la liberté de vous envoyer la liste. C'est un malheur pour elles et pour le païs que vous n'ayés peu y passer pour en reconnoistre vous mesme les misères et les nécessités, qui sont véritablement plus grandes qu'on ne sauroit vous les représenter. J'espère, Monsieur, de vostre justice que vous ne laisserés pas d'y avoir esgard et de leur en faire ressentir des effets favorables. Les particuliers habitans de cette ville ont aussy très grand besoing de vostre secours et de vostre protection, pour estre garantis des vexations qui leur sont faites par les huissiers du bureau de Poictiers, lesquels leur ostent la liberté de leurs personnes et de leur commerce et les consomment en frais, en sorte qu'ils n'oseroient plus se trouver aux foires des villes voisines, ni tenir aucuns bestiaux en seureté dans leurs maisons de la campagne, ce qui les mettroit enfin dans l'impuissance de continuer le payement de la taille et des autres devoirs qu'ils payent au Roy, s'il n'y estoit pourveu. Trouvés bon, s'il vous plaist, Monsieur, qu'on vous informe plus particulièrement de cette affaire et ayés la bonté d'en arrester le cours. Je vous en auray les dernières obligations, lesquelles jointes à la passion que j'ay pour vostre service et à l'estime toute particulière que je fais de vostre personne et de vostre vertu, me feront employer tous mes soins à rechercher les occasions de vous en pouvoir tesmoigner mes ressentiments et combien véritablement je vous honore et suis.....

---

340. M. BARENTIN, INTENDANT DE POITOU, AU DUC DE LA TRÉMOILLE.

Copie de la lettre de M. Barentin à Monseigneur, le 9ᵉ janvier 1666.

Monseigneur,

J'ay eu un extrême desplaisir de n'avoir pû aller à Thouars, parce que je me trouve par là privé de vous rendre mes très humbles devoirs dont j'ay un très grand désir. J'espère, Monseigneur, y satisfaire dès que les affaires du Roy me donneront un peu de relasche. Vous connoistrez au moins par là, Monseigneur, qu'il n'y aura que ce seul sujet qui m'y conduira. J'ay fait tout ce qui m'a esté possible pour rendre une justice favorable aux paroisses que vous m'avés fait l'honneur de me recommander, mais mon impuissance pour une assés considérable augmentation m'a lié les mains ou en tout cas m'a empesché de faire tout ce que mon inclination vouloit en cette rencontre. J'espère, Monseigneur, que dans la suite de mon employ j'en trouveray de favorables et, si je puis, dans le département des tailles de l'eslection de Poictiers. Celui qui m'a rendu la lettre que vous m'avés fait, Monseigneur, l'honneur de m'escrire, vous tesmoignera les sentimens que j'ay de faire justice aux habitans de Thouars, touchant la poursuite qui se fait contre eux et la disposition où je suis de les en soulager dès que j'en auray le moyen, n'ayant point de plus grand désir que de mériter par mes actions l'honneur de vostre estime et de vos bonnes grâces, si je les puis mériter, vous protestant, Monseigneur, que je suis avec autant de passion que de respect

Vostre très humble et très obéissant serviteur,

BARENTIN.

341. LE DUC DE LA TRÉMOILLE A LOUIS XIV.

Copie de la lettre de Monseigneur au Roy, sur la mort de la Reyne mère (1), du 26 janvier 1666.

Sire,

Si mes incommodités me mettent hors d'estat d'aller en personne rendre mes devoirs à V. M. et l'assurer de mes très humbles respects et de mes obéissances, elles ne me dis-

(1) Anne d'Autriche est morte le 20 janvier 1666.

pencent pas de luy tesmoigner, par cette lettre et par l'envoy de ce gentilhomme, combien je suis sensiblement touché de la perte que je viens de faire, avec toute la France, de la plus grande et de la plus vertueuse Reyne qui ait jamais eu part au gouvernement de cet Estat. Je say bien, Sire, que vostre âme est eslevée au dessus de tous les événemens qui pouroient toucher et abattre les autres hommes, mais je dois croire, sans perdre ce sentiment, que le coup qu'elle a receu venant de la main de Dieu elle aura eu besoin de la constance et de la fermeté qui paroissent en toutes ses actions, pour le recevoir et le suporter d'une manière convenable au titre glorieux qu'elle porte de Roy très chrestien. Je suplie très humblement V. M. de recevoir favorablement mes devoirs en ce funeste rencontre et d'agréer les vœux très ardens que je fais pour sa consolation, pour sa gloire et pour sa prospérité, et que je luy proteste que je seray toute ma vie,

Sire,

De V. M.,

Le très humble, etc...

---

342. LE DUC DE LA TRÉMOILLE AU DUC D'ORLÉANS.

Copie de la lettre de Monseigneur à S. A. R. Monseigneur le duc d'Orléans, sur la mort de la Reyne, sa mère, du 26 janvier 1666.

Monseigneur,

Si, dans la tristesse où se trouve plongée toute la France, on n'a plus de pensées que pour plaindre et regretter la perte qu'elle vient de faire en la mort de la Reyne, mère de

V. A. R., elle ne doit pas trouver estrange si l'excès d'une si sensible et si juste douleur m'oste toutes les expressions dont je devrois me servir pour luy tesmoigner que ce coup de la main toute puissante m'a frapé plus sensiblement que personne. Je ne saurois assez verser de larmes pour arroser le tombeau de cette Reyne incomparable, dont la piété et la vertu donneront à la postérité le modelle de la perfection, et quoyque V. A. R., Monseigneur, soit douée d'une force d'esprit toute singulière, elle ne peut estre que très sensible à la grandeur de cette perte. Je souhaiterois passionnément de la pouvoir diminuer par la part que j'y prends, mais il ne me reste que des vœux pour demander à Dieu les grâces nécessaires pour la consolation de V. A. R., laquelle je suplie très humblement de croire que je seray toute ma vie avec un très profond respect,

Monseigneur,

De V. A. R.

Le très humble, très obéissant et très fidelle serviteur.

---

343. LE DUC DE LA TRÉMOILLE A M. BARENTIN, INTENDANT DE LA JUSTICE EN POITOU.

Copie de la lettre de Monseigneur à M. Barentin, intendant, du 8 février 1666.

Monsieur,

Vous m'avez assuré de l'honneur de vostre bienveillance d'une manière si obligeante et si généreuse, et j'en ay desja ressenty de si favorables effets, que je ne dois pas apréhender que vous ayez désagréable la suplication que je vous fais de voulloir changer l'ordre qu'on me mande avoir este donné à M. le comte de Saint Georges Toufou (1) pour loger à la Trémoille avec sa compagnie de cavallerie et mesme pour y faire quelque séjour. J'ay une particullière affection pour ce lieu là, à cause qu'il porte mon nom, et d'ailleurs je say que ce logement seroit capable de le ruiner entièrement. C'est pourquoy, Monsieur, j'espère que vous m'accorderez cette faveur. Je vous en seray sensiblement obligé, et autant que j'ay la chose à cœur, je seray soigneux de vous en tesmoigner ma reconnoissance par tous les services que je seray capable de vous rendre, estant plus que personne du monde,

M.

344. LE DUC D'ORLÉANS AU DUC DE LA TRÉMOILLE.

Copie de la lettre de M. le duc d'Orléans à Monseigneur, du 19 febvrier 1666.

Mon cousin,

Si la juste douleur que j'ay de la perte irréparable que je viens de faire pouvoit souffrir quelque soulagement, elle le recevroit sans doute de tant de tesmoignages que vous me rendez de la part que vous y prenez. Je vous prie de croire que j'en ay tout le ressentiment que vous pouvez désirer, et qu'estant bien persuadé de vostre amitié par les marques expresses que vous m'en donnez sur un si funeste accident, je seray toujours bien ayse de vous tesmoigner la mienne par des effets qui vous fassent connoistre combien je suis,

Mon cousin...

(1) De la famille Chasteigner.

345. LE DUC DE LA TRÉMOILLE A M. DE GENEBAT, GENTILHOMME DE SA MAISON.

Copie de la lettre de Monseigneur à M. de Genebat, du 2ᵉ mars 1666.

J'ay receu vostre lettre du 24 du passé et celle de Grandchamp du 15 oubliée par le vaslet de M. le comte de Roye. J'attendray ensuitte la copie de la lettre que mon fils a escrite à MM. des Estats et conforme à la relation de M. de la Vallière. J'ay beaucoup de joye que la conduitte de mon fils aye pleu au Roy et meritté l'estime de M. de Turenne, qui en est selon mon sens le plus compétent juge et le plus équitable estimateur. Je souhaitte que le malheur ne s'oppose pas à son jugement, et que ce qu'il estime devoir estre sans obstacle donne à mon fils les moyens de faire paroistre son zelle pour le service du Roy et l'avantage d'un Estat qui est dans son alliance et sous sa protection. Je n'ay rien à adjouster à ma dernière qu'à vous remercier de vos soins.

---

346. LE DUC DE LA TRÉMOILLE A LA PRINCESSE DE TARENTE.

Copie de la lettre de Monseigneur à Mᵐᵉ la Princesse, du 12ᵉ mars 1666.

J'ay receu vostre lettre du 24 du passé. J'ay satisfait à ce que vous avez désiré, mis vostre cabinet dans celuy de la chambre de N. et donné les clefs à Boullenois. Je souhaitte que MM. des Estats recognoissent les services et l'affection de mon fils, et croy qu'ils ont trop de générosité et d'équité pour ne satisfaire à notre attente et pour désirer qu'on les serve à ses despens. C'est ce que je ne voudrois pas exiger d'aucun de mes domestiques, mais aussy en les bien payant il les faut faire bien servir. Je m'asseure que vous serez en cela de mon avis. Je plains fort les incommodités de vostre grossesse ; ma douleur est de ne les pouvoir soulager et mon devoir d'en requérir le Tout-Puissant, auquel j'adresse mes vœux pour cela et pour la prospérité de la famille.

347. M. FILLEAU, CONSEILLER AU SIÉGE PRÉSIDIAL DE POITIERS, AU DUC DE LA TRÉMOILLE.

Copie de la lettre de M. Filleau, conseiller et ancien advocat du Roy au siège présidial de Poictiers, à Monseigneur, du 16 mars 1666.

Monseigneur,

Ayant seu que ceux de la R. P. R. importunoient V. A. pour leur permettre de tenir leur sinode en vostre ville de Thouars et que vous leur aviés courageusement refusé, j'ay estimé, suivant l'ordre que j'ay de tenir le conseil adverty de ce qui se passe de cette nature dans la province, j'ay escrit au Roy qui a fort loué vostre refus et la dénégation que leur a fait Vostre Altesse, ce que M. de Louvoy m'a asseuré par sa despesche dont j'ay icy joinct une copie. (*Voir* au n° 349.)

Agréés, Monseigneur, que je me die à jamais de V. A.,

Monseigneur,

Le très humble et très obéissant serviteur,

FILLEAU.

348. LE DUC DE LA TRÉMOILLE A M. FILLEAU.

*Copie de la response de Monseigneur à M. Filleau,
du 21 mars 1666.*

J'ay receu, Monsieur, vostre lettre du 16. Vostre façon d'agir est toujours accompagnée de tant de piété et de prudence que je ne saurois assés à mon gré vous louer et vous remercier, puisque les effets en sont advantageux pour la religion, le public et mon particulier. Ce sont aussy des marques de la bonté et de la piété du Roy, dont je ne seray jamais mescognoissant, non plus que de la bonne volonté de M. de Louvoy en ce rencontre. Je vous conjure d'en estre très persuadé et de me continuer vos bons offices, que je tascheray de mériter par mes services et vous faire paroistre que je vous suis très fidellement acquis.

---

349. LOUVOIS A M. FILLEAU.

Copie de la lettre de M. de Louvoy à M. Filleau, du 4ᵉ mars 1666, et en la supscription à M. Filleau, conseiller et ancien avocat du Roy au siège présidial de Poictiers.

Monsieur,

Les raisons que vous allégués, pour empescher que le sinode de ceux de la R. P. R. ne se tienne dans la ville de Thouars, n'ont pas esté moins estimées que la retenue de M. le duc de la Trémoille à leur accorder la demande qu'ils luy ont faite. Vous ne devez pas apréhender que ceux de la R. P. R. obtiennent ce qu'ils désirent. Et pour empescher que M. le duc de la Vieuville ne s'engage avec eux, je luy escris présentement que Sa Majesté désire que, quand ils s'adresseront à luy, il leur fasse cognoistre qu'ils ne doivent point espérer de tenir leur assemblée dans Thouars, mais qu'ils conviennent de quelque lieu commode pour eux et convenable au service de Sa Majesté dans la conjoncture présente.

Je suis, Monsieur,

Vostre bien humble et très affectionné serviteur,

DE LOUVOIS.

---

350. LE DUC DE NOIRMOUTIERS AU DUC DE LA TRÉMOILLE.

(26 mars 1666.)

L'évêque de Rennes cessera toute poursuite au sujet de la chapelle de Saint-Etienne jusqu'à ce que M. de Noirmoutiers ait vu le duc de la Trémoille. M. de Noirmoutiers aura pouvoir de régler cette affaire, ainsi que celle du comte de Laval pour les bénéfices de Champeaux.

---

351. LE DUC DE LA TRÉMOILLE AU DUC DE NOIRMOUTIERS.

(6 avril 1666.)

Il s'en rapportera à la décision de M. de Noirmoutiers pour son affaire avec l'évêque de Rennes.

352. LE DUC DE LA TRÉMOILLE A M. DE TURENNE.

(20 *avril* 1666.)

Compliments de condoléance à l'occasion de la mort de Mme de Turenne (1).

---

353. LE DUC DE LA TRÉMOILLE A M. DE GENEBAT,
GENTILHOMME DE SA MAISON.

*Copie de la lettre de Monseigneur à M. Genebat,
du 20 avril 1666.*

J'ay receu vostre lettre du 15. Je suis très aise d'apprendre que vostre amy ait esté bien receu de M. le Prince, mais j'eusse désiré savoir son nom pour le remercier de son bon office. Je vous envoye une lettre pour M. de Turenne, vous adjousterés, après l'avoir présentée, la part que je prens à son déplaisir et combien j'ay de passion pour tout ce qui le touche. J'avois craint avec sujet le passage de Mlle d'Aumale pour ce que M. de Fontevrault ayant fait de grands préparatifs pour la recevoir, il faudroit nécessairement ou qu'elle passat par icy ou qu'elle retournast sur ses pas. J'ay donné le bénéfice (vacant par la mort de l'abbé Barin) à mon chapitre d'icy, pour me garantir de l'ingratitude des particuliers dont Dieu se sert pour punir la notre envers luy; ainsy je préviens l'inconvénient en ne commettant la faute qui l'attire et donnant, comme la loy l'or-

---

(1) Anne, fille d'Armand de Nompar de Caumont, duc de la Force, maréchal de France.

donne, *beneficium propter officium*. Mon fils ne me mande pas que la généralité des provinces ait confirmé l'élection de Messieurs les Estats de la province d'Hollande. Il doute encore de la paix de Munster (1), pour ce que les troupes auxiliaires estant payées jusqu'au mois de septembre, plusieurs provinces demandent qu'on les employe pour se venger d'un ennemy à qui la crainte seule fait entendre la raison et qui commencera de haïr quand il cessera de craindre; ce qui me fait croire qu'on ne proposera point de paix sous de faux fondements et qu'on la conclura encore moins avec de mauvaises seuretés. Je trouve merveilleusement étrange qu'une province intéressée au salut et à la gloire de tout un Estat tasche de le remettre sous le joug d'une puissance étrangère ou d'une honteuse servitude, après avoir prodigué toutes choses pour s'en garantir, et je ne saurois assés louer le juste refus qu'on a fait à une si injuste demande et l'adresse dont on s'est servy pour l'éluder. Je vous prie de voir de ma part M. et Mme de la Force et de leur tesmoigner la part que je prens à leur affliction, dont je prie Dieu les consoler.

---

354. LE DUC DE LA TRÉMOILLE A M. DE GENEBAT, GENTILHOMME DE SA MAISON.

Copie de la lettre de Monseigneur à M. de Genebat, du 4e may 1666.

J'ay receu vostre lettre du 29, qui me fait savoir les compliments que vous avez faits à M. de Turenne sur son affliction, et à M. de Vanbenin sur le sujet des advis qu'il vous

---

(1) C'est-à-dire avec l'évêque de Munster. Le traité fut conclu à Trèves.

avoit donnés de la nomination que Messieurs de la province d'Holande avoient fait de mon fils, rejesté par Messieurs des autres provinces, et bien que vous ayés esté bien receu de l'un et de l'autre, je ne laisse de trouver un peu estrange que le dernier ne vous aye rien dit de la cause du refus (1) de Messieurs des autres provinces, qui semblent avoir voulu acheter au maistre, favoriser ceux qui leur ont fait la guerre tant par les armes du dehors que par les factions et les caballes du dedans, et abandonner à leurs ressentimens ceux qui les ont fidellement servis. Pour moy j'aime mieux que mon fils soit maltraité pour avoir bien servy leur Estat que s'il avoit receu de très grandes récompenses pour les avoir trahis comme d'autres dont ils arment la fureur et récompensent la perfidie. Je ne vous diray rien sur les autres sujets de vostre lettre, pour ce que celui-cy me donne trop de douleur et de crainte pour pouvoir maintenant raisonner sur aucun autre moins sensible pour moy que celui-cy et de moindre considération pour le public.

355. M. DE LA ROCHEGUYON, GRAND VICAIRE A POITIERS, AU DUC DE LA TRÉMOILLE.

(18 mai 1666.)

Il accorde avec beaucoup de joie la permission de couper un morceau de la vraie croix de la sainte Chapelle de Thouars pour l'abbesse de Saint-Jean.

356.   (18 mai 1666.)

Permission par M. de la Rocheguyon aux chanoines de

(1) Les mémoires du prince de Tarente ne donnent pas d'éclaircissements sur le refus dont parle ici le duc de la Trémoille.

l'église collégiale de Notre-Dame du château de Thouars de couper une portion de la sainte croix pour l'abbesse de Saint-Jean.

357.		(18 *mai* 1666.)

Discours, par le chapitre de Notre-Dame du château de Thouars, sur le don fait, de la part du duc de la Trémoille, à l'abbesse de Saint-Jean, d'une portion du bois de la vraie croix.

---

358. LE PRINCE DE CONDÉ AU DUC DE LA TRÉMOILLE.

Copie de la lettre de M. le Prince de Condé à Monseigneur, du 24 *avril* 1666.

Monsieur,

Le sieur abbé Barin ayant résigné avant sa mort, sous vostre bon plaisir, en faveur d'un des fils de M. de Boisgeoffray, son frère, le prieuré de Saint-Lazare dépendant de vous, dont il jouissoit, je vous seray très obligé si vous voulez faire la grâce à M. de Boisgeoffray d'en accepter la résignation. Je vous fais cette prière d'autant plus librement que les interêts de toute cette famille là me sont très considérables. Je vous prie de croire que je prendray toujours autant de part aux vostres qu'aux miens propres et que je suis,

Monsieur,

Vostre très affectionné cousin et serviteur,

LOUIS DE BOURBON.

359. LE DUC DE LA TRÉMOILLE AU SÉNÉCHAL DE VITRÉ.

Copie de la lettre de Monseigneur à M. le seneschal de Vitré, du 6ᵉ juin 1666.

J'ay receu vostre lettre par le sieur Angot du 3ᵉ. Je ne l'ay voulu retenir un moment sans vous enjoindre et à mon procureur fiscal de rendre bonne et briefve justice en ce fait à mes procureurs, et de maintenir l'honneur de vos charges et de primer l'insolence et l'audace de ceux qui s'attaquent à Dieu, à la justice et à leur seigneur, et veulent donner deux testes à un corps pour en faire un monstre digne plustost d'être puni que flatté.

A Thouars le 6 juin 1666.

Signé : HENRY DE LA TRÉMOILLE.

Il est enjoint à mon procureur fiscal de Rennes et du parlement de se joindre de ma part avec mes officiers, sur le sujet de la préséance de mes procureurs au sacre prochain qui se fera à Vitré, à ce que leur sentence soit homologuée au plustost par arrest au parlement.

Fait le 6ᵉ juin 1666.

360. LE DUC DE LA TRÉMOILLE A M. D'AGUESSEAU.

Copie de la lettre de Monseigneur à Monsieur d'Aguesseau (1), du 10° juin 1666.

Monsieur,

L'absence et l'esloignement de mon fils m'obligent de prendre soin de la conservation des droits des terres que je luy ay données, et ayant apris que le fermier des aydes de l'élection de Saint-Jean-d'Angely veut apporter quelque trouble à la possession immémoriale dans laquelle nous sommes à Taillebourg de jouir du droit du ban à vin, j'ay recours, Monsieur, à vostre bonne justice, m'asseurant qu'après avoir pris cognoissance de cette affaire vous nous maintiendrez en notre droit. Je say bien que plusieurs personnes de la province peuvent en avoir mal usé et que c'est ce qui a donné lieu à l'ordonnance que vous avez rendue pour la présentation des titres; mais, outre que ceux de Taillebourg ont esté perdus et consumés lors du siège, je m'asseure que vous ferez quelque distinction et que vous jugerez bien qu'une terre de la qualité de celle de Taillebourg doit avoir tous les droits qui peuvent appartenir aux plus qualifiées. Je ne m'intéresse pas à la conservation de celluy-cy par la considération du profit que nous en pouvons tirer, la ferme en estant très modique, mais c'est plustost pour l'honneur de la terre et pour faire cognoistre que nous ne sommes pas mal traictés en des choses si légitimes et qui sont establies par une si longue possession. J'ay

---

(1) C'est le père du chancelier. Il fut intendant à Limoges, à Bordeaux et dans le bas Languedoc.

bien de la joye, Monsieur, de ce que cette affaire doit estre portée pardevant vous et de ce qu'elle me donne le moyen, en vous demandant justice, de vous asseurer de la passion que mon fils et moy aurions de vous servir; j'en rechercheray les occasions avec beaucoup de soin et de vous pouvoir tesmoigner combien je suis,

Monsieur,

Vostre très humble et très affectionné serviteur.

---

361. LE DUC DE LA TRÉMOILLE A LA DUCHESSE DE LONGUEVILLE.

(18 *juin* 1666.)

Compliments à l'occasion du mariage du fils de la duchesse.

---

362. LE DUC DE LA TRÉMOILLE A L'ÉVÊQUE DE SAINT-MALO.

(21 *juin* 1666.)

Prière de vouloir consentir à la réunion de la chapelle de Saint-Lazare de Montfort au chapitre de Notre-Dame du château de Thouars, dont les revenus sont insuffisants.

---

363. LE DUC DE LA TRÉMOILLE A M. DREUX.

(21 *juin* 1666.)

Recommandations pour tâcher d'obtenir de l'évêque de

Saint-Malo son consentement à l'union de la chapelle de Saint-Lazare au chapitre de Notre-Dame du château de Thouars.

---

364. LA REINE DE PORTUGAL (MARIE-ÉLISABETH DE SAVOIE, MADEMOISELLE DE NEMOURS), A LOUIS XIV.

Copie de la lettre de la Reyne de Portugal au Roy, en faveur de M. le Marquis de Noirmoutiers, du...

Monsieur,

Je suis si persuadée que les Roys ne parlent jamais inutillement et qu'ils ne s'engagent à rien qu'ils ne veuillent faire, que je ne doute pas que vous n'ayés fait une sérieuse reflexion sur la demande que le Roy de Portugal m'a si justement chargée de vous faire de la grâce du marquis de Noirmoutiers, mon parent, dont je m'estois promis la responce avant mon départ (1). C'est une chose, Monsieur, que je dois affectionner d'autant plus que je suis certaine que je ne puis porter rien de plus agréable au Roy monseigneur, ny rien obtenir de vous qui me mette plus en estat de servir la France. Les Portugais régleront leur estime pour moy sur les marques que je leur porteray de la vostre : elles ne peuvent estre plus grandes qu'en cette rencontre, et ce que je n'avois osé espérer comme Princesse du sang, je présume assés de vostre bonté pour croire que vous l'accorderez à une Reyne qui vous doit tout son establissement. Je sors de la France (2) avec un esprit remply de ces pensées et avec une

---

(1) Chalais, Noirmoutiers, d'Antin et Flamarens s'étaient battus en duel contre les deux La Frette, St-Aignan et Argenlieu.

(2) Mariage d'Alphonse VI, roi de Portugal, avec Mlle de Nemours, conclu le 10 mars 1666 par le marquis de Sande.

ferme résolution de recognoistre éternellement les obligations qu'aura à vostre Royaume et à vostre personne,

Monsieur.....

---

365. LE DUC DE LA TRÉMOILLE AUX CAPUCINS ASSEMBLÉS A TOURS.

Prière de nommer gardien du couvent de Thouars le Père André de Bourges.

(23 *juillet* 1666.)

---

366. LE DUC DE LA TRÉMOILLE A LA DUCHESSE DE SAXE-WEIMAR, SA FILLE.

Lettre de Monseigneur à Mme *la duchesse de Weimar, du 6*^{e} *d'aoust* 1666.

J'ay apris avec une extrème douleur la perte que vous avés faite de ce cher enfant, dont je n'entreprens pas de vous consoler, parce qu'ayant moy mesme besoin de consolation, je ne puis donner ce que je n'ay pas. Dieu seul a les remèdes pour guérir les cœurs percés de regrets et les moyens de faire réussir toutes choses pour le bien de ceux qui l'ayment; et, puisqu'il a voulu le sacrifice de la plus chère et de la plus précieuse partie de ce qu'il vous avait donné, il n'est pas loisible ny possible de pénétrer dans les décrets de cette Providence éternelle, qui semble ne nous avoir donné la joye de l'heureuse naissance d'un fils que pour nous exposer aux douleurs de sa mort. J'avoue que c'est un coup capable d'abattre les plus forts et les plus résolus, mais il ne doit pas rendre coupables de murmure des créatures soumises et chrestiennes ; cette qualité requiert une obéissance aveugle aux ordres de Dieu ; et comme celle de mère vous a causé des soupirs et des larmes, celle de femme les doit changer en un amour conjugal qui vous redonne un autre fruict pour nous consoler de celuy qu'il nous a osté par le ressouvenir de la mort du Fils unique de Dieu qu'il a livré à la croix pour nostre salut. J'espère que vous ferés sérieusement cette reflexion et qu'elle procurera vostre bonheur spirituel et temporel, que je vous souhaitte comme le mien propre, puisque je suis de tout mon cœur à vous, que je prie d'asseurer M. vostre mary de mon très humble service.

367. COLBERT, INTENDANT DES GÉNÉRALITÉS DE POITIERS ET TOURS, AU PRINCE DE TARENTE.

(25 *juillet* 1666.)

Il s'est acquitté auprès de son frère le ministre de la mission dont le duc de la Trémoille l'avait prié de se charger. (Il s'agissait de recommandations.)

368. LE DUC DE LA TRÉMOILLE AU PRINCE DE TARENTE.

Copie de la lettre de Monseigneur à Monseigneur le Prince, du 3ᵉ septembre 1666.

J'ay receu vostre lettre du 13 et appris vostre partement pour Clèves. On nous mande de Paris l'emprisonnement de

Buat (1) et l'accusation de Tromp, qui pour se justifier accuse Ruyter. Il est donc ce me semble impossible qu'ils servent ensemble et très difficile de pourvoir à quatre officiers principaux, donner sous leur conduite une troisième bataille sans estre assuré du dedans qui se trouve environné d'ennemys et percé par des pratiques qui ne donnent pas de petites apréhensions et inquiétudes aux amis de l'Estat, de vostre personne et de vostre famille. Je seray très aise d'apprendre les suittes d'une telle crise d'affaires et de savoir quelle part vous y prenez. J'ay trouvé la lettre de M. Colbert très honneste; j'en attends les effets pour adjouster foy aux paroles. Les Jésuittes croyent gâgner leur cause au Parlement de Rennes, qui est sous la curatelle du Premier Président, et luy est sous la leur. Ainsy il n'est à espérer que l'injustice qu'il a faite soit réparée, mais à la croire agravée par un homme qui, bien que haï de ses confrères qu'il a presque tous offensés, en est fort craint et subsiste pour ce qu'il ruine la province en faveur de la cour qui l'authorise pour cela, et il y veut rendre coupables ceux à qui il a fait injustice, et aveugles ceux qui voyent, ce qui n'est que trop visible et sensible au public et aux particuliers. C'est ce qui m'a fait résoudre à vous envoyer l'acte cy joint, dont vous m'envoyerez l'acceptation au plus tôt pour tirer cette cause du parlement de Rennes et la renvoyer et d'autres à la chambre de l'Edit, estant le seul moyen de la sauver et qui vous est plus avantageux que dommageable en toutes

---

(1) Du Buat, gentilhomme français, avait été chargé par la république de Hollande de négocier la paix avec l'Angleterre; mais, comme il était partisan du prince d'Orange, il entretenait, en même temps que sa correspondance officielle, une correspondance secrète à la cour d'Angleterre. Un jour, il se trompa et donna au pensionnaire des lettres concernant sa négociation particulière. Convaincu de trahison, il eut la tête tranchée. (Mém. du prince de Tarente, p. 272.)

sortes. J'ay esté fort aise d'estre informé des particularités de la famille par celle que vous escrivez à M. Marcilly. Je voudrois que mon petit fils prist plus garde à son escriture, car pour le stille et le reste j'en suis fort satisfait. Je vous souhaitte et à luy une parfaite santé.

---

369. LE DUC DE LA TRÉMOILLE AU PRINCE DE TARENTE.

Copie de la lettre de Monseigneur à Monseigneur le Prince, du 17 septembre 1666.

J'estois en peine le précédent ordinaire, mais le dernier m'a pleinement satisfait par la réception de deux de vos lettres du 28 du passé et du 1er du courant : la première m'apprend la déplorable perte de vos vaisseaux, hommes et marchandises, et l'ordre que Messieurs des Estats ont donné pour s'oposer aux ennemis du dedans et du dehors (1). Il semble que Dieu ait voulu faire tomber dans les filets ceux qui les avoient tendus et les livrer à ceux qu'ils vouloient perdre, et dont le courage et l'union est nécessaire pour faire périr ceux qui perdront l'Estat, si l'Estat ne les perd. Ils estoient à l'Estat et vouloient y demeurer, non pour le servir, mais pour le perdre. Il est donc très-juste qu'ils périssent pour le sauver, et il n'y peut avoir que des traistres,

---

(1) Par suite de la jalousie commerciale et maritime de l'Angleterre et de la Hollande, la guerre avait éclaté entre elles en 1665 et avait amené plusieurs combats sur mer, où se signalèrent, du côté des Anglais, le duc d'York, depuis roi sous le nom de Jacques II; du côté des Hollandais, les amiraux Tromp et Ruyter. La paix de Bréda termina, en 1667, cette guerre, pendant laquelle le prince de Nassau-Orange, qui fut plus tard roi d'Angleterre sous le nom de Guillaume III, chercha à grandir son pouvoir en Hollande, malgré l'opposition du parti républicain et du grand pensionnaire Jean de Witt.

des lasches et des ingrats qui n'y donnent pas et leurs voix et leurs mains. Je ne m'estonne pas que le mariage de Clèves ait esté troublé, mais bien que le voyage de Berlin ne soit rompu, pource que dans les rencontres présentes il semble qu'elles devroient plustost retenir qu'esloigner cette cour et ses forces suspectes autant à l'Estat que celles de Munster. Je souhaite que le prince d'Orange, par un mesme esloignement, fasse cesser les soupçons, et ne force l'Estat de le faire arrester et traiter luy et les siens comme des criminels d'Estat. J'ay vu icy du Morier qui s'en va visiter M. de Vilarnou. Il m'a paru luy et les siens fort passionné pour la maison d'Orange et la Palatine et mesme pour l'Angleterre, c'est-à-dire contre tous ceux qui sont de contraire party. Il a un frère capitaine en Hollande et des enfants en Angleterre. Je me resjouis des avantages glorieux de l'amiral Ruiter ; ses actions le rendent digne d'une immortelle mémoire, et ses ennemis, qui sont ceux de l'Estat, d'une éternelle infamie. Je fais des vœux pour cela et que la conduite de M. le Pensionnaire soit accompagnée d'autant de succès et de vigueur qu'il a de prudence et de sagesse. Pour nos affaires et ce que produira vostre lettre à M. Colbert, j'en attends le succès de la sollicitation de Genebat. Je ne saurois vouloir mal à ceux qui m'en font quand dans le général ils font ce qu'ils doivent. J'attends Rosemond pour arrester ses comptes; je manderay à vos fermiers d'apporter les leurs. Je crains que M. d'Amproux n'ait fait perdre l'affaire des Roullaux avec despens, puisqu'il avoit empesché qu'elle ne fust jugée et gaignée pour nous. Les juges ne doutent point de la fraude du défunt procureur de Laval, ni de la mauvaise foy de ses enfants. Ils n'ont pas trouvé assés de preuves pour les condamner, mais bien assés de sollicitations et de prétextes pour enrichir des voleurs à nos dépens. C'est ainsi qu'on rend la justice à présent, ou plustost qu'on la vend au dernier enchérisseur.

---

370. LE DUC DE LA TRÉMOILLE AU PRINCE DE TARENTE.

Copie de la lettre de Monseigneur à Monseigneur le Prince, du 8e octobre 1666.

J'ay receu vostre lettre du 22 septembre. J'y remarque vos sentiments conformes aux miens dans les affaires de Messieurs des Estats qui semblent donner le branle à tous les autres. On mande de tous costés que mesdames la princesse d'Orange, électrice de Brandebourg, duchesse de Simmeren, et M. le prince d'Orange se résolvent de ne point quitter la partie et de passer l'hyver à la Haye. Cela fait croire que leur partie est bien faite et bien forte et que la liberté du Buat luy sera procurée par le restablissement de son maistre, qui ne peut estre sans la paix d'Angleterre et la perte de la Hollande. Son union toutefois et celle de l'armée navale que la trahison découverte a causée me fait encore douter de l'effet d'une telle inconstance et perfidie et que les flammes de leurs vaisseaux bruslés ne les ait plustost éclairés qu'aveuglés pour ne voir pas les desseins de leurs ennemys couverts et découverts. Si le livre dont vous m'escrivez se traduist, je vous prie de me l'envoyer. Je prie Dieu de tout mon cœur vous voulloir conserver et donner à l'Estat que vous servez toute sorte de prosperité, de gloire et de victoire et plustost sumersion que subversion. Quand j'auray veu et entretenu vos officiers, je vous manderay l'estat de vos affaires; partie sont arrivés, j'attens le reste demain.

371. LE DUC DE LA TRÉMOILLE AU PRINCE DE TARENTE.

*Copie de ma lettre à Monsieur le prince de Tarente,
du 15ᵉ octobre 1666.*

J'ay receu le 10 du présent vostre lettre du 22 du passé, qui me laisse en attente de celle qui la doit suivre. Je ne saurois encor m'empescher de redire qu'on ne peut estre en plus facheux estat que celui de se défier des siens et de ne s'en assurer pas, car on ne leur oste pas la haine ny les moyens de nuire, mais on les rend plus avisés à réparer les fautes et à couvrir leurs attentats jusqu'à ce qu'ils éclatent à la ruine de tout un Estat. Je me resjouis de la guérison de l'amiral Ruiter comme d'un bonheur public, mais je ne seray point hors d'inquiétude que je n'apprenne vostre petit hors de danger. J'ay fait escrire par M. et B. ce qui s'est passé en vos affaires et l'estat où elles sont, et fort recommandé à de Sequinières l'affaire contre p. port. Il nous a toujours abusés et acquis des amis de bouteille à nos dépens. Je dois un tesmoignage de la fidélité de Sequinières au compte qu'il m'a rendu de votre comté de Taillebourg. Dieu vous conserve en santé et vostre famille selon le souhait de H…

---

372. LE DUC DE LA TRÉMOILLE AU PRINCE DE TARENTE.

*Copie de la lettre de Monseigneur à Monseigneur le Prince,
du 22 octobre 1666.*

J'ay receu vostre lettre du 6ᵉ, qui me mande la perte inconcevable de Londres comme une juste punition de la bar-

barie des Anglais. Je souhaitte qu'elle s'estende jusqu'à la perte d'une bataille qui fasse connoistre aux autheurs de la guerre que toute autre que celle contre les infidelles doit estre détestée par les chrestiens, et que la bonne politique des hommes sages les doit empescher de la faire de gayeté de cœur, et surtout quand ils ont plus à craindre qu'à espérer. Je plains le mal de Ruyter. J'appréhende le péril où M. de Witt s'expose pour le salut et la gloire de l'Estat. J'attends l'événement du procès du Buat que je croy très important. M. de Villarnou est dans le mesme sentiment des deux frères du Maurier qui ont apris à l'escolle de leur père à les dissimuler. D'Anché a recherché la députation du sinode de Lusignan; les amys de Villarnou luy ont donné leurs voix, mais vos églises ont eu autant de raison que moy de refuser les offres de ce fourbe qui taschera tousjours de faire ses affaires aux despens de ceux qui se fieront en luy. Vous aurez sans doute appris par les lettres du Sr de Genebat l'arrest de restablissement du droit de nomination aux officiers royaux de Laval. Je vous avoue que rien ne m'a plus choqué que cette révocation d'un droit si considérable et que je croyois par mes soins avoir si solidement estably que rien ne pouvoit jamais l'esbranler, et comme ce restablissement est deu, outre la justice, à vos soins et à vostre lettre, je m'en réjouys doublement avec vous; mais pour en prendre possession et pour suivre ensuitte les autres affaires, j'ay jugé plus utille à nos interest que Genebat, qui a bien agy et heureusement réussy, demeurât à Paris pour les solliciter, surtout en l'absence de Rosement que ses comptes de trois années retiendront encore icy près d'un mois.

373. (12 *septembre* 1666.)

Note sur l'incendie de Londres, qui a consumé 37,000 maisons et 84 églises.

---

374. LE DUC DE LA TRÉMOILLE A LA COMTESSE DE FIESQUE.

(31 *octobre* 1666.)

Il ne traitera pas des lods et ventes de Bressuire sans prévenir la comtesse.

---

375. LE DUC DE LA TRÉMOILLE A LA DUCHESSE DE NOIRMOUTIERS.

(3 *novembre* 1666.)

Compliments de condoléance à l'occasion de la mort du duc de Noirmoutiers. Des prières ont été faites à Thouars pour le repos de son âme.

---

376. LE DUC DE LA TRÉMOILLE A LA COMTESSE DE CHALAIS.

(3 *novembre* 1666.)

Compliments de condoléance sur la mort du père de la comtesse.

377. LE DUC DE LA TRÉMOILLE AU PRINCE DE TARENTE.

Copie de la lettre de Monseigneur à Monseigneur le Prince, du 19 novembre 1666.

J'ay receu vostre lettre du 3ᵉ, qui m'apprend l'arrivée à la Haye de madame l'électrice avec madame sa mère, ce qui me fait craindre que la corruption et la division ne ruinent l'Estat et qu'il ne succombe sous les effets d'une impuissance domestique, après avoir résisté avec tant de gloire aux efforts d'une puissance estrangère ; l'ambition les a portés à la Haye, la faiblesse les y a fait recevoir, et après cela on doit tout craindre et rien espérer. Mme de Noirmoutiers m'a escrit ses regrets et m'a prié de la nommer pour tutrice de ses enfants, et M. de Vitty, leur oncle paternel, pour tuteur subrogé, à quoy j'ay satisfait par l'envoy de ma procuration. Je prie Dieu de tout mon cœur pour vous et pour la famille.

---

378. LE DUC DE LA TRÉMOILLE AU DUC D'ORLÉANS, FRÈRE DE LOUIS XIV.

Copie de la lettre de Monseigneur à Monseigneur le duc d'Orléans sur la mort de Monseigneur le Duc de Valois, du 20 decembre 1666.

Monseigneur,

Si mon esloignement et ma retraite m'ont fait recevoir des derniers la triste nouvelle de la mort de Monseigneur le duc de Valois, je supplie très humblement V. A. R. de me faire la grâce de croire que je n'ay pas esté des moins sensibles à la perte d'un prince de si grande espérance, et que, de toutes les personnes du Royaume les plus obligées à la regretter et à plaindre vostre douleur, aucune ne peut avoir fait des vœux plus ardents que ceux que j'ay adressés au ciel pour la consolation de V. A. R. Je les continueray avec le mesme zèle pour sa prospérité et pour sa gloire, et je ne satisferay pas moins à mes désirs qu'à mes devoirs lorsque vos commandements me donneront le moyen de vous tesmoigner par l'obéissance que j'y rendray toute ma vie avec combien de respect et de vérité je suis,

Monseigneur,

De V. A. R.,

Le très humble, très obéissant et fidèle serviteur.

379. LE DUC D'ORLÉANS AU DUC DE LA TRÉMOILLE.

Copie de la lettre de Monseigneur le duc d'Orléans à Monseigneur, escrite de Saint-Germain du 2 janvier 1667.

Mon cousin, la part que vous prenés dans mon affliction me donnant tout le ressentiment que je dois avoir de cette marque de vostre amitié, je vous prie de croire que je ne manqueray jamais à vous rendre des preuves de la mienne et à vous tesmoigner l'estime que j'ay pour vostre personne, lorsque les occasions se présenteront de vous asseurer combien je suis,

Mon cousin,

Vostre bien bon cousin,

PHILIPPE.

380. LE DUC DE LA TRÉMOILLE AU DUC DE SAXE-WEIMAR, SON GENDRE.

(20 *janvier* 1666.)

Les récoltes de la baronnie de Didousse sont entre les mains du receveur. Aussitôt qu'elles seront vendues, le duc en fera passer le montant à son gendre. — La goutte lui donne un peu de répit.

---

381. LE DUC DE LA TRÉMOILLE AU PRINCE DE TARENTE.

(21 *janvier* 1666.)

Le sieur de Vignolles a informé le duc que ses gens avaient traité avec les jésuites pour son affaire de Bretagne; il l'a engagé à ne plus avoir de procès au parlement de Rennes, où les arrêts sont dictés par la faveur.

---

382. LE DUC DE LA TRÉMOILLE AU PRINCE DE TARENTE.

(28 *janvier* 1667.)

La maladie a laissé de la faiblesse aux mains du duc. — Il souhaite que la paix d'Angleterre se fasse. — Les fermes de Laval ont haussé de 800 livres.

---

383. M. PINET A M. LE PRÉSIDENT DE LA VILLE.

(21 *février* 1667.)

Il prie le président d'assurer le duc de la Trémoille de la continuation de son respect, en lui envoyant l'état des diminutions accordées par le conseil.

---

384. LE P. BLANCHARD, ABBÉ DE SAINTE-GENEVIÈVE DE PARIS, AU DUC DE LA TRÉMOILLE.

(10 *février* 1667.)

Remercîments pour les prières faites à Thouars, par l'ordre du duc, à l'occasion de la mort du P. général des chanoines réguliers de Saint-Augustin.

---

385. LE DUC DE LA TRÉMOILLE AU P. BLANCHARD, ABBÉ DE SAINTE-GENEVIÈVE DE PARIS.

(1er *mars* 1667.)

Il le félicite sur sa nomination comme Père général des chanoines réguliers de Saint-Augustin.

386. LE DUC DE LA TRÉMOILLE A LA PRINCESSE DE TARENTE.

Copie de la lettre de Monseigneur à Madame la princesse,
du 4 mars 1667.

J'ay receu vostre lettre du 15 février. Je vous puis assurer que je n'ay pas moins de désir du voyage que vous et madame vostre sœur, parce que je ne puis voir les petits embellissements faits icy, au parc et à Lauzy, sans vous y souhaiter, et de plus ce que vous me dites et ce que j'aprends de l'humeur et des bonnes qualités de cette princesse me fait souhaiter d'avoir l'honneur de la voir icy, et que, nonobstant les malheurs publics et privés, elle y puisse recevoir la satisfaction que je luy désire passionnément. Je voudrois que ma main vous peust escrire plus au long sur ce sujet, l'ayant confié à Boullenoy, je l'ay aussi chargé de vous en escrire particulièrement. Je suis afligé doublement de ne le pouvoir, mais vous aurez la bonté de l'excuser, comme je vous en suplie, et de me croire entièrement à vous.

---

387. LE DUC DE LA TRÉMOILLE AU PRINCE DE TARENTE.

Lettre de Monseigneur à Monseigneur le Prince,
du 4 mars 1667.

J'ay receu vostre lettre du 16 février. La foiblesse de ma main abrégera ma response, qui sera pour vous remercier de vos soins et pour souhaiter que les miens vous soient autant utiles qu'ils sont sincères et passionnés pour vostre bien. On me mande les affaires d'Angleterre, d'Hollande et de leurs alliés en tout autre estat qu'elles n'estoient quand vous m'avez escrit. Je vous diray sur cela ma pensée librement, qui est que la foiblesse du gouvernement et la corruption dans l'Estat ont causé le licenciement des troupes et leur restablissement si subit, comme la politique d'Angleterre, l'offre de traiter et conclure à la Haye la paix génералlе, afin, sous une spécieuse apparence d'honneur et d'eslévation, d'amener toutes choses à leurs fins et faire monter sur le trosne, par les degrés de l'humilité, celuy qui commencera de se venger quand il cessera de craindre. Je ne voy rien plus digne de vous et de vos services dans cette conjoncture.

388. LE DUC DE LA TRÉMOILLE AU PRINCE DE TARENTE.

(12 *mars* 1667.)

Les ennemis de l'Etat veulent se servir de la division qu'ils fomentent pour le perdre.—M. Pinet est à Thouars ; il a fait dégrever les paroisses.

389. LE DUC DE LA TRÉMOILLE AU COMTE DE LAVAL.

(15 *avril* 1667.)

Le trésorier de Vitré est mort ; le duc désirerait s'entendre avec son fils pour le remplacer.

390. LE DUC DE LA TRÉMOILLE A L'ÉVÊQUE DE SAINT-MALO.

(19 *avril* 1667.)

Il demande de nouveau l'union du prieuré de Saint-Lazare de Montfort au chapitre de la chapelle du château de Thouars.

---

391. LE DUC DE LA TRÉMOILLE AU P. GÉNÉRAL DES CHANOINES RÉGULIERS DE SAINT-AUGUSTIN.

(19 *avril* 1667.)

Prière de demander à l'évêque de Saint-Malo son consentement à l'union du prieuré de Saint-Lazare de Montfort au chapitre de la chapelle du château de Thouars. Le prieur de Saint-Laon est chargé de s'entendre sur cette affaire avec le père général des chanoines de Saint-Augustin.

---

392. LE DUC DE LA TRÉMOILLE AU COMTE DE LAVAL.

(22 *avril* 1667.)

Le duc ne peut plus différer à disposer de la trésorerie de Vitré.

Il est fâcheux que le comte ne puisse venir à Thouars.

393. LE DUC DE LA TRÉMOILLE AU PRINCE DE TARENTE.

(22 avril 1667.)

Le compte de Grandchamp est arrêté ; le prince lui redoit plus de 26,000 livres.

---

394. LE DUC DE LA TRÉMOILLE AU COMTE DE LAVAL.

(6 mai 1667.)

Le duc regrette que la santé du comte ne lui permette pas de venir à Thouars. Il eût trouvé de grands changements et embellissements à Thouars et aux environs.

---

395. LE DUC DE LA TRÉMOILLE A M. DE GENEBAT, GENTILHOMME DE SA MAISON.

Copie d'un mémoire envoyé à M. de Genebat, le 6ᵉ may 1667.

Un jeune gentilhomme nommé M. de Launay Gautier, lieutenant d'une compagnie françoise en Portugal (1), ayant esté contraint de tirer l'espée contre son capitaine et l'ayant

---

(1) L'Espagne cherchait alors à reconquérir le Portugal, que le duc de Bragance avait, en 1640, soustrait à sa domination. La France, maintenant en paix avec l'Espagne, ne pouvait soutenir ouvertement le Portugal; mais Turenne, qui sentait combien le triomphe de l'Espagne serait préjudiciable à la France, avait déterminé l'envoi détourné de beaucoup de soldats et officiers français en Portugal, et, quoiqu'ils y fussent commandés par le maréchal de Clérambault, c'était lui qui conservait la principale autorité sur ce corps. Le traité du 18 février 1668 reconnut l'indépendance du Portugal.

tué en son corps défendant, il a esté obligé de se retirer en France pour tascher d'obtenir de Monseigneur de Turenne sa grâce et son restablissement dans sa charge, son action estant plus malheureuse que criminelle, par le tesmoignage de tous les officiers de l'armée qui en ont eu cognoissance. Il a employé ses amys auprès de Monseigneur le duc de la Trémoille pour avoir une lettre de recommandation vers Monseigneur de Turenne; mais il a cru que ce mémoire présenté de sa part par M. de Genebat avec le gentilhomme seroit moins importun qu'une lettre et feroit le mesme effet, espérant que Monseigneur de Turenne n'aura pas désagréable la supplication qu'il luy fait en sa faveur de voulloir luy accorder le pardon de sa faute et de le restablir dans son premier employ.

Signé : Henry de la Trémoille.

---

396. LE DUC DE LA TRÉMOILLE AU PRINCE DE TARENTE.

Copie de la lettre de Monseigneur à Monseigneur le Prince, du 11 de may 1667.

J'ay receu vostre lettre du 28 avril. Elle m'apprend les affaires à leur crise et vous encore à la Haye. Vous me ferez plaisir de m'en apprendre le succès et les particularités. Vostre sœur m'escrit que vous avez approuvé sa résolution et de M. son mary, qu'elle payera sa pension et que, dans le temps de cette séparation, ils trouveront moyen, en diminuant leur despence, de payer leurs deptes et mettre ordre à leurs affaires. On tient icy M. de Beaufort arrivé à la Rochelle avec quarante vaisseaux, ce qui me fait croire la paix, puisque les Anglois ne les ont point attaqués. Dieu donne à vostre voyage un succès tel que je le souhaite et vous conserve en santé!

---

397. LE DUC DE LA TRÉMOILLE A LA DUCHESSE DE SAXE-WEIMAR, SA FILLE.

Copie de la lettre de Monseigneur à Mme la duchesse de de Weimar, du 14 may 1667.

J'ay receu le 8e de ce mois vostre lettre du 20e avril. Je vous avois mandé l'histoire de MM. de Noirmoutiers et de Chalais, mais maintenant je vous feray savoir la perte du premier, tué en Portugal dans un combat où les Espagnols eurent de l'advantage. C'est un accablement pour cette famille, dont il devoit estre l'apuy et l'ornement. Comme vostre résolution me paroit utile et nécessaire pour vostre bien commun, je ne puis que l'aprouver et souhaitte qu'elle y contribue, comme de ma part je m'y employeray toujours de tout mon pouvoir. Je n'ay point eu de nouvelles de M. Pflug depuis qu'il est party d'icy avec sa femme pour la Rochelle. Si vous estes encor auprès de M. vostre mary, il verra les souhaits que je fais en celle-cy pour sa prospérité et conservation.

398. LOUIS XIV A LA REINE D'ESPAGNE.

Lettre du Roy à la Reyne d'Espagne (1), *du 8ᵉ may* 1667.

Très haute, très excellente et très puissante princesse, nostre très chère et très aimée bonne sœur,

Le sincère désir que nous avons toujours eu de procurer et de maintenir la tranquillité publique, dont les traités de Westphalie et des Pyrénées ont donné au monde des tesmoignages assés éclatans, nous porta encore sur la fin de l'année 1665, par une obligeante prévention qui ne fut pas reçue à Madrid de la mesme manière, à rechercher les moyens d'empescher que rien ne fust capable à l'avenir d'altérer entre nous et Vostre Majesté et nos couronnes ceste bonne intelligence et amitié qui avoit esté si heureusement restablie et mesme cimentée par nostre auguste mariage. Ce fut dans cette intention là que la défunte Reine, nostre très honorée dame et mère, à nostre prière, chargea le marquis de la Fuente d'écrire de sa part à Vostre Majesté que s'estant fait pleinement informer des droits de la Reine, nostre très chère épouse, sur divers Estats des Païs bas et en ayant trouvé les fondements solides, justes et incontestables, elle conjuroit Vostre Majesté instamment, par la tendre amitié qu'elle avoit pour elle, de vouloir bien aussi se laisser instruire desdits droits et en prendre une particulière connaissance, afin qu'en voyant leur justice aussi clairement qu'elle avoit fait, son équité la portast ensuite à nous en faire raison par un bon accommodement qui pust déraciner tout

---

(1) Marie-Anne d'Autriche, mère et régente de Charles II, âgé de 4 ans.

sujet de mésintelligence entre nos monarchies, qu'elle savoit assés nos sentimens pour pouvoir répondre que l'on nous trouveroit fort modérés sur les conditions dudit accommodement, et que, se sentant proche de sa fin, elle ne souhaitait plus rien en ce monde après son salut, ni avec tant d'ardeur, que la satisfaction d'avoir affermi entre nos deux maisons l'union et l'amitié que ce différend pouvoit bientost troubler. Toutes ces particularités ne seront pas échappées à la mémoire de Vostre Majesté, et les conseils d'Espagne n'auront pas oublié non plus la qualité de la response qu'ils obligèrent Vostre Majesté de faire, si peu conforme à la piété et à l'utilité de l'instance de la Reine mère, et si contraire sans doute à l'inclination que Vostre Majesté a pour la considération du repos public. Cette response fut que Vostre Majesté ne pouvoit en aucune manière, ni pour quelque considération que ce pust estre, entrer dans la discussion de cette affaire, ni rien stipuler ou traiter sur des droits qu'elle savait estre sans fondement, et aussitôt après Vostre Majesté envoya ordre aux gouverneurs de Flandre de faire prester le serment de fidélité aux Estats du païs et à tous les peuples, ce que jusqu'alors on avoit négligé de faire depuis le décès du défunt Roy nostre beau-père. Ce refus absolu de nous rendre justice et cette dernière résolution de lier à Vostre Majesté par leur serment des peuples qui sont véritablement nos sujets du chef de la Reine nostre espouse, nous ayant réduits à la fascheuse et indispensable nécessité ou de manquer à ce que nous devons à nostre honneur, à nous mesme, et à la Reine, et au Dauphin nostre fils, ou de tascher à nous procurer, par quelque effort de nos armes, la raison qui nous a esté refusée, nous avons embrassé ce dernier parti, que la justice et l'honneur nous ont conseillé, et par ce courrier exprès, que nous depeschons à l'archevesque d'Ambrun, nostre ambassadeur, nous luy ordonnons de faire savoir à Vostre Majesté la résolution que nous avons prise de marcher en personne à la fin de ce mois à la teste de nostre armée pour essayer de nous mestre en possession de ce qui nous appartient dans les Païs bas dudit chef de la Reine, ou d'un équivalent (1), et en mesme temps de présenter à Vostre Majesté un écrit que nous avons fait dresser contenant les raisons de nostre droit et détruisant pleinement les frivoles objections des écrits contraires que le gouverneur de Flandre a divulgués dans le monde. Nous nous promettons cependant de son équité qu'aussitost qu'elle aura veu et fait examiner ledit écrit, elle blâmera fort le conseil qui luy a esté donné de nous refuser une justice qu'elle trouvera si claire et si bien établie, et voudra bien embrasser les mesmes moyens que nous luy avions fait insinuer et que nous luy offrons encore aujourdhuy, de terminer ce différend entre nous par un accommodement amiable, asseurant en ce cas Vostre Majesté de deux choses, l'une que nous nous restreindrons sur les conditions de cet accord et à des prétentions fort modérées, eu égard à la qualité et à l'importance de nos droits, et l'autre que, quand les progrès de nos armes seroient aussi heureux que leur cause est juste, nostre intention n'est pas de les pousser au delà de ce qui nous appartient ou de son équivalent en quelque endroit où nous le puissions avoir ; et que, pour tout le reste des Estats de nostre très cher et très aimé frère le Roy d'Espagne, ce premier fondement supposé qu'on nous rende la justice qui nous est deue, nous serons tousjours prêt de les deffendre contre toute agression pour les lui conserver et à sa postérité que nous lui souhaitons nom-

(1) C'est ainsi que commença la guerre dite *de la dévolution*, terminée en 1668 par le traité d'Aix-la-Chapelle, qui laissa à Louis XIV ses conquêtes en Flandre.

breuse et sans fin ; comme au surplus d'entretenir très religieusement la paix, ainsi que nous en asseurasmes le marquis de la Fuente, lorsqu'il prit congé de nous, n'entendant pas que ladite paix soit rompue de nostre part par nostre entrée dans les Païs bas, quoyqu'à main armée, puisque nous n'y marcherons que pour tâcher de nous mestre en possession de ce qui nous est usurpé ; et nous remettant du surplus à nostre ambassadeur. Nous prions Dieu qu'il vous ait, très haute, très excellente et très puissante Princesse, nostre très chère et très amée bonne sœur, en sa sainte et digne garde.

Écrit à Saint Germain en Laye le 8e may 1667.

Signé : Louis,

Et plus bas : DE LIONNE.

---

399. LE DUC DE LA TRÉMOILLE AUX OFFICIERS DE VITRÉ.

(12 *juin* 1667.)

Jacques Pouchot, commis aux impôts et billos, retiré à Vitré, ayant *mal mené ses affaires et celles de ses maîtres* et se trouvant débiteur d'une somme considérable, M. Pinet désire qu'il soit poursuivi. Le duc recommande vivement cette affaire.

---

400. LE DUC DE LA TRÉMOILLE A M. BARENTIN, INTENDANT DE POITOU.

(18 *août* 1667.)

Les sieurs de la Valmire réclament sans droit au duc de la Trémoille une somme de 6,000 livres qui était due à leur père. Ce dernier recevait pour le duc les gages et les droits de deux offices de receveurs-payeurs des gages des officiers de l'élection de Thouars. Il ne leur est rien dû non plus par le fils du duc, dont ils veulent faire saisir les terres. Du reste, cette dernière dette pourrait être compensée sur les sommes considérables dues au duc par le roi, qui s'est emparé depuis quatre ans du droit de nomination aux officiers extraordinaires de Loudun.

401. LE DUC DE LA TRÉMOILLE AU COMTE DE LAVAL, SON FILS.

Copie de la lettre de Monseigneur à Monseigneur le comte, du 7ᵉ septembre 1667.

Je receus hier vostre lettre du 3ᵉ par Christophe avec trois actes de la communauté de Vitré, dont l'un est une relation de ce qui s'y est passé pour la députation aux Estats, l'autre une déclaration du Roy tirée du greffe de Vitré, le 3ᵉ une remonstrance du curé pour exclure ceux de la religion protestante réformée des députations aux Estats, et bien que cette déclaration n'ait esté exécutée en aucune province du royaume, ny mesme en celle du Languedoc, et que mesme M. du Bordage ait présidé aux derniers Estats et que vostre frère soit convié par les lettres du Roy à ceux-cy, néanmoins je veux croire que le curé de Vitré a esté porté d'un bon zèle de religion à faire sa remonstrance pour l'exclusion de ceux de ladite religion protestante réformée. Mais j'ai sujet de trouver à redire deux choses en son action, l'une de désirer le consentement du sindic, lequel ne fut jamais demandé qu'aux juges qui président de ma part à la communauté, l'autre de ne vous avoir pas demandé la permission de faire cette remonstrance, puisqu'il y estoit autant obligé par la civilité et le devoir que vous de l'accorder par un mesme motif de religion et de piété qui m'eut fait entrer sur cela dans les mesmes sentiments que vous. Le reste s'est bien passé à vostre satisfaction et à la mienne, estimant que c'est un mépris et une injure à des sujets quand ils ont recours à une autre authorité que celle de leur seigneur, qu'ils la reconnaissent par là ou impuissante ou mal intentionnée pour la justice et le bien public, et lors ce sont eux mesmes qui causent les violences quand ils les reçoivent par un juste ressentiment de leur seigneur qu'ils ont mesprisé pour élever une autorité estrangère au dessus de la sienne et réclamer un autre nom que le sien, vous m'avouerez que ce sont des espines sur sa teste et des attentats contre celuy que Dieu leur a donné et ordonné pour les conduire et gouverner. Je suis l'homme du monde le plus ennemy des violences d'effet et de paroles et le plus porté à pardonner à ceux qui recognoissent leurs fautes et veulent prévenir mes ressentiments par une véritable repentence, mais nous sommes en un temps (pour me servir de vos termes que je trouve fort significatifs), que les moins mauvais sont les meilleurs, c'est à dire les meilleurs des vauriens. Vous ne sauriés mieux faire que de remplir ma procuration du nom de mon seneschal, croyant qu'il s'acquittera avec honneur de cette commission et satisfera à la confiance que je prens à sa fidellité. Je n'ay rien à adjouster à celle que je vous ay escrite par Louis, sinon qu'estant fort satisfait de vostre conduite, je n'auray rien plus à cœur que vostre satisfaction. Je me recommande à vostre grand vicaire et souhaite sa guérison.

402. LE DUC DE LA TRÉMOILLE A LA PRINCESSE DE TARENTE.

Copie de la lettre de Monseigneur à Mme la Princesse,
du 9 septembre 1667.

J'ay receu vostre lettre du 25 aoust. Elle m'apprend avec joye la continuation de vostre bonne santé et de toute la famille, mais aussy l'incertitude des résolutions de l'Estat sur la distribution des hautes charges, où l'on propose d'élever (à ce qu'on m'escrit de Paris) des personnes qui, contre la dignité des affaires, serviroient d'instrumens à démontrer à mon fils et à tout le monde qu'on le veut offenser, en luy préférant des gens non seulement au dessous de luy par leur naissance, mais suspects à l'Estat et qui ne luy ont jamais rendu aucun service. C'est ce qui me fait fort douter que cette proposition ait été faite et encore plus qu'elle ait esté approuvée et consentie par MM. de la province d'Hollande. J'ay receu une lettre du petit prince de Talmond, qui m'a surpris, ne le croyant pas encore sy avancé. Je souhaitte qu'il soit aussy bon et sage qu'on le dit beau et joly. Je ferois scrupule de vous asseurer et vous me feriés tort de douter que je ne sois tout à vous.

FIN.

NOTE RELATIVE A LA LETTRE N° 3.

D'après un manuscrit qui vient d'être retrouvé à Thouars, la lettre des princes a été adressée le 15 janvier 1617 au duc de la Trémoille et au duc d'Epernon. C'est par erreur qu'elle porte dans notre travail la date de 1649.

La coalition des seigneurs mentionnée dans cette lettre avait pour but de renverser l'Italien Concini, devenu maréchal d'Ancre, et d'obtenir du pouvoir et de l'argent. Le chef des mécontents, le prince de Condé, père du grand Condé, était alors à la Bastille.

Le duc de la Trémoille, né le 22 décembre 1598, n'avait que 19 ans à l'époque où les princes s'adressaient à lui, mais il était chef de sa maison depuis la mort de son père, arrivée en 1604.

Le Henri de la Tour qui figure parmi les signataires de cette lettre est le père du grand Turenne.

Le César de Vendôme est le fils de Henri IV et de Gabrielle d'Estrées. Parmi ses titres était celui de duc de Beaufort, qu'a porté aussi son fils Louis, *le roi des Halles*, né en 1616.

TABLE

DES LETTRES ET DOCUMENTS

Contenus dans le registre de correspondance du duc Henry de la Trémoille.

Le parlement de Paris au duc de la Trémoille.........	27
Le parlement de Bordeaux au même.............	28
Charles de Lorraine, Charles de Gonzague, César de Vendôme, Henri de la Tour et Henri d'Orléans, au duc de la Trémoille.	29
Le duc de la Trémoille au prince de Condé..........	30
Le duc de la Trémoille à M. Lockhart, ambassadeur d'Angleterre.	32
Le Père général des capucins au duc de la Trémoille......	32
Le duc de la Trémoille au Père général des capucins......	33
Louis XIV au Père général des capucins...........	34
Le Père Yves, de Paris, aux capucins de Nevers........	35
Le duc de la Trémoille à M. Thévenard...........	38
Le duc à l'abbé de Saint-Cyran...............	38
Le duc au comte de Laval, son fils..............	38
Le Père général des capucins au P. Placide de Vendôme.....	39
Le duc à M. de Brienne, secrétaire d'État...........	39
Le duc à M. de Riparfond..................	40
Abel Servien, surintendant des finances, au prince de Tarente.	40
Le duc au Père général des capucins.............	41
Le duc à M. Fortin.....................	41
Le duc à M. d'Assonville...................	42
Le duc au maréchal d'Estrées.................	42
Le duc à Mme de Puilaurens................	42
Circulaire de la noblesse du Berry, Sologne, Beauce, etc.....	43
Le duc de la Trémoille au comte de Villeneuve........	44
Le duc au baron de la Haye-Fougereuse............	45
Le duc au Père Desroches..................	45
Le prince de Tarente au maréchal d'Estrées..........	45
Le duc à M. de Brienne, secrétaire d'État...........	46
Le chancelier Séguier au duc de la Trémoille.........	47
Le duc au chancelier Séguier.................	48
Le duc à M. de Brienne, secrétaire d'État...........	49
Le duc à M. de Boisdavid..................	51
Le duc au duc de La Rochefoucauld..............	52
Le duc à M. de Mesme, premier président de Paris......	52

TABLE DES LETTRES ET DOCUMENTS

Le duc à M. Talon, avocat général.	53
Le duc à la reine d'Angleterre.	53
Le duc à M. de Lamoignon.	54
Frédéric-Guillaume, électeur de Brandebourg, à Charles-Gustave, roi de Suède.	54
Charles-Gustave, roi de Suède, à Frédéric-Guillaume, électeur.	55
Le premier président de Lamoignon au duc de la Trémoille.	58
Le duc à l'évêque de Bayeux.	58
Le duc à M. L. T. D. D.	59
Le duc à M. de Soumerdic.	60
Le duc à M. de Villeneuve.	60
Le duc à M. Sanxay.	60
Le duc à M. de Torfou.	60
Le maréchal d'Estrées au prince de Tarente.	61
Le duc au bailli de Loudun.	61
Le prince de Tarente à Turenne, son oncle.	62
Chevreau, de Loudun, à la princesse de Tarente.	64
Le duc à M. de la Haye-Fougereuse.	65
Le duc au comte de Roucy.	65
Chevreau, de Loudun, au comte de Caravas, gouverneur du Poitou.	66
Turenne au prince de Tarente.	67
Le duc à M. de Surmaine.	68
Le duc à Urbain Chevreau.	68
Christine, reine de Suède, au prince de Condé.	68
Le duc à M. d'Armenault.	69
Le même au même.	70
Louis XIV au prince de Tarente.	70
M. Pellot, intendant de la justice en Poitou, au duc de la Trémoille.	71
Le duc au cardinal Grimaldi.	72
Le duc à l'intendant Pellot.	74
Le duc à M. de Brienne.	75
Le duc au nonce du Pape.	75
Le cardinal Grimaldi au duc de la Trémoille.	76
Le duc à M. de Saint-Laurens.	77
Le cardinal Mazarin à S. A. R. le duc d'Orléans.	78
Le marquis Coëtlogon au duc de la Trémoille.	79
Le duc à M. de Coëtlogon.	79
Louis XIV aux échevins et habitants de Thouars.	79
Le comte de Caravas, gouverneur du Poitou, aux habitants de Thouars.	81
L'intendant Pellot aux habitants de Thouars.	83
Extrait de l'arrêt du conseil d'État imposant la ville de Thouars.	84
Le duc à la comtesse de Derby, sa sœur.	85
Chevreau au duc de la Trémoille.	85

DU DUC DE LA TRÉMOILLE. 325

L'intendant Pellot au duc de la Trémoille.	86
Le duc aux fermiers généraux.	87
Le duc à Mme de Longueville.	88
Le prince de Condé à Mlle de la Trémoille.	89
Le prince de Condé à la duchesse de la Trémoille.	90
Mme de Longueville à la duchesse de la Trémoille.	90
Le duc à M. Pellot.	92
Le duc au Père général des capucins.	93
Le duc à l'abbé Bouvier.	93
Le duc aux officiers du siége de Loudun.	94
Alexandre Morus, ministre protestant, au duc.	94
Le duc à Alexandre Morus.	96
Alexandre Morus à la duchesse de la Trémoille.	97
Morus à Mlle de la Trémoille.	97
Le duc à la duchesse d'Orléans.	98
Le duc à Mlle d'Orléans.	98
Morus à la Duchesse de la Trémoille.	98
Alexandre Morus à la duchesse de la Trémoille.	98
La duchesse d'Orléans au duc de la Trémoille.	99
Morus au duc de la Trémoille.	99
Le duc au juge de Laval.	99
Mlle d'Orléans au duc de la Trémoille.	100
Le duc au comte de Ducé.	100
Louis XIV au prince de Tarente.	101
M. Daillé, ministre protestant, à Alexandre Morus.	101
Le Père général des capucins au duc.	105
La princesse de Tarente à M. Pellot.	107
Le duc à la duchesse de Simmeren.	108
Morus au duc.	108
Le duc à Morus.	108
Le duc à la landgrave de Hesse.	109
Le duc à Charles II, roi d'Angleterre.	109
Le duc à la reine d'Angleterre.	110
Le duc à la comtesse de Derby.	110
Le duc à la princesse royale d'Angleterre.	112
Le duc à M. de la Rocheguyon.	112
Morus au duc.	112
Le duc à Morus.	113
Le duc à M. d'Ouvrier, gentilhomme de sa maison.	113
Le duc à la comtesse de Derby.	113
Le duc à M. Du Guesclin.	114
Le duc à d'Ouvrier.	115
Morus à Mlle de la Trémoille.	115
Alexandre Morus au duc de la Trémoille.	116

TABLE DES LETTRES ET DOCUMENTS

Le duc à M. Farcy.	116
Le duc à Morus.	117
Le duc au grand vicaire de Poitiers.	117
Le duc à Morus.	118
Le duc à d'Ouvrier.	118
Le même au même.	120
Le duc au comte de Villeneuve.	120
Le duc à Chevreau.	121
Le comte de Villeneuve au duc.	121
M. Bruslard, premier président du parlement de Dijon, à la princesse de Tarente.	121
Le duc à M. de Chezaux.	123
Le cardinal de Retz à Louis XIV.	123
Le même à ses grands vicaires.	131
Le duc de la Trémoille à d'Ouvrier.	134
Le duc à la comtesse de Derby.	135
Le duc à d'Ouvrier.	136
Le duc aux officiers des eaux et forêts de Vitré.	137
Louis XIV au duc de la Trémoille.	138
Le duc à Louis XIV.	138
Mémoire du duc de la Trémoille à M. de Genebat, gentilhomme de sa maison.	138
Le duc d'Elbeuf au duc de la Trémoille.	141
Le duc au duc d'Elbeuf.	141
Le baron de Villarnoul au duc de la Trémoille.	142
Le duc au baron de Villarnoul.	143
Le duc de la Trémoille à la duchesse, sa femme.	143
Le duc à l'évêque de Poitiers.	144
Chevreau à Mlle de Tarente.	144
Le duc à M. de la Rocheguyon.	147
Le duc à M. de Turenne.	147
Le duc au prince de Portugal.	147
Le duc à la princesse de Portugal.	147
Mlle d'Orléans au duc de la Trémoille.	148
Le duc au procureur général de Bretagne.	148
Turenne au duc de la Trémoille.	149
Le duc au marquis de Dangeau.	150
Le duc à M. de Surmaine.	150
Lascaris, grand maître de Malte, aux États généraux des Pays-Bas.	151
Lascaris, grand maître de Malte, aux États généraux des Pays-Bas.	154
Chevreau au duc de la Trémoille.	159
Chevreau à Alexandre Morus.	161
Louis XIV à Philippe IV, roi d'Espagne.	163
M. Pellot à la princesse de Tarente.	165

Le duc à M. de Hauconte.	165
Chevreau au duc de la Trémoille.	165
Le duc à Chevreau.	166
Le duc au chapitre de Maillezais.	167
Lettre de Chevreau.	168
Le duc à M. Filleau.	170
Le duc à M. de Savonnières.	170
Le chapitre de Maillezais au duc de la Trémoille.	171
Louis XIV au duc de la Trémoille.	172
Le duc de la Meilleraye au duc de la Trémoille.	172
Le grand vizir au comte Forgats, gouverneur de Newhausel.	173
Le duc à M. de la Coussaye.	174
M. de la Rocheguyon au duc.	174
Ordonnance des vicaires généraux de Poitiers.	174
Ordonnance des officiers de Thouars.	175
Le duc à M. de Chasteau-Guillaume.	175
Le duc à M. de Marconnay.	175
Le duc au surintendant Fouquet.	176
Le duc à M. de Riparfond.	177
M. de Brillac au duc.	177
L'évêque d'Angers à Louis XIV.	177
M. Pellot à M. Marin.	178
Le duc à Louis XIV.	178
Le duc à M. Jeannin de Castille.	179
Le duc à la duchesse, sa femme.	179
M. de la Roche-Posay au comte de Laval.	179
Le duc à***.	179
Le duc à la duchesse, sa femme.	180
Le duc à l'évêque de Rennes.	180
Le duc à Morus.	181
Le duc à la comtesse de Derby.	181
Le duc au marquis d'Airvault.	182
Le duc à la duchesse, sa femme.	182
Charles, duc de Lorraine, à Louis XIV.	183
Le duc au président Chevreau.	184
Chevreau, de Loudun, à la princesse de Tarente.	185
Morus au duc de la Trémoille.	186
Le duc à Morus.	188
Bernard, duc de Saxe-Weimar, au duc de la Trémoille.	189
Le duc au duc de Saxe, Bernard.	191
Le duc à la duchesse de Saxe-Weimar.	191
Le duc au comte de Laval.	192
Bernard, duc de Saxe-Weimar, au comte de Laval.	192
Morus au duc de la Trémoille.	193

TABLE DES LETTRES ET DOCUMENTS

La duchesse douairière de Saxe-Weimar au duc de la Trémoille.	193
Le duc à l'évêque du Mans.	194
Le duc à Madame***.	194
Le duc à M. du Bellay.	195
Le duc à M. de la Bédoyère.	195
Louis XIV au pape Alexandre VII.	195
Le Père général des Jacobins à l'aumônier du duc de la Trémoille.	196
Le duc à M. Pellot.	197
Le duc au comte de Laval.	198
Le duc aux officiers de Mauléon.	199
Le duc à Morus.	200
Le duc au prince de Weimar, son gendre.	200
Le duc au comte de Laval.	201
Le duc au bailli de Loudun	201
Le duc à Morus.	202
Le duc à M. Amirault.	202
Le duc à M. Amirault.	203
Le duc à Mme de la Moussaye.	203
Le duc au comte d'Estrades, ambassadeur de France en Hollande.	204
Le duc à la duchesse de la Meilleraye.	204
Le duc au provincial des capucins.	205
La reine mère Anne d'Autriche au duc de la Trémoille.	205
Le duc à Mme la maréchale Foucault.	206
La reine Anne à la duchesse de la Trémoille.	206
La même au duc de la Trémoille.	207
Le duc à la reine mère Anne d'Autriche.	208
Le duc à M. Filleau.	208
Le duc à la reine Anne.	209
Anne d'Autriche au duc de la Trémoille.	209
Le duc à la reine Anne.	210
Le duc aux officiers de la Trémoille.	211
Le prince de Condé au duc de la Trémoille.	211
Le duc au prince de Condé.	212
Le duc au marquis de Sourdis.	212
Le duc à M. H***.	213
Le duc au premier président.	213
Le duc à la reine Anne.	213
Le duc à l'abbé de Moissy, aumônier de la reine mère.	215
Le duc au cardinal Piccolomini.	216
Le duc au duc de Saint-Simon.	216
Le duc au chanoine Leblanc.	217
Le duc de Saint-Simon au duc de la Trémoille.	218
Le duc au duc de Saint-Simon.	219
Le duc à l'abbé de la Rocheguyon.	219

DU DUC DE LA TRÉMOILLE.

Le duc à M. T. L. D.	221
Le duc au duc de Saxe-Weimar.	222
Le duc au père Léon.	222
Le duc au père Houbreau.	223
M. Rousseau aux notaires de Thouars.	223
Morus au duc de la Trémoille.	223
Le duc à Morus.	225
Le père Batide au duc.	225
Le même au comte de Laval.	226
Le duc au P. Batide.	226
Le duc à M. de Villarnoul.	226
Le duc de Saxe-Weimar au duc de la Trémoille.	226
Le duc au duc de Saxe-Weimar.	227
Le duc à la duchesse douairière de Saxe-Weimar.	227
Morus au duc de la Trémoille.	228
Le duc au comte de Caravas.	228
Le duc à Morus.	228
M. M... à la duchesse de la Trémoille.	229
Le duc au chapitre de Saint-Thuyal de Laval.	229
Le duc à l'abbé de la Rocheguyon.	230
Mémoire du duc de la Trémoille à M. Le François, envoyé par lui auprès de l'évêque de Poitiers.	231
M. de la Rocheguyon au duc de la Trémoille.	232
Le duc à M. de la Vignole.	233
Extrait d'un acte du chapitre de Saint-Thuyal de Laval.	233
Le duc au chapitre de Saint-Thuyal de Laval.	234
Le duc de Saxe-Weimar au duc de la Trémoille.	235
Le duc à l'abbé de la Rocheguyon.	235
L'évêque de la Rochelle au prince de Tarente.	236
Le duc au prince de Tarente.	237
Le duc au chanoine Le Blanc.	239
Le duc à M. de Haumont.	241
Le duc à Morus.	241
Le duc à M. Leblanc.	241
Le duc à M. de la Rocheguyon.	242
Morus au duc de la Trémoille.	242
Le procureur général de Harlay à M. Moussault, procureur du roi à Loudun.	244
Le duc au comte de Laval.	245
Le père général des capucins au duc de la Trémoille.	246
Le duc à Colbert.	246
Le duc à la princesse de Tarente.	247
Le duc au P. Batide.	248
Le duc au prince de Tarente.	248

Discours du duc en faveur des églises réformées.	248
Le duc au P. Lebreton.	252
Le duc à M. de Turenne.	252
Le duc à Mme de Turenne.	252
Le duc à M. de Bouillon.	252
Le duc à Mme de Bouillon.	253
Le duc à Mme d'Elbeuf.	253
Le duc à Mme de Longueville.	253
Le duc à Mlle d'Orléans.	253
Mlle d'Orléans au duc de la Trémoille.	253
Mme de Longueville au duc de la Trémoille.	254
Le duc de la Trémoille à Mlle de la Moussaye.	255
L'abbé Poncet au duc.	255
Le duc au duc Mazarini.	255
Le duc à Louis XIV.	256
Le duc à Louvois.	256
Louis XIV au duc de la Trémoille.	256
Louvois au duc de la Trémoille.	257
Le duc à Louis XIV.	258
Le duc au duc de Saxe-Weimar.	258
Le duc à un de ses enfants.	259
Louis XIV au duc de la Trémoille.	259
Le duc à Louis XIV.	260
Le duc à Louvois.	261
Le duc au duc de Noirmoutiers, son parent.	262
Le duc à M. de Genebat, gentilhomme de sa maison.	264
Le duc au comte de Laval.	264
Le duc au prince de Tarente.	265
Louis XIV au duc de la Trémoille.	266
Louvois au duc de la Trémoille.	267
Le duc à Louis XIV.	267
Le duc à Louvois.	268
Le duc à Morus.	269
Le duc à Louis XIV.	269
Le duc à la reine Marie-Thérèse.	269
Le duc à la reine mère Anne d'Autriche.	270
Le duc de Mazarini au duc de la Trémoille.	270
Le duc à Mme la landgrave de Hesse-Cassel.	271
Le duc à M. de Sainte-Croix.	272
Lafont, gentilhomme du duc, à M. de Vieux.	272
Anne d'Autriche au duc.	273
La landgrave de Hesse-Cassel au duc.	273
Le duc à Turenne.	274
Le duc au prince de Tarente.	275

Le duc à M. Barentin, intendant du Poitou.	277
M. Barentin au duc.	278
Le duc à Louis XIV.	279
Le duc au duc Philippe d'Orléans.	280
Le duc à M. Barentin.	281
Le duc d'Orléans au duc.	282
Le duc à M. de Genebat, gentilhomme de sa maison.	283
Le duc à la princesse de Tarente.	283
M. Filleau, conseiller au présidial de Poitiers, au duc.	284
Le duc à M. Filleau.	285
Louvois à M. Filleau.	285
Le duc de Noirmoutiers au duc.	286
Le duc au duc de Noirmoutiers.	286
Le duc à M. de Turenne.	287
Le duc à M. de Genebat, gentilhomme de sa maison.	287
Le même au même.	288
M. de la Rocheguyon au duc.	289
Permission aux chanoines du château de Thouars.	289
Discours du chapitre de Thouars.	290
Le prince de Condé au duc.	290
Le duc au sénéchal de Vitré.	291
Le duc à M. d'Aguesseau.	292
Le duc à la duchesse de Longueville.	293
Le duc à l'évêque de Saint-Malo.	293
Le duc à M. Dreux.	293
La reine de Portugal à Louis XIV.	294
Le duc aux capucins assemblés à Tours.	295
Le duc à la duchesse de Saxe-Weimar.	295
Colbert, intendant de Poitiers, au prince de Tarente.	296
Le duc au prince de Tarente.	296
Le même au même.	298
Le même au même.	300
Le même au même.	301
Le même au même.	301
Note sur l'incendie de Londres.	303
Le duc à la comtesse de Fiesque.	303
Le duc à la duchesse de Noirmoutiers.	303
Le duc à la comtesse de Chalais.	303
Le duc au prince de Tarente.	304
Le duc au duc d'Orléans, frère de Louis XIV.	304
Le duc d'Orléans au duc de la Trémoille.	305
Le duc au duc de Saxe-Weimar.	306
Le duc au prince de Tarente.	306
Le même au même.	306

TABLE DES LETTRES ET DOCUMENTS, ETC.

M. Pinet au duc.	307
Le P. Blanchard, abbé de Sainte-Geneviève, au duc.	307
Le duc au P. Blanchard.	307
Le duc à la princesse de Tarente.	308
Le duc au prince de Tarente.	308
Le même au même.	309
Le duc au comte de Laval.	309
Le duc à l'évêque de Saint-Malo.	310
Le duc au père général des Augustins.	310
Le duc au comte de Laval.	310
Le duc au prince de Tarente.	311
Le duc au comte de Laval.	311
Le duc à Genebat.	311
Le duc au prince de Tarente.	312
Le duc à la duchesse de Saxe-Weimar.	313
Louis XIV à la reine d'Espagne.	314
Le duc aux officiers de Vitré.	317
Le duc à M. Barentin.	317
Le duc au comte de Laval.	318
Le duc à la princesse de Tarente.	320

FIN DE LA TABLE.

Poitiers. — Typ. de A. Dupré.

Armes du duc Henry de la Trémoille
peintes sur la garde d'un manuscrit annoté de sa main

Explication du blason ci-contre

Au premier et au quatrième, écartelé en sautoir, en chef et en pointe d'or à quatre vergettes de gueules, et en flanc d'argent, à l'aigle de sable, qui est d'Aragon-Naples, au deuxième d'azur, à trois fleurs de lis d'or qui est de France, au troisième d'azur, à trois fleurs de lis d'or, au bâton de gueules péri en barre, qui est de Bourbon, au dessous, d'or, à la croix de gueules, chargée de cinq coquilles d'argent et cantonnée de seize alérions d'azur, qui est de Laval, et de gueules à la croix d'argent qui est de Savoie.

Sur le tout d'or, au chevron de gueules accompagné de trois aiglettes d'azur becquées et membrées de gueules qui est de la Trémoille.

Signature du duc de la Trémoille
sur un titre du 9 Novembre 1652.

Henry de la Trémoille

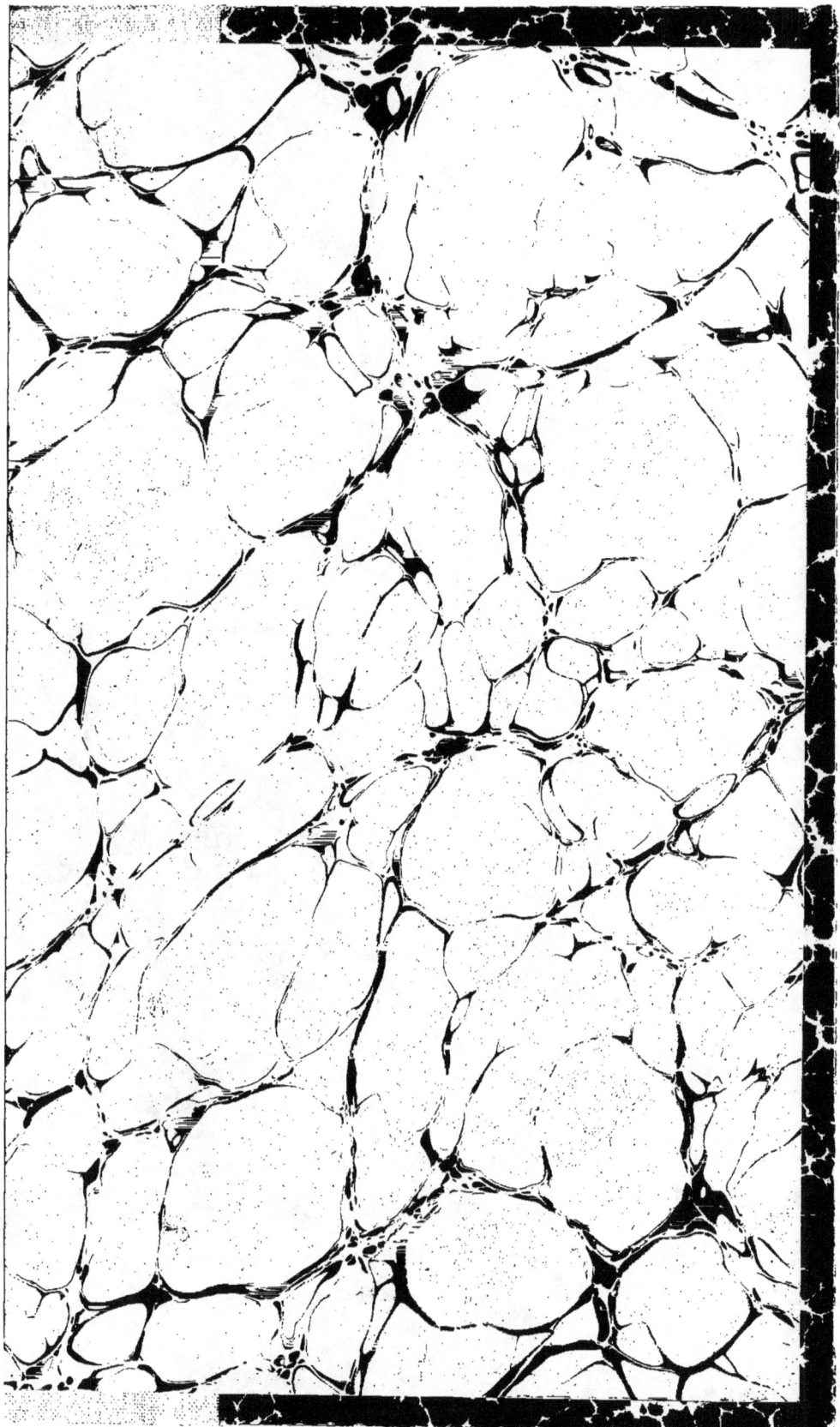

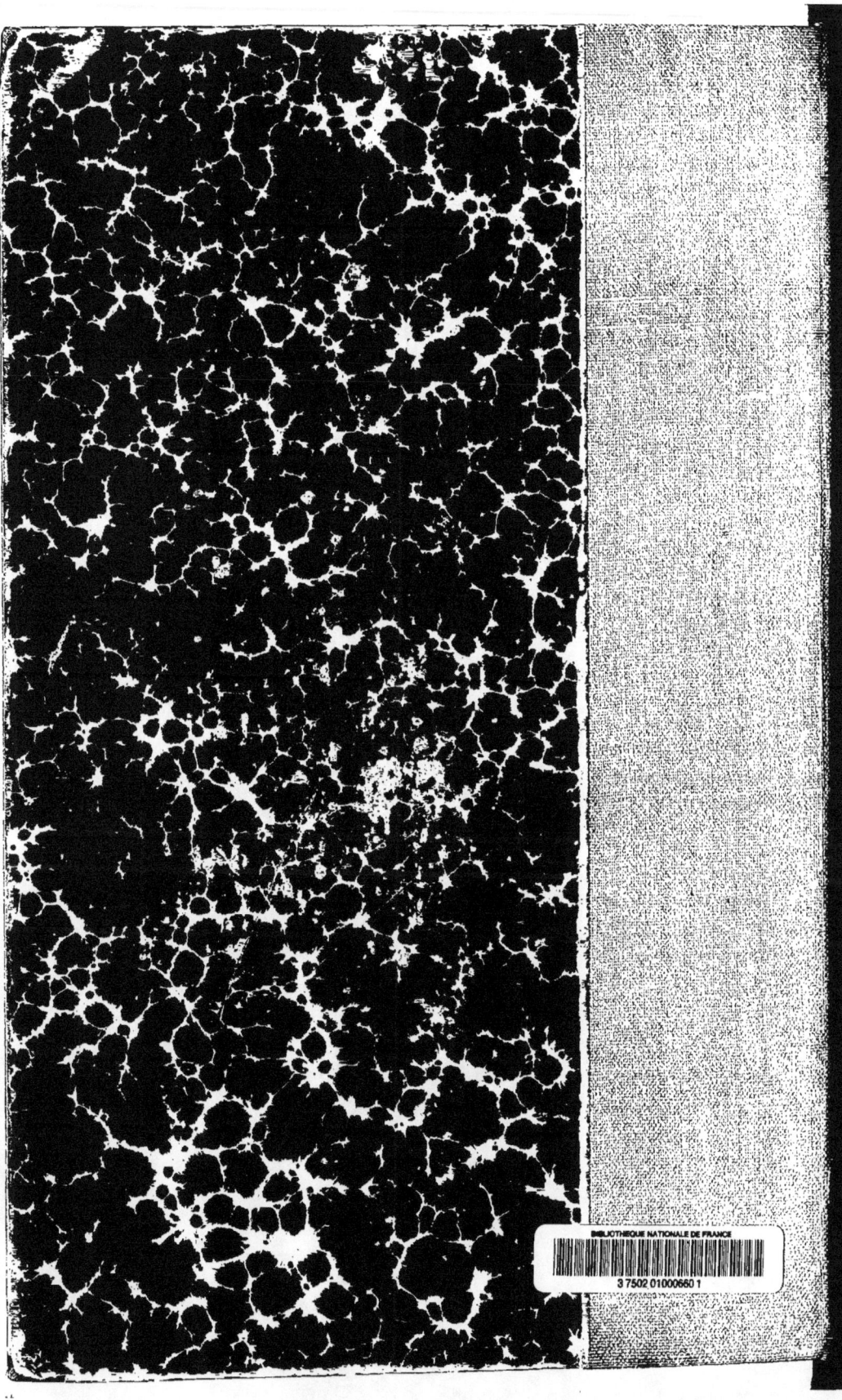

www.ingramcontent.com/pod-product-compliance
Lightning Source LLC
Chambersburg PA
CBHW072017150426
43194CB00008B/1141